KB077580

덕이란　　무엇인가

이
유리 지음 ― 장동익 옮김

Liu, Yuli

덕이란

무엇인가

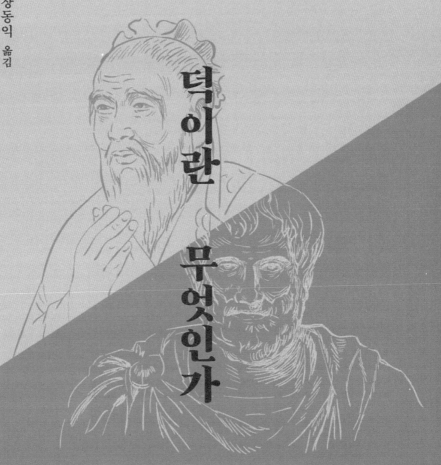

씨
아이
알

감사의 말

항상 나에게 자극을 주었으며, 훌륭한 가르침과 조언을 해준 브렌다 알몬드Brenda Almond에게 가장 먼저 감사드린다. 그녀의 조언은 이 책의 내용과 출판에 크게 도움이 되었다. 그녀의 도움이 없었다면, 이 책을 완성한다는 생각조차 어려웠을 것이다. 나는 그녀에게 큰 은혜를 입었다.

헐대학교Hull University 철학과의 피터 라마르크Peter Lamarque, 폴 길버트Paul Gilbert, 수젠 우니아케Suzanne Uniacke, 데이비드 워커David Walker, 캐트린 레넌Kathleen Lennon 그리고 스티븐 버우드Stephen Burwood에게 감사드린다. 나의 탐구에 도움과 지원을 아끼지 않았다.

또한 웨일즈 람페터대학University of Wales, Lampeter의 윤리와 종교학과의 이야오 신쫑Yao Xinzhong에게도 감사드린다. 이 연구가 진행되는 동안 끝임없는 지원과 조언 그리고 비판을 해 주었다. 또한 중국 인민대학교의 루오 궈오지이Luo Guojie, 송 시런Song Xiren, 지아오 궈오청Jiao Guocheng, 우 치엔타오Wu Qiantao, 리 핑Li Ping과 중화인민공화국정부 국립 연구소의 왕 웨이Wang Wei 그리고 중국 공산당 중앙위원회 북경 사회교육원CCPS 철학과의 팡 이엔쩡Pang Yuanzheng, 동 데깡Dong Degang, 한 치시앙Han Qingxiang과 다른 많은 동료들에게 감사의 말을 전할 수 있게 되어서 기쁘다. 이들의 지도, 지원 그리고 격려는 큰 도움이 되었다.

싱가포르국립대학교 철학과의 총 김－총Chong, Kim-chong에게 가장 큰 감사를 드려야 한다. 그의 비판과 논평 그리고 세세한 수정으로, 잘못을 바로잡을 수 있는 좋은 기회를 제공하였다. 친밀한 연구 분위기를 조성하여, 나의 연구가 이런 결과를 가져올 수 있게 해준 텐C. L. Ten, 알랜 찬Alan Chan, 뉘언A. T. Nuyen, 사라닌드라 타고르Saranindra Nath Tagore, 탄 서 훈Tan Sor Hoon, 세실리아 림Cecilia Lim과 다른 연구자들에게도 감사드린다. 또한 유능한 시인이며 예술가인 버튼 부인Ms. D. M. Burton에게도 감사드린다. 그녀와 활동을 함께하면서 항상 큰 영감을 받았다

연구년을 허용해준 중국 공산당 중앙위원회 북경사회교육원CCPS 철학과, 해외 연구 장학금을 제공해준 영국 정부 그리고 헐대학교에 감사드린다. 이 연구를 수행하고 이 책의 출판을 가능하도록 박사 후 과정 연구를 허락해준 싱가포르국립대학의 예술과 사회과학부 교수들에게도 감사드린다.

마지막으로 이들에 못지않게 감사드릴 분이 있다. 나의 고등학교 교사였던 네이멍구 츠펑 시의 후아 쩌둥Mr. Hua Zedong에 깊이 감사드린다. 그는 유교를 전문적으로 공부한 유교학자가 아니다. 그러나 그는 유교의 덕을 철저하게 실천하는 삶을 살고 있다. 나는 유학자가 어떤 모습이어야 하는지를 그로부터 배웠다.

개 요

　과거 수십 년 동안 덕 윤리에 새롭게 관심을 가진 철학 저술과 신학 저술들이 출판되었다. 서양에서 덕 윤리가 재등장하게 된 배경에 맞추어서, 여러 철학자들은 유교 윤리가 그 긴 역사 전반에 걸쳐 성품 형성이나 덕의 개인적 함양을 계속해서 강조해왔다고 주장한다. 따라서 유교 윤리를 덕 윤리라고 규정하는 것이 적절해 보인다는 것이다.

　그러나 유교 윤리가 비록 덕 윤리와 유사할지라도, 엄격한 의미에서 유교 윤리를 덕 윤리로 분류하는 것은 옳지 못하다. 내 생각에 두 윤리의 표면적 유사성을 지나치게 강조하는 것은 철학적으로는 더 중요한 이 둘의 차이점을 가려버린다. 그래서 나의 책은 부분적으로 유교 윤리를 덕 윤리로 받아들이려는 입장을 비판하려고 시도하였다. 유교 윤리를 덕 윤리로 여기기보다는 규칙과 덕을 통합하는 고유한 특성을 가진 윤리 형식으로 여기는 편이 더 낫다고 주장하였다. 즉, 현대의 철학적 개념을 사용하여 유교 윤리를 더 낫게 이해할 수 있는 성과를 거두었다.

　동시에 이 책은 보다 일반적인 철학 주제, 즉 하나의 도덕 이론에서 규칙과 덕의 통합의 문제를 다루고 있다. 이 주제를 논의하면서 규칙과 덕을 통합하는 방식에 대한 깊이 있는 분석을 제공하려고 시도하지는 않았지만, 그럼에도 유교 윤리와 서양의 덕 윤리를 비교하고 유교 윤리를 분석하는 과정에서 몇 가지 제안을 내놓았다. 이것은 덕과 규칙의 통합의 중요성을 파악하는 데 도움이 될 것이다. 즉, 서양의 규칙 윤리와 덕 윤리의 발전에 서광을 비출 수 있는, 현대 서양 철학자들이 전적으로 무시해왔던 하나의 가능성을 파악하는 데 도움을 줄 것이다.

역자 서문

사상의 역사에서 유사한 형식과 내용을 찾아내는 것은 그다지 어렵지 않다. 앞선 이론이나 견해를 발판으로 삼지 않는 이론이나 견해는 있을 수 없기 때문이다. 아무리 하찮은 견해일지라도 또는 훌륭한 이론마저도 모두 앞선 이론이나 견해에 기대지 않을 수 없다. 그렇다면 앞선 이론과 견해가 뒤이은 이론과 견해와 닮는 것은 불가피한 일이다. 시기적으로 멀리 떨어진 이론과 견해에서도 사정은 마찬가지이다. 통상 아리스토텔레스의 윤리학과 칸트의 윤리학은 매우 이질적인 것으로 여겨지지만, 이들의 견해에서 유사점을 찾는 것은 어렵지 않다.

같은 계보를 잇는 이론과 견해에서만 유사성이 나타나는 것은 아니다. 심지어 거의 교류한 것처럼 보이지 않는 동양과 서양의 사상에서도 유사성을 찾는 것은 어렵지 않다. 서양의 아리스토텔레스 윤리의 관점과 동양의 유교 윤리의 관점은 설명할 필요가 없을 정도로 유사하다. 특히 두 견해에서 '중용'의 개념은 매우 흡사하며 거의 차이가 없을 만큼 유사하다. 이런 유사성 때문에 유교의 윤리적 관점을 서양의 아리스토텔레스 방식의 덕 윤리의 하위 종류로 이해하려는 견해가 널리 퍼져 있다.

서양의 덕 윤리와 유교의 윤리학이 매우 유사한 측면을 가지고 있다는 것은 분명해 보인다. 두 견해 모두 덕에 대한 정의와 성품 함양을 강조하기 때문이다. 두 이론의 이런 특성 때문에 윤리적 평가와 구조 역시 유사한 측면을 갖게 된다. 그리고 유교 윤리를 덕 윤리의 하위 종류로 간주하는 것이 당연하다고 여긴다. 그러나 이 두 이론의 유사성을 찾아내어 밝히는 것이 학문적으로 중요한 활동이라고 말할 필요는 없다. 유사하지 않은 이론은 이 세상에 존재하지 않을 것이기 때문이다. 어쩌면 두 이론의 유사성이 중요한 것이 아니라, 차이점이 중요하다고 말하는 것이 더 나을 것이다. 그렇다면 학문적으로 중요한 일은 유사성을 찾는 것이 아니라 차이점을 찾는 것이다.

이론이나 견해가 다른 이론과 유사하다는 것이 곧바로 장점이나 우수함을 말해주는 것이 아니다. 심지어 매우 우수하며 훌륭한 이론과 유사하다 할지라도 이런 유사성은 그 이론의 우수함이나 훌륭함과는 거리가 멀다. 우수함과 훌륭함은 유사성에서 비롯되는 것이 아니기 때문이다. 예를 들면, 어떤 요리사는 쌀과 우유를 가지고 '리소토'를 만들고, 다른 요리사는 '타락죽'을 만들어낸다. 두 요리사에게 주어진 재료는 동일한 쌀과 우유이지만, 그들이 만들어낸 요리는 매우 다른 맛과 향을 가진 독창적인 음식이다. 리소토와 타락죽은 쌀과 우유로 만들어졌지만 결코 같은 음식이 아니다. 리소토와 타락죽의 맛과 가치는 같은 재료가 사용되었다는 것으로 희석될 수 없다. 쌀과 우유는 리소토와 타락죽에서 매우 다른 방식으로 그리고 독창적인 방식으로 재조합되어 승화되었기 때문이다.

이론과 견해도 이와 마찬가지이다. 결국 우리가 찾아야 할 것은 유사성이 아니라 독창성이다. 한 이론의 우수성은 다른 훌륭한 이론과의 유사성에서 성립하는 것이 아니다. 오히려 우수성은 그 이론만의 독창성 때문에 성립하는 것이다. 그리고 독창성은 말할 필요도 없이 다른 이론과의 차이점을 근간으로 하는 것이다. 같은 개념과 소재를 가지고서도 매우 다른 이론과 견해가 도출될 수 있다. 각각의 이론과 견해는 각각의 독창성을 가질 수 있다. 그렇다면 각각 이론의 유사성에 주목하기보다는 다른 점, 특히 독창성에 주목하는 것이 나을 것이다. 유사성은 인간의 인식과 사유에서 불가피한 것이지만 독창성은 창조적이며 발전적인 것이기 때문이다.

이 책은 유교의 윤리가 서양의 덕 윤리의 한 부류에 불과하다는 견해를 비판적으로 고찰한다. 나아가 유교의 윤리를 이런 관점으로 파악한다면, 유교 윤리가 가진 고유한 독창성을 파악하지 못하는 잘못을 범하게 될 것이라고 경고한다. 유교 윤리의 참모습을 들여다보기 위해서는 서양의 관점에 매몰되어서는 안 된다는 것이다. 서양의 관점에서 벗어나 유교 윤리의 고유한 특성들을 이해하고자 할 때 유교 윤리의 독창성과 우수성이 드러날 수 있다고 강조한다.

유교 윤리의 독창성과 우수성을 드러낼 수 있는 방식은 유교 윤리를 덕과 규칙의 통합 이론으로 파악하는 것이다. 물론 덕과 규칙의 통합 이론으로서 유교 윤리는 서양의 덕 윤리의 관점보다 이론적 통일성의 측면에서 탁월한 이론이라고 말할 수 있다. 이런 방식의 이해는 나아가 성품 함양, 즉 덕을 함양하는 방식과 덕을 교육하는 방식에 대한 훌륭한 관점을 제공해줄 것이다. 말하자면 유교 윤리를 덕과 규칙의 통합 이론으로 이해하는 것은 유교 윤리 전체, 즉 덕에 대한 해명, 덕과 규칙의 관계 그리고 성품 함양을 위한 교육을 체계적이고 통합적으로 이해할 수 있게 해줄 수 있다.

한마디로 말해서, 유교 윤리는 서양의 덕 윤리의 하위 종류에 불과한 이론이 아니다. 유교 윤리의 고유한 이론의 특성을 이해하고 적용하려는 노력이 필요하다. 근거도 없이 서양의 관점을 막연히 동조하여 적용하는 것은 유교 윤리에 대한 깊은 이해를 방해할 수 있다. 유교 윤리를 독창적으로 이해할 수 있는 더 나은 방법이 있다면 이 방법을 먼저 받아들여 고찰하여야 한다. 이 책은 유교 윤리의 독창성을 이해할 수 있는 적합한 방식을 제안하고 있다. 그래서 덕에 관심을 가진 사람이라면 한번쯤은 읽어볼 필요가 있다. 이 책을 통해 동서양을 막론하고 덕에 대한 한층 세련된 이해가 가능해질 것이다.

역자가 이 책을 만난 것은 오래전이다. 그동안 동양의 덕과 서양의 덕이 충분히 이해되기를 희망하였으나, 오히려 오해가 커지는 것 같아 이 책을 우리말로 번역하게 되었다. 이 책이 동양의 덕과 서양의 덕에 대한 오해를 줄이고 이해를 넓히는 계기가 되기를 희망해본다. 이 책을 만드는 데 도움을 주신 모든 분께 감사드린다.

청한재에서

장동익 씀

차 례

서 론

　과거 수십 년 동안 덕 윤리에 관심을 가진 새로운 철학 저술과 신학 저술들이 출판되었다. 서양에서 덕 윤리가 재등장하게 된 배경에 맞추어서, 여러 철학자들은¹ 유교 윤리가 그 긴 역사 전반에 걸쳐 계속해서 성품 형성이나 덕의 개인적 함양을 강조해왔다고 주장한다. 따라서 유교 윤리를 덕 윤리라고 규정하는 것은 적절해 보일 수 있다. 유교 윤리가 성품 함양과 인품personhood의 중요성을 강조했다 할지라도, 또는 간략하게 말해서, 현대 서양의 윤리와 크게 유사한 점이 있다 할지라도, 나는 이 책에서 유교 윤리는 엄격한 의미에서 덕 윤리가 아니라고 주장할 것이다. 유교 윤리를 덕 윤리로 간주한다면 유교 윤리의 특징적인 면을 드러내지 못하게 될 것이다. 대신에 유교 윤리를 독자적 윤리unique ethics, 즉 규칙과 덕을 통합한 윤리로 간주하면, 도덕성에 대한 유교 윤리의 특징적인 이해 방식을 탐구하는 데 도움이 될 것이다. 뿐만 아니라 덕 윤리와 규칙 윤리의 논쟁에서 유교 윤리가 기여하는 바를 이해하는 데 도움이 될 것이다. 유교 윤리를 독자적 윤리로 이해하는 입장은 더욱 중요한 이점을 가지고 있다. 더욱 중요한 것은, 이런 입장으로 유교 윤리를 이해하는 것이 현대 도덕 철학에 도움을 줄 수 있다는 것이다. 왜냐하면 도덕성을 이해하는 이런 독특한 방법이 보다 발전된 도덕 이론을 구성할 수 있도록 해주기 때문이다.

1. 덕 윤리 대 규칙 윤리

덕에 대한 철학적 관심은 아주 오랜 그리고 탁월한 역사를 가지고 있다. 그 역사는 고대 그리스의 아리스토텔레스Aristoteles까지 거슬러 올라갈 수 있다. 그러나 로마시대 이후로는, 법률적 방식의 도덕적 사유가 지배적이었다. 이러한 방식은 최근까지 도덕적 사유에서 주류를 형성하고 있는 '규칙에 기초한 도덕 이론'의 토대가 되었다. 근대 윤리학자의 관심은 주로 옳고 그름의 문제였으며, 전적으로 의무와 책임의 원리 형성에 초점이 맞춰져 있었다. 18세기 이후의 영어권의 도덕 철학은 특히 두 기초 이론이 지배적이었다. 하나는 칸트주의 또는 의무론이고 다른 하나는 공리주의 또는 결과주의이다. 그러나 철학과 신학은 지난 수십 년 동안 덕 윤리에 또 다시 관심을 갖기 시작하였다. 커팅햄John Cottingham 이 말했듯이,[2] "덕 이론의 재등장은 철학적 윤리학이 최근에 이룬 가장 유망한 발전 중 하나가 될 것이다." 덕 윤리가 아직은 정상 궤도에 이를 정도에 이르지는 못했을지라도, 몇 년 전부터 최소한 '의무론과 공리주의 이론에 대한 가능한 경쟁자로 폭 넓게 인식되고[3] 있는 듯이 보인다.

결국 현대 도덕 철학의 발전 속에 덕 윤리와 규칙 윤리의 경쟁이 굳게 자리 잡았다.

덕 윤리의 매력이 커져가는 것은 덕 이론의 긍정적 특징에 의한 것일 뿐만 아니라, 근대 윤리 이론의 주요 특성에 대한 불만이 높아지고 있다는 것도 이유가 되고 있다. 1958년 앤스콤G.E.M. Anscombe의 'Modern Moral Philosophy'를 필두로, 여러 비판가들, 즉 프랑케나William Frankena, 풋Philippa Foot, 맥킨타이어Alasdair MacIntyre 그리고 머독Irish Murdoch 등은 근대 도덕 철학의 조건에 대해 불만을 표시하고 있다.[4]

근대 도덕 철학에 대한 주된 불만 중 하나는 다음과 같은 두 가지 일반적 지적을 근거로 삼고 있다. 첫째, 하나의 적합한 윤리 이론은 도덕적 성품에 대한 이해를 제공해야만 한다. 둘째, 근대 도덕 철학자들은 이것을 하지 못했다. 근대 도덕 철학자들은 이 주제를 무시했을 뿐만 아니라, 이들을 무시함으로써 도덕적 성품의 본성을 왜곡하는 이론을 받아들이게 되었다.[5] 이 입장은 도덕성을 원리로 설명함으로써 한쪽에 극단적으로 치우친 입장이 되고 말았다. 사람이 무엇인가에 대해 전혀 설명할 수 없게 되었다. 이런 무시를 바로잡기 위하여 많은 사람들이 덕 윤리의 재등장을 옹호할 필요가 있다고 생각하였다. 비록 덕 윤리의 본성을 확인하거나 확정하는 것이 어렵고 복잡한 일이라 할지라도, 덕 윤리의 본성이 '성품에 초점을 맞추고, 인간의 삶을 전체적으로 바라보려는 데 초점을 맞춘다는 것'[6]은 통상 동의할 수 있을 것이다. 그러나 덕 윤리의 지위에 관한 논의 그리고 덕 윤리의 재등장이 함축하고 있는 것이 무엇이고, 덕 개념의 우위에 관한 주장을 어느 정도까지 받아들여야 하는지에 대한 논의에 대해서, 근대 도덕 철학자들은 매우 다른 입장을 보인다.

언급해야 할 첫 번째 견해로, 발전된 윤리 이론일지라도 그 속에 포함된 덕을 설명할 수 없다면, 그 이론은 결정적으로 중요한 의미에서 불완전하다는 입장이 있다. 예를 들면, 프랑케나William Frankena는 덕에 대한 설명이 적절한 윤리 이론이 되기에 충분한 것은 아니지만, 덕에 대한 설명을 구체화하지 못하는 윤리 이론은 중요한 의미에서 불완전하다고 말한다.[7] 그는 덕에 대한 자신의 입장을 설명하면서, 우리가 '도덕성의 두 측면 이론'이라고 부르는 것을 옹호했다. 이 옹호는 덕 이론이 적절한 윤리 이론의 한 특성이 될 수 있지만, 가장 기초적인 특성은 아니라는 것에 따라서 이루어졌다. 롤즈John Rawls도 마찬가지로 자신의 폭넓은 의무론적 도덕 이론에 덕에 대한 설명을 통합시키는 것이 필요하다고 생각하였다. 그러나 "덕이 차원 높은 욕망, 이 경우에는 상응하는 도덕적 원리에 따라 행동하려는 욕망에 의해 조절되는 성향이나 기질과 관련되어 있다"[8]라고 주장하는 것으로 보아, 덕에 대한 그의 설명은 덕을 규칙보다 하위에 놓고 있는 것이 분명하다. 그래서 이런 관점에 따르면, 전체적인 이론은 덕에 대한 설명을 포함하게 될 것이지만, 덕에 대한 설명은 옳은 행위 이론에 대한 보완으로서만 제공될 것이다. 이런 견해는 규범 윤리에 대한 진정한 대안 이론을 구성하고, 규칙에 근거한 관점에 대한 도전을 하기보다는, 규칙에 근거한 윤리를 많이 인정하고 있어서 덕에 대한 의무론적 견해로 간주되는 것이 더 나을 것이다.

덕의 중요성을 강조하는 두 번째 견해는 덕 윤리의 온건한 관점이라고 불릴 수 있다. 온건한 관점은 성품 평가가 행위 평가에 독립적인 것이며, 마찬가지로 행위 평가 중 적어도 상당한 수는 성품 평가에 독립적이라고 주장한다. 어떤 행위들은 어떤 동기에서 그리고 누가 행한 것인지와는 무관하게, 그르며, 용납되지 않는다. 예를 들면, 슬로트Michael Slote는 "비록 성품과 개별자가 윤리적 견해의 주요 핵심이라 할지라도 윤리학에서 행위의 지위는 성품, 동기 그리고 개별자의 윤리적 지위에서 전적으로 파생되는 것은 아니다"라고 주장한다.[9] 이런 온건한 견해에 따르면, 윤리 이론은 서로 환원될 수 없는 두 부분으로 이루어져 있다. 한 부분은 행위의 도덕성을 다루고, 다른 한 부분은 성품의 도덕성을 다룬다.[10] 온건한 견해는 덕에 대한 설명을 옳은 행위의 설명을 보완하기 위한 것으로 간주하지 않는다. 그 대신에, 상당수의 행위가 덕의 문제와는 독립적으로 평가될 수 있다는 것을 인정하면서도, 도덕성은 성품과 주로 관련되어 있다고 주장한다.

마지막으로, 덕 윤리의 재등장이 의미하는 바에 대한 세 번째 견해이면서, 여타의 견해에 비해 보다 과감한 설명이 있다. 이것은 덕 윤리의 극단적 견해로 불린다. 극단적 견해에 따르면, 아리스토텔레스의 덕 윤리에서 배워야 하는 교훈은 덕 개념이 윤리 이론의 중심 개념이어야 한다는 것이다. 따라서 윤리는 덕을 빌려서 가장 잘 이해될 수 있다. 규범 이론은 행위의 옳음과 그 결과에 대한 평가보다도 성품에 대한 평가가 더 기초적인 구조를 가져야만 한다. 덕에 독립적인 행위 판단은 없다. 왜냐하면 옳은 행위는 덕을 빌려서 정의되기 때문이다. 덕을 옳은 것을 하려는 성향으로 정의하는 의무론적 윤리와 반대로, 덕 윤리는 덕에 근거하여 옳은 행위를 정의한다. 그렇다면 규범 윤리의 기초적인 도덕적 주장은 행위자나 성품에 대한 주장이어야 한다. 극단적인 덕 윤리학자에 따르면, 공리주의나 칸트주의는 윤리학의 기초를 잘못 설정하였다. 그래서 이 견해를 주장하는 윤리학자들은 덕 윤리를 전체적인 윤리 이론에 대한 보완으로 여기지 않고, 덕 윤리를 완전히 발전된 윤리 이론으로 간주한다. 이들은 덕 윤리가 다른 종류의 윤리 이론에 대한 대안으로, 즉 그 자체로 완전히 독립된 윤리 이론으로 간주되어야 한다고 주장한다.

윤리학에서 덕과 덕의 지위에 대한 이런 견해에 따라서, 몽따귀Phillip Montague가 증명했듯이, 보다 상세하게 구분하여 두 견해로 세분할 수 있다. 첫째, "행위 평가는 보다 기초적인 평가, 즉 사람에 대한 평가를 빌려서 설명될 수 있다"[1]라고 주장한다. 즉, 우리는 의무 개념이 아레테 개념에서 파생되었다는 것을 인정하지만, 옳음, 책임과 같은 의무 개념을 사용할 수 있으며, 사용해야 한다는 것이다. 이 견해는 '환원주의적 견해'라고 불린다. 둘째 견해는 덕 윤리의 가장 극단적인 해석으로, 의무 개념을 완전히 제거해야 한다고 주장한다. "행위의 옳음, 그름, 책임 등은 유해하고 모순된 것으로, 윤리 이론에서는 완전히 무시되어야 한다."[2] 이 견해는 또한 '대체 이론'이라고 불리며, 테일러Charles Taylor와 앤스콤 같은 철학자가 주장하고 있다.[3]

솔로몬David Solomon이 "덕 윤리의 가장 두드러진 특징은 현대 윤리 이론과 근대 윤리 이론에 대한 보편적인 거부다"[4]라고 주장한 것은 바로 이런 의미에서이다. 덕 윤리의 극단적 견해가 전통적인 의무론과 공리주의에 도전하고 있으며, 도전하기 위해 애쓰고 있다. 그리고 이 둘의 경쟁자로 등장하게 되었다. 그러나 덕 윤리의 대체 이론은 너무도 극단적이어서 여기서 고려하기 어려울 정도이다. 그래서 나는 다음 장에서 덕 윤리의 환원주의적 견해를 주로 설명할 것이다.[15] 이런 제한을 하게 된 또 다른 이유는 철학자들이 유교 윤리를 덕 윤리라고 주장할 때 덕 윤리의 대체 이론을 염두에 두고 있는 것이 아니라, 대체로 덕 윤리의 환원적 견해를 염두에 두고 있기 때문이다.

2. 유교 윤리와 덕 윤리

비록 역사적으로 유교를 서양 윤리에서 사용하는 개념을 원천으로 삼아 서술된 윤리 이론으로 분류하려고 했던 유교 철학자는 없었다 할지라도, 서양에서 덕 윤리가 재등장한 것을 배경으로 삼아, 여러 철학자들은 오랜 역사에 걸쳐 유교 윤리가 성품 형성이나 개인적인 덕 함양을 강조해왔다고 주장한다. 그리고 성품 함양이나 인품의 중요성을 강조한다는 점에서, 유교가 그 고유한 특성에서 본질적으로 그리고 근본적으로 덕 윤리라는 것을 분명하게 드러내는 것이라고 주장한다. 유교를 덕 윤리로 규정하는 것이 적절해 보인다는 것이다.

의심할 바 없이, 현대 서양에서 덕 윤리의 발전은 유교 윤리 탐구에 신선한 분위기를 제공했으며, 크게 공헌하였다. 유교 윤리뿐만 아니라 유교 역시 여러 단계로 이루어진 지속적인 발전의 상태에 있었다. 그 단계는, 진나라 이전의 유교, 한나라의 유교, 위와 진 시대의 유교* 그리고 신유교** 등으로 이어진다. 이 단계들은 비록 서로 다르다고는 할지라도, 공통된 특징을 공유하고 있다. 그럼에도 불구하고 초기의 유교 윤리 또는 선진 유교의 윤리는 유교 윤리 전체의 근원으로 알려져 있다. 나의 책 전반에 걸쳐, 나는 초기의 유교 저술들을 상세하게 검토함으로써 유교에서 규칙과 덕의 통합을 탐구할 것이다. 초기 유교의 저술들은 『논어』, 『맹자』, 『순자』, 『역경』, 『대학』, 『예기』, 『중용』이다. 초기 유교의 고전으로 이런 원전들에 호소함으로써, 비록 유교 윤리가 덕 윤리와 여러 유사점을 가지고 있다 할지라도, 유교 윤리를 덕 윤리로 분류하는 것은 엄격한 의미에서 옳지 않다고 주장할 것이다. 덕 윤리와 유교 윤리의 표면적인 유사성에 대한 일반적으로 지나친 강조는 이 두 윤리의 보다 중요한 철학적 차이점을 은폐시킨다는 것이 나의 주장이다. 따라서 나의 책은, 부분적으로 유교 윤리를 덕 윤리로 여기려는 입장을 비판할 것이다. 나는 이런 입장과는 반대로, 도덕에 대한 유교 윤리의 특징적인 이해를 바탕으로, 인(仁)과 예(禮) – 유교에서의 덕과 규칙 – 의 관계에 대한 유교 윤리의 특징적인 이해를 바탕으로, 유교 윤리가 독립적인 윤리 형식, 즉 규칙과 덕이 통합된 윤리 형식으로 이해되는 것이 더 낫다고 주장할 것이다. 유교 윤리는 규칙 윤리도 아니고 덕 윤리도 아니다. 오히

---

*   위(魏)·진(晉)시대에 도가와 유가를 결합시키려는 사조가 생겨났다. 이들은 『도덕경』, 『장자』, 『주역』 연구와 해설을 연구의 중심으로 삼아서 현학이라고 불린다. 도가의 무위사상을 근본으로 삼고, 유교의 인륜으로 세상을 다스려야 한다고 주장하였다. 특히 도가와 유교 사상을 해석하면서 주역의 음양이론을 적용하였다. 대표적인 학자는 위나라의 하안과 왕필, 진나라의 향수와 곽상 등이 있으며, 죽림칠현으로 알려진 인물들도 이에 속한다. 이후 성리학의 형성에 크게 기여하였다.

** 성리학 이후의 유교..

려 둘이 통합된 윤리이다. 현대 철학의 개념적 원천을 활용하여 유교 윤리에 대한 보다 나은 이해에 도달할 때까지 계속해서 노력할 것이다.

동시에 이 책은 또 다른, 보다 일반적인 철학적 기획－즉, 하나의 도덕 이론 안에서 규칙과 덕의 통합이나 통일－에 관심을 집중할 것이다. 이 책이 규칙과 덕을 일반적으로 통합할 수 있는 방식을 철저하고 세밀하게 분석하려는 어떤 시도도 하고 있지 않지만, 그럼에도 불구하고 유교 윤리를 분석하고 이것을 서양의 윤리 이론과 비교하는 과정에서 몇 가지 제안을 하게 될 것이다.

3. 구조와 내용

이 책은 서양에서 덕 윤리의 재등장을 설명하면서 시작하고 있다. 이것은 아리스토텔레스의 도덕 이론의 근원을 추적하고 현대 도덕 철학에서 아리스토텔레스 도덕 이론이 재등장하게 된 배경에 대한 추적을 포함한다. 제1장에서 나는 다음과 같은 물음에 답하려고 노력할 것이다. 현대 서양의 도덕 철학에서 덕 윤리가 재등장하게 된 이유는 무엇인가? 어떤 방식으로 재등장하였는가? 그리고 덕 윤리의 장점은 무엇인가? 덕 윤리가 직면해 있는 문제점들과 덕 윤리가 현대 도덕 철학에서 규칙 윤리의 대안이 될 수 있는가의 물음은 나중에 논의하기 위해 미뤄놓을 것이다.

서양에서 덕 윤리가 재등장한 것을 배경으로 삼아, 여러 철학자들은 유교 윤리를 덕 윤리로 분류하는 것이 적절하다고 주장한다. 유교 윤리의 특성을 올바르게 확보하기 위하여, 덕 윤리의 장점과 난점을 분명하게 이해하기 위하여, 그리고 현대 서양의 덕 윤리의 지평을 확대하기 위하여, 덕 윤리와 유교 윤리를 비교하는 것이 필요하며 도움이 될 것이다. 이런 비교를 시작하기 전에 우리는 먼저 유교 윤리의 전체적인 입장을 그 자체로 받아들이려고 애써야 할 것이다. 2장의 주된 목적은 유교 윤리의 특성, 즉 성품 함양과 인품의 중요성을 강조하는 특성을 기술하는 것이다. 제2장에서 덕과 인간 본성에 대한 유교의 이해, 즉 유교의 자기 수양 방법과 유교에서 말하는 이상적인 성품을 논의할 것이다.

내가 주장하겠지만, 유교 윤리가 덕 윤리와 여러 유사점을 공유하고 있다 할지라도, 유교 윤리를 덕 윤리로 간주하는 것은 엄격한 의미에서 올바르지 않다. 두 가지 중요한 이유는, 첫째, 도덕을 이해하는 유교 윤리의 특징적인 방식 때문이며, 둘째, 규칙[禮]의 중요성에 대한 유교 윤리의 강조 때문이다. 제3장에서 서양의 도덕적 전통과 유교 윤리를 비교하면서, 유교 윤리에서 무한한 인간의 마음[心]에 대한 그 특징적인 이해 때문에, 도(객관적인 길)와 덕(주관적인 덕)이 성현의 마음 안에서 통합된다고 주장할 것이다. 이것이 유교 윤리에서 규칙과 덕의 통합에 대한 형이상학적 토대이다. 제4장에서 어떻게 인과 예가 상호 의존적인지 그리고 어떻게 동일한 원천에서 도출되는지를 알아보기 위하여, 유교 윤리에서 예의 중요성을 살펴보면서 예와 성현들의 관계, 인의 일반적 덕과의 관계 그리고 예와 도의 관계를 드러내 살펴볼 것이다.

마지막으로, 제5장과 6장은 유교 윤리에서 인과 예의 통합이 유교의 사회적인 도덕적 실천에서 어떻게 실현되며, 유교의 도덕 교육에서 어떻게 구체화되는지를 드러낼 것이다. 이 장들에서 도덕적 평가와 도덕적 발전의 측면에서 덕 윤리의 단점과 어려움이 유교 윤리와의 비교를 통해 드러나게 될 것이다.

서양에서 통상적으로 인정되고 있는 견해, 즉 유교 윤리가 덕 윤리라는 견해에 도전하는 것은 미묘하고 복잡한 일이다. 나는 이 일을 시도하는 것이 이해와 실천 두 가지 모두에서 가치 있는 일이라고 믿고 있다. 유교 윤리의 특징을 더 잘 이해하기 위하여, 유교 윤리의 특징을 올바로 나타내는 것은 중요하다. 동시에 덕과 규칙의 통합의 의미, 즉 현대의 서양 철학자들이 거의 간과하고 있는 하나의 가능성을 파악하는 것도 역시 중요하다.

제 1 장

덕 윤리,
현대 서양의 관점

덕 윤리,
현대 서양의 관점

서양 도덕 철학의 한 전통에 서 있는 덕 윤리는 고대 그리스의 아리스토텔레스에까지 거슬러 올라갈 수 있다. 그러나 로마 시대 이후로 도덕성에 대한 법률적 사유 방법이 현저해졌다. 그리고 최근까지 도덕적 사유의 주류를 대표해온 규칙에 기초한 도덕 이론의 토대를 제공하였다. 종교학자들이 아리스토텔레스의 도덕 이론에 끊임없이 관심을 기울이기는 했지만, 오랫동안 덕 윤리는 철학자에 의해 무시되었다. 1958년 앤스콤G.E.M. Anscombe이 'Modern Moral Philosophy'라는 논문을 발표한 이후로, 많은 현대 철학자들이 덕 윤리학에 다시금 관심을 갖기 시작하였다. 이들 중 상당수는 덕 윤리를 공리주의 이론과 의무론에 대한 주요한 대안으로 간주한다. 그러나 덕 윤리학으로의 전환점은 1981년에 출판된 맥킨타이어Alasdair MacIntyre의 책 *After Virtue*이었다. 이 책에서 그는 아리스토텔레스의 덕의 전통이 서양에서 계몽주의 시대 이후로 분열되고 파편화되었다고 주장한다. 근대 도덕 철학의 이런 특징 때문에 맥킨타이어는 "우리가 도덕성에 대한 이론적 그리고 실천적 이해를─전적으로는 아니더라도 매우 크게─상실하였다"라고 주장한다.[2] 덕 윤리에 대한 더 나은 이해를 위하여, 첫째, 아리스토텔레스 윤리학이 무엇인지 살펴보고, 둘째, 그의 덕 윤리가 근대 윤리학에서 어떻게 분열되고 파편화되었는지, 그리고 규칙 윤리학이 결과적으로 어떻게 지배적이 되었는지를 살펴볼 것이다. 마지막으로 아리스토텔레스의 덕의 전통이 어떻게 부활하였는지를 살펴보는 것이 도움이 될 것이다. 이것은 우리로 하여금 덕 윤리의 본성이 무엇인지, 윤리 이론에 대한 덕 윤리의 공헌이 무엇인지, 덕의 도덕성이 근대의 도덕 철학에서 규칙의 도덕성에 대한 대안이 될 수 있는지를 묻도록 한다.

1.1 아리스토텔레스의 덕 윤리

아리스토텔레스의 윤리는 『니코마코스 윤리학』속에 주로 서술되어 있다. 그의 윤리 이론은 철학적 목적론에 근거하고 있다. 아리스토텔레스에 따르면, 모든 피조물들은 목적을 갖는다. 이 목적은 완전히 완성되거나 실현되기 위하여, 즉 충족되기 위하여 획득되어야만 하는 것이다. 그는 책의 초반부에서 모든 기술과 모든 탐구 그리고 모든 행위와 추구는 마찬가지로 선을 목표하는 것으로 보인다고 진술한다. 아리스토텔레스는 행위의 최고 목적, 즉 사람의 궁극적 목적, 사람에게 선은 행복 eudaimonia이라고 말한다. 그러나 행복이 무엇인지에 대한 문제와 관련하여 다른 견해가 있다. 아리스토텔레스가 말하듯이, "그 이름에서는 대부분의 사람들이 일치한다. 왜냐하면 대중들과 교양 있는 사람들은 다 같이 그것을 행복이라고 말하고 또 잘사는 것과 잘 행위하는 것euprattein이 행복함과 같은 것이라고 파악하기 때문이다. 그러나 그들은 행복이 무엇인가에 관해서는 서로 일치하지 않으며 대중들은 지혜로운 사람들의 것과 같은 설명을 내놓고 있지 않다."[3] 아리스토텔레스는 삶에서 가장 가치 있는 것 또는 가장 바랄 만한 것이 무엇인가에 관한 물음에 다른 견해가 있다 할지라도, 이것을 가진 사람이 잘 행위할 것이며, 좋은 운명을 가질 것이고, 행운이 있을 것이라는 데 모두 동의할 것이라고 생각했다. 물음에 대한 대답들 중에서, 아리스토텔레스는 가장 유력하고 가장 그럴듯한 것, 즉 쾌락, 재산 그리고 명예를 고찰하고 있다.(1095a 22-23) 대부분의 사람들은 쾌락을 목표로 한다. 그러나 이것은 노예나 짐승도 또한 목표로 하는 것이다. 보다 나은 사람들은 명예를 목표로 한다. 이것은 정치적 삶의 대상이다. 그러나 명예는 받는 사람보다는 주는 사람에 크게 의존한다. 반면에 삶의 목적은 덕을 우리에게 확신시켜줄 수 있어야만 한다. 덕은 아마도 정치적 삶의 보다 진정한 목적일 것이다. 어떤 사람들은 재산을 추구한다. 그러나 이것은 목적이 아니라 수단에 불과하다. 아리스토텔레스에 따르면, 사람에게 좋은 것은 두 가지 특징 덕분에 소유할 만한 것이 된다. 이것은 다른 것의 수단이 아니라 항상 그 자체를 위해 선택되는 궁극적인 것이어야만 한다. 이것은 삶을 선택될 만큼 가치 있는 것으로 만들어주는 자기 충족적인 것이어야만 한다. 아리스토텔레스는 사람의 특별한 본성에 대해 자신의 이해에 기초하여 대답한다. 이 대답은 『니코마코스 윤리학』 7권에 형식화되어 있다. "인간의 좋음은 덕에 따르는 영혼의 활동이라는 것이 밝혀졌다. 그리고 하나 이상의 여러 덕이 있다고 하면, 그 가운데 최상의 그리고 가장 완전한 덕에 따르는 영혼의 활동이 인간의 좋음이다. 또한 우리는 여기에 '완전한 삶에서'라는 표현을 붙여야만 한다."(1098a 16-18)

인간의 좋음에 대한 정의를 이해하기 위해서, 먼저 '덕'이라는 단어를 이해할 필요가 있다. '덕'은 그리스어 arete의 번역이다. 이 단어는 aristos (탁월함 또는 최고)와 관련되어 있으며, 단어의 뜻으로는 사물의 선이다. 따라서 이것은 '탁월함'으로도 번역된다. 아리스토텔레스에게 "어떤 것의 덕은 그것의 고유한 기능ergon과 관련되어 있다."(1139a17) 이것이 무엇인지를 알기 위하여 그 기능이 무엇인지 알 필요가 있다. 하나의 기능은 그것에 고유한 특징적인 활동이다. 그리고 또한 그것의 목적이 된다.(1219a8) 어떤 종류의 것은 이것이 하나의 기능을 갖는 한에서, 그 기능을 잘 수행함으로써 그 덕을 갖는다. 예를 들면, 칼의 덕은 효과적으로 자르는 것이다. 말의 덕은 빠르게 달리는 것이다. 음악가의 덕은 자기의 악기를 잘 연주하는 것이다.

이런 개별적인 사례에서 유추하여, 아리스토텔레스는 개별적 인간 존재가 속해 있는 특정한 범주, 즉 음악가, 목수, 장군과 같은 것과는 무관하게, 인간 자체로서의 기능이 있어야만 한다고 주장했다. 아리스토텔레스는 "인간의 덕은 인간 존재를 훌륭하게 만들어주는 상태 그리고 그의 기능을 잘 수행하도록 만들어주는 상태와 같다"(1106a23-24)라고 말한다. 인간과 관련해서, 덕은 인간의 탁월성이거나 인간의 기능에서 훌륭함이다. 그는 덕을 두 종류, 즉 지적인 덕(지성적 탁월함)과 윤리적인 덕(윤리

적 성품의 탁월함)으로 구분하고 있다.[4]

지적인 덕은 인간 종의 한 구성원인, 사유하는 인간으로서 인간의 기능과 관련되어 있다. 이 기능은 인간 종의 본성을 구성하는 합리적 활동이다. 한 사물의 덕(탁월함)이 그 기능을 잘 수행하는 것이라면, 인간으로서 탁월함은 자신의 합리적 활동을 능숙하고 훌륭하게 수행하는 것이다. 다른 한편으로, 윤리적 덕은 사회적 존재로서 사람의 기능과 관련되어 있다. 이런 기능을 잘 수행한다는 것은 그가 속해 있는 사회나 전통에 의해 인정받고 칭찬받는다는 것을 의미한다. 윤리적 덕은 성품과 관련되어 있어서,(1103a17) 사회적 관습에 의해 함양되고 사회에 의해 존중되어야 한다. 지속적이고, 고정된 그리고 오래 지속하는 성향은 아리스토텔레스가 윤리적 덕을 통해 의미한 바의 것이다. 윤리적 덕은 일시적인 것이 아니라 습관적이고 확립된 성질이다. 이것은 유덕한 사람의 두 번째 본성이다.

아리스토텔레스는 정신이나 혼을 합리적인 부분과 욕구적인 부분으로 구분한 방법에 따라 덕을 구분하고 있다. "인간의 덕으로 우리는 신체의 덕이 아니라 정신의 덕을 의미한다."(1102a16) 아리스토텔레스는 덕은 정신의 합리적인 부분과 욕구적인 부분의 차이에 따라 구분된다고 말한다.(1103a4) 지적인 덕은 (지혜 그리고 이해 그리고 사려와 같이) 이성을 가진 혼의 부분에 상응하고, 이 부분은 다시 이론적 이성과 실천적 이성으로 구분된다. 윤리적 덕은 비합리적이지만 (관대함 그리고 절제와 같이) 이성에 복종하는 혼의 부분과 상응한다. 지적인 덕이 특정한 인간의 본성에 의해 결정되는 한편, 우리의 합리적 기능과 능력을 실현시키는 상태, 즉 윤리적 덕은 존재하고 있는 도덕성에 의해 그리고 한 인간이 속한 사회적 관행에 의해 결정된다. 지적인 덕은 문화를 넘어서 인간 존재에게 보편적으로 적용된다. 이것은 사회적 역사적 전통과는 무관한 것이다. 반면에 윤리적 덕은 문화 속에 담겨져 있으며, 한 사람이 속해 있을 수밖에 없는 특정한 문화적 역사적 맥락에서 확립된 도덕성에 따라 다른 내용을 갖게 된다. 윤리적 덕의 이런 본성을 통해서 보면, 윤리적 덕의 함양을 위해서는 적절한 교육이 필요하다.[5]

따라서 지적인 덕과 윤리적 덕의 구별은 혼의 두 부분에 근거하고 있을 뿐만 아니라 합리적 동물과 사회적 동물이라는 인간 본성의 이중적인 특성에 상응한다. 우리가 아리스토텔레스의 윤리학을 덕 윤리라고 말할 때, 우리는 두 종류의 '덕'을 말하고 있다. 한편으로 사회적 동물로서 인간의 덕은 인간이 사회적 규범, 문화 전통에 따르도록 요구한다. 다른 한편으로 합리적 동물로서 인간의 덕은 존재하는 관습과 전통에 수동적으로 따르도록 요구하는 것이 아니라, 합리적 활동을 가장 완벽하게 실행할 수 있는 숙고된 삶을 살도록 요구한다. 그렇다면 윤리적 덕이 특정한 문화적 역사적 맥락에서 확립된 습관과 관습에 의해 보다 근본적으로 결정되는지, 아니면 자발적인 결정을 하는 행위자에 속해 있는 인간의 합리성에 의해 보다 근본적으로 결정되는지가 문제가 된다. 앞에서 언급했듯이 지적인 덕은 이론적 지혜와 실천적 지혜를 모두 포함한다. 이론적 지혜는 행위와 관련이 없지만, 실천적 지혜는 행위와 관련되어 있다. 즉, 이것은 "사람에게 좋고 나쁜 것과 관련해서 이성을 가지고 행위를 산출하는 참된 성품이다."(1140b4-6)

따라서 이 문제는 실천적 지혜와 윤리적 덕의 관계에 관한 문제가 된다. 이 문제와 관련한 여러 다양한 논쟁이 있다. 위 지위앤Yu, Jiyuan이 주장했듯이, "아리스토텔레스에서 덕에 관한 완전한 개념은 지적인 덕과 윤리적 덕의 두 결정 사항들 간의 상호 작용에 놓여 있다."[6] 실천적 지혜는 윤리적 덕 없이는 완전히 발달할 수 없다. 동시에 도덕적 덕은 그 자체로 완전하지 않다. 윤리적 덕은 실천적 지혜 없이는 획득될 수 없다.(1145a16) 이런 의미에서 아리스토텔레스는 "덕은 목적을 정확하게 결정하며, 실천적 지혜는 목적에 이바지하는 것이 무엇인지를 결정한다."(1112b13) 엄격한 의미에서 실천적 지혜 없이 좋게 되는 것은 불가능하며, 도덕적 덕 없이 실천적으로 현명하게 되는 것도 불가능하다는 것은 분명하다.

한편으로 아리스토텔레스는 "혼의 눈이라고 하는 실천적 지혜가 뚜렷이 드러나는 상태에 도달하는 데는 덕의 도움 없이는 안 된다"(1144a30-31)라고 말한다. 사회적 동물로서 인간은 사회와 분리되어 살아갈 수 없다. 그러나 동시에 합리적 동물로서 인간은 훌륭한 사람이 되기 위하여 전통과 관습에 대한 반성적 태도를 지녀야만 한다. 이런 반성적 기능이 실천적 지혜phronesis이다. 아리스토텔레스에 따르면, 실천적 지혜는 단순히 합리적인 계산의 문제가 아니다. 이것은 숙고와 영민함과 같은 개념과는 다르다. 목적에 도달할 수 있는 힘은, 이것이 좋든 나쁘든 실천적 지혜가 아니라 영민함이다. 옳은 목적을 목표로 삼으면-단지 덕만이 이것을 보장할 수 있다-영민함은 실천적 지혜가 된다. 그른 목적을 목표로 삼으면 영민함은 교활함이 되고 만다.(1143b18-1144b1) 실천적 지혜는 도덕과 무관한 것이 아니라, 윤리적 덕을 전제하거나 본질적으로 관련되어 있다.(1143b11-14, 1144a30-31) 예를 들면, 영민한 은행 강도 또는 솜씨 좋은 도둑은 강도와 도둑으로서 훌륭하다. 그러나 인간으로서 훌륭한 것은 아니다. 아리스토텔레스는 "우리는 선하지 않고서는 실천적 지혜를 가진 사람이 될 수 없다"라고 명시적으로 주장하고 있다.(1144a36) 따라서 그는 자제력 없는 사람이 실천적 지혜를 가졌다는 생각을 거부한다. 실천적 지혜는 윤리적 덕과 분리할 수 없으며, 덕의 전통 속에 담겨져 있다.

다른 한편으로 윤리적 덕의 탁월함은 이성에 대한 복종을 함축한다. 아리스토텔레스는 완전한 덕은 "실천적 지혜 없이는 획득될 수 없다"라고 주장한다.(1145a16) 도덕적으로 유덕한 사람이 되기 위해서는 당신은 실천적 지혜를 가지거나, 아니면 실천적 지혜를 가진 사람을 모범으로 삼거나 교훈으로 삼아야만 한다. 왜냐하면 특정한 사례의 상황에서는 추론 과정을 통해 일반적 원리를 적용함으로써 옳은 행위가 결정되기 때문이다. 위 지위앤이 주장했듯이,[7] 첫째, 실천적 지혜는 이미 배운 행동 방식들이 실제로 고상하고 가치 있는 이유를 이해하는 데 도움이 된다. 따라서 사람들은 '그것'을 아는 것에서 '그 이유'를 아는 것으로 나아간다. 때때로 경험이 많은 사람은 지식을 가진 사람보다 더 나은 것을 할 수 있다. 그러나 지식은 경험보다 우월하다. 왜냐하면 지식은 원인을 알게 해주는 반면에 경험은 원인을 알게 해주지 못하기 때문이다.[8] 실천적 지혜는 덕을 실행할 수 있게 한다. 그래서 사람들은 덕의 실행이 그 자체로 가치를 가진 것으로 인정할 뿐만 아니라, 에우다이모니아eudaimonia를 위한 것, 즉 인간에게 최고로 좋은 삶과 선을 구성하는 삶을 누리게 하는 것으로 이해한다. 실천적 지혜가 있는 사람은 유덕한 행위를 한다. 왜냐하면 이 행위가 실제로 유덕하기 때문이다. 둘째, 실천적 지혜는 교육받은 행위자가 선한 이유에 관한 보다 분명한 견해를 제공할 뿐만 아니라, 선이 무엇인가에 대한 다양한 견해들을 비교하기 위하여 요구되기도 한다. 그리하여 또한 어떤 목적이 실제로 선하며 상충하는 상황에서 추구되어야 하는지에 관한 참된 개념을 파악하기 위해서 요구되기도 한다.(1143b21-22) 셋째, 실천적 지혜는 문맥 상황성과 독자성의 차원을 가지고 있다. 아리스토텔레스는 보편적인 원리가 다양한 특수한 상황을 대처할 수 있을 만큼 충분히 유연하지 못하다는 것을 인정하고 있다.(1098a26, 1103b34) 실천적 지혜는 행위와 관련되어 있으며, 행위는 항상 특수한 행위에 관한 것이다. 그러므로 실천적 지혜는 특정한 특수한 상황에서 이루어져야 할 것이나 이루어질 수 있는 것이 무엇인지를 결정하기 위한 지각의 차원, 즉 실천적 직관을 갖는다. "지각될 수 있는 어떤 것도 쉽게 정의될 수 없기 때문에, 그리고 이런 [유덕한 행위와 사악한 행위의 상황]은 특수하기 때문에 이들에 대한 판단은 지각에 의존한다."(1109b22-23) 실천적 지각을 가지고서 특수한 것의 현저한 특징을 인식하고 보편적 원리의 적용에 대한 제한을 받아들인다. 실천적 지혜는 한 유형의 사람에게 선한 것이 무엇인지 또는 일반적으로 행동하는 사람들에게 선한 것이 무엇인지를 결정하고, 특정한 상황에서 선한 것이 무엇인지를 결정하면서 진리를 적용할 수 있는 능력을 발휘하는 것이다. 맥킨타이어가 주장했듯이, 실천적 지혜는 특수한 상황에 처한 사람에게 어떤 진리가 관련되어야 하는지를 판단할 수 있다. 그 판단으로부터 그리고 자신과 자신의 상황과 관련된 측면에 대한 지각으로부터 올바르게 행동할 수 있다.[9] 실천적 지혜는 따라서 보편적인 것과 특수한 것의 평형에 달할 수 있게 해준다. 그리고 구체적인 상황에서 선한 목적에 따라서 무엇이 행해져야 할지를 깨닫게 해준다.

그런 뒤 아리스토텔레스는 실천적 지혜와 관련된 주제, 즉 선택, 숙고, 자발성과 비자발성, 책임, 통제의 결여와 같은 주제를 전개한다. 이 주제를 통해 아리스토텔레스는 실천적 지혜가 윤리적 덕에 어떻게 본질적인지를 설명한다. 윤리적 덕이 발현되기 위해서는 실천적 지혜의 발현이 필수적이다. 완전한 의미에서 윤리적 덕은 유덕한 사람 스스로가 실천적 지혜를 소유하고 있다는 것을 함축한다.

요약해보면, 실천적 지혜는 윤리적 덕과 분리될 수 없고 전통 안에서 구체화될 뿐만 아니라, 이 전통에 대한 반성적이고 비판적인 태도를 유지하는 데 도움을 준다. 실천적 지혜와 윤리적 덕의 상호 의존적인 관계는 인간 행위자가 지성과 욕망의 통일체라는 전제에 근거해 있을 뿐만 아니라, (1139a32-1139b5) 성품 형성 과정과 전통의 재형성 과정에서 구체화된다. 다른 한편으로 성품은 자연적인 것도 비자연적인 것도 아니다. 우리는 이런 능력을 가지고서 시작한다. 그러나 이것은 실천에 의해 계발되어야 한다. 성품 함양은 습관에서 시작한다. "성품의 상태는 유사한 활동을 통해 형성된다."(1103a14-b25) 하나의 덕은 행위를 반복적으로 행함으로써 획득된다. 사람들이 연주하고 실천함으로써 훌륭한 음악가가 될 수 있듯이, 정의로운 행동을 함으로써 정의로워지고, 용감한 행위를 함으로써 용감해지고, 온화하고 절제하는 행위를 함으로써 온화한 사람이 되고 절제하는 사람이 된다. 이것이 어린이 도덕 교육에 분명하게 시사하고 있는 것은, 도덕적 덕이 단지 말로만 가르쳐서는 익힐 수 있는 것도 체득될 수 있는 것도 아니라는 것이다. 오히려 이것은 어린이가 지속적으로 올바른 방식으로 행동하는 것을 보장함으로써만 생겨날 수 있다. 습관 형성은 아마도 행위의 지속이나 욕구될 만한 것으로 매우 상세하게 지속적으로 형성된 행동을 요구할 것이다. 아리스토텔레스의 주장은 습관이 도덕적 덕의 가장 가까운 근원이라는 것이다. 선한 습관의 형성은 따라서 도덕적 가르침의 목표이다. 아리스토텔레스가 말하듯이, "성품은 어휘 자체가 나타내듯이, 습관ethos을 통해 계발될 수 있는 것이다."[10]

다른 한편으로 성품 함양은 연장자의 선한 가르침과 공동체의 규칙에 따라서 행동하는 과정일 뿐만 아니라, 실천적 지혜를 계발하는 과정이기도 하다. 합리적 동물로서 인간 존재는 전통에 대한 맹목적 추종과 습관의 단순한 피조물일 수는 없다. 합리적 활동을 수행하지 않는, 인간 존재는 완전한 의미에서 인간일 수 없다. 완전한 도덕적 덕, 즉 두 번째 본성은 자신의 이성을 발휘하지 않는 한 획득될 수 없다. 우리는 (1) 자신이 무엇을 하는지 알면서, (2) 행위를 선택하고서 그 자체 때문에 그리고 (3) 영원한 경향성의 결과로 행동하지 않는 한 그를 유덕하거나 유덕하게 행동한다고 말할 수 없다.[11] 그래서 덕은 '엄격한 의미에서' 실천적 지혜를 함축한다. 자신의 실천적 지혜를 계발할 때만 고상한 것을 완전하게 즐기며 행할 수 있고 그것을 자신의 전체적인 삶의 활동으로 행할 수 있다. "한 마리 제비가 봄을 만드는 것도 아니며, [좋은 날] 하루가 봄을 만드는 것도 아니다. 이렇듯 [행복한] 하루나 짧은 시간이 지극히

복되고 행복한 사람을 만드는 것도 아니다."(1098a18-20)

유덕한 성품은 유덕한 행위의 선택에 의해 특징되며, 유덕한 행위는 황금율 이론를 통해 발견된다. 성품의 상태는 선할 수 있다. 왜냐하면 이것은 감정과 행위의 중용 상태를 목표로 삼기 때문이다.(1106b28, 1109a20-30) 중용은 '올바른 때 올바른 것에 관하여 올바른 사람을 향해 올바른 목적으로, 올바른 방식으로 행동할 수 있게 하는' 상태이다.(1109a20-23) 유덕한 행위를 수행하는 것은 특정한 감정을 통제하는 특정한 방식으로 행위하는 것이며, 특정한 종류의 상황에서 올바르게 행동하는 것이다. 이 올바름은 올바른 이성, 즉 실천적 지혜에 의해 결정되며,(1144B28) 결핍과 과도함의 해로운 효과를 고려하면서 발견될 수 있다. 이성은 상황이 달라지면 올바름을 그 상황에 맞춰 다르게 결정한다. 이를 근거로 아리스토텔레스는 윤리적 덕에 관한 자신의 완벽한 정의를 도출해낸다. "덕은 하나의 중간에서 존립하는 성품 상태로, 우리와 관련된 중용이다. 이것은 이성을 언급함으로써, 즉 실천적 지혜를 가진 사람이 그것을 정의하기 위하여 언급하는 이성을 언급함으로써 정의된다."(1107a1-3)

아리스토텔레스에게서 덕에 대한 완전한 개념은, 성품 상태로서 덕뿐만 아니라 실천적 합리성을 행사하는 것으로써 덕을 의미하며, 이 두 측면의 유기적인 종합이기도 하다. 이 두 측면의 종합이 중용 상태를 결정한다. 중용으로서 덕은 모든 다른 윤리적 덕의 본성을 결정한다.

그러나 덕 개념에 대한 아리스토텔레스의 종합적 설명이 역사적으로 충분하고 완전하게 평가된 적이 없다. 실천적 지혜와 윤리적 덕의 관계에 관한 아리스토텔레스의 이해는 전적으로 무시되었다. 특히 계몽주의 시대 이후로 그러했다. 도덕에 관한 계몽주의적 기획은 보편성과 자율성의 이념을 고양시켰으며, 권위와 전통을 대체해버렸다.[12] 결과적으로 규칙 윤리가 지배적인 윤리적 관점이 되었다. 덕 윤리의 재등장은 하나의 의미에서 덕과 이성의 상호 작용에 대한 아리스토텔레스의 강조에로 되돌아가는 것이다. 아리스토텔레스의 덕 윤리가 어떻게 영향력을 상실하게 되었을까? 규칙 윤리가 어떻게 현대 철학에 지배적인 것이 되었을까? 덕 윤리의 재등장은 어떻게 시작되었을까? 덕 윤리가 재등장하게 된 이론적 배경 그리고 규칙 윤리와 덕 윤리의 논쟁, 유교 윤리가 덕 윤리라는 주장이 생겨난 것에 대해 분명한 생각을 갖기 위해서는, 이런 물음들은 우리가 대답할 필요가 있는 중요한 것들이다. 이것이 우리가 이제 관심을 가져야 할 내용이다.

1.2 덕 윤리의 재등장

아리스토텔레스의 윤리는 다음과 같은 물음을 던지면서 시작한다. "사람에게 선은 무엇인가?" 그리고 그는 다음과 같은 물음을 제기하면서 윤리학에 접근한다. "어떤 성품이 한 사람을 선한 사람으로 만들어주는가?" 아리스토텔레스의 덕 윤리는 도덕적 삶(도덕적 행위, 사유 그리고 관계)을 사회적 그리고 문화적 맥락과 관련시켜 설명한다. 이것은 윤리학의 주제를 선한 삶을 추구하는 것과 본래적 덕이나 성품을 함양하는 것으로 여기는 것이다. 그러나 이후의 많은 철학자들, 특히 근대 도덕 철학자들은 이것을 거의 무시해왔다. 이들은 이성의 권위를 전통과 대비시키는 데 관심을 집중했다. 그리고 비록 그 원리 안에서 덕이 중요한 위치를 차지하지는 못할지라도, 도덕의 보편성과 문화를 관통할 수 있는 원리를 확립하려고 애썼다. 이것이 맥킨타이어가 *After Virtue*에서 "근대의 도덕적 주장과 실천은 오랜 과거에서 살아남은 일련의 파편 조각으로 이해될 수 있을 뿐이며, 근대 이론 때문에 생겨난 해결될 수 없는 문제들은 이것이 잘 이해되지 않는 한 해결되지 않은 채 남아 있을 것이다"[13]라고 말한 이유 중 하나다. 규칙에 기초된 윤리학의 영향력과 덕 윤리가 재등장하게 된 이유를 보다 잘 이해하기 위해서는, 아리스토텔레스 이후에 이루어진 서양 도덕 철학의 발전을 역사적으로 살펴볼 필요가 있다.

1.2.1 아리스토텔레스 이후의 서양 윤리학의 발전

아리스토텔레스는 호머Homer에 뿌리를 두고 있는 고대 그리스의 덕의 전통을 유지하고 발전시켰다. 이 전통에서 개별적 행위자는 사회적 맥락 안에서 규정된다. 호머의 시는 문맥상황적 도덕을 가정한다. 즉, 개별적 행위자들이 행해야만 하는 것은 사회에서 개인들의 역할, 즉 어머니, 아들, 주인, 노예 등의 역할의 문제라는 상황을 가정한다. 덕이란 자신의 역할이 요구하는 바를 훌륭하게 행하는 문제이다. 플라톤Platon에게 정의는, 비록 이것이 법에 따라 행위 하는 것과 밀접하게 관련되어 있지만, 법에 따라 행위하는 것을 의미하지 않는다. 이것은 성품의 성질이다. 그리고 정의로운 행동은 정의로운 사람이 행할 법한 것과 같은 행위이다. 아리스토텔레스에게서 진실을 말하는 것은, 의무를 충족시키는 것이 아니라 성품의 성질이거나 성품의 전체적인 성질이다. 아리스토텔레스는 윤리학의 주제로 덕에 초점을 맞춘다. 그리고 용기, 절제, 지혜, 정의와 같은 주요 덕을 분석한다. 그러나 이후에, 말하자면 고대 로마 시대부터 스토아의 의무 윤리와 도덕에 관한 법률적 사유가 대세를 이루었다. 따라서 의무의 규칙과 법적 규칙을 추구하려는 사유는 인간적 선이나 도덕적 덕을 추구하려는 사유보다 우세하였다. 합리성은 아리스토텔레스가 주장했던 것처럼, 더 이상 '실천적 추론practical syllogism'과 '행위의 합리성'(즉, 선한 근거에 의해 명령된 방식으로 그리고 선한 목적을 목표로 삼는 방식으로 행동하는 사람)에 관한 것이 아니다. 대신에 고대 로마시대의 합리성은 모든 사람이 체계적인 규범과 법률에 따라 행동해야만 한다는 것을 의미했다.

이후로 아우구스티누스Aurelius Augustinus 시대(A.D. 354-430)에 중요한 발전이 이루어졌다. 아우구스티누스의 종교적 견해는 천국의 세상과 영원한 삶으로 선점되어 있었다. 그리고 인간성을 여타의 덕들에 요구되는 일차적이고 기초가 되는 덕으로 여겼다. 이것은 복종의 실천을 통해서 인간성과 같은 덕의 획득을 강조하고, 성서와 신적인 법을 일차적인 지침으로 여기는 것을 강조한다. 아리스토텔레스는 이성을 실천적 지혜의 원천으로 여겼다. ─그에게 유덕한 삶은 이성적 삶과 분리되지 않는다─한편으로 아우구스티누스는 이성을 의심하고, 이성적 선은 스스로를 신의 의지의 하위에 두는 것에서 성립한다고 가르쳤다. 따라서 중세 초기의 사상가들이 덕을 논의했을 때 이것은 신적인 법의 맥락 안에 있는 것이다. 이런 의미에서 중세 초기의 윤리는 목적론적·의무론적 또는 신적인 명령으로 특징될 수 있다. 이것은 아리스토텔레스의 덕 윤리와 많은 측면에서 상충할 가능성이 있다. 특히나 이것은 특수한 개별자의 중요성과 덕을 유지하고 함양하는 과정에서의 개별자들의 추론 능력을 무시하기 때문이다.

아우구스티누스의 전통은 이런 생각을 담고 있다. 아리스토텔레스가 궁극적인 선을 실질적인 도시 국가에서 획득될 수 있는 어떤 것이라고 생각한 반면에, 아우구스티누스에서 아퀴나스Thomas Aquinas(1225-74)에 이르는 전통은 궁극적인 선이 신 안에서 발견될 수 있을 뿐이라는 종교적 맥락을 제공하였다.[14] 아퀴나스는 통일된 형이상학적 신학을 통해 아리스토텔레스의 전통을 계속해서 발전시킨 대표적 인물이다. 그는 아리스토텔레스주의와 기독교 신학을 종합하였으며, 신념, 희망 자비와 같은 '신학적 덕'을 4주덕에 첨가하였다. 알몬드Brenda Almond가 주장했듯이, 이런 전통은 신적인 창조자나 법칙 제공자와는 별개로, 아리스토텔레스에게는 없는 세 개의 개념을 도입하였다. 즉, 덕으로서 겸손이나 자비의 개념, 의지의 개념, 양심의 개념을 도입하였다.[15] 아퀴나스는 인간 존재의 궁극적 목적을 인간 행위의 실천적 추론의 일차 조건으로 이해했을 뿐만 아니라, 선에 관한 일반적 지식과 특정한 유덕한 행위의 관계에 대한 새로운 설명을 제공했다. 따라서 아리스토텔레스 덕 윤리의 지평을 확장하였다. 아퀴나스 설명의 배경이 비록 도시 사회보다는 종교 사회 안에 있다 할지라도, 그의 종교 사회는 더 이상 천국의 세계나 영원한 삶에 제한된 것이 아니라 세속과 종교를 통합한 도덕 공동체 안에 있었다. 인간 존재가 궁극적인 목적을 획득할 수 있는 길은 신적인 명령이나 규칙에 복종하는 것을 통해서 이루어지는 것이 아니라 자신들의 내적인 성품을 완벽하게 하고 자신들의 덕을 함양함으로써 이루어진다. 개별자의 합리적 본성은 그 시대에 매우 존중받았다.

맥킨타이어가 지적했듯이, 아리스토텔레스의 전통은 17세기의 스코틀랜드 사회 문화에도 여전히 유지되고 있었다. 비록 칼뱅주의 요소가 혼합되기는 했지만 여전히 유지되었다. 그러나 스코틀랜드에서 태어났지만 잉글랜드에서 대부분의 삶을 살았던 흄David Hume(1711-76)에 이르렀을 때, 그 전통은 불행하게도 뒤집어졌다. 한편으로 흄은 스코틀랜드 전통에서 여러 중요한 근원을 이끌어냈다(예를 들면, 그는 허치슨Franis Hutcheson(1694-1746)을 여러 방식으로 이끌어 들였다). 다른 한편으로 그는 스코틀랜드 전통을 무너뜨리기 위해 갖은 노력을 기울였다. 이것은 그에게 덕의 기초적인 입장 대신에 인간의 감정을 빌려 설명하는 결과를 가져왔다.[16] 흄에 따르면, 한 사람을 행동하도록 이끌어가는 것은 합리적 판단이나 선의 추구가 아니라 개인의 감정과 정념이다. 『인성론』에서 흄은 "이성은 정념의 노예이며 노예이어야 한다. 그리고 정념에 복종하고 봉사하는 것 이외에 어떤 다른 일을 꾸밀 수 없다"라고 주장한다.[17] 그는 인간 활동의 궁극적 목적에 대한 합리적 설명이 불가능하다고 주장한다. 그리고 그는 덕을 정의하면서 관찰자에게 승인의 즐거운 감정을 제공하는 '모든 정신적 행위나 성질'이라고 말하며, '악은 그 반대'라고 정의하였다.[18] 그런 이모티비즘은 덕을 탐구해야 할 목적을 실천적 합리성에 근거하여 제시한다.

그러나 흄의 이모티비즘이 아리스토텔레스의 윤리적 전통을 전복하는 것을 의미한다면, 그리고 그 전통의 지속적인 발전의 중단을 의미한다면, 근대 자유주의 윤리의 발생은 도덕에 관한 전통적인 사유의 방식을 거부하고 전복하는 것을 목표하고 있으며, 이런 목표를 기초로 삼고 있다. 근대 자유주의는 계몽주의와 더불어 시작되었다. 자유주의 윤리의 기초적인 목적은 공적인 정치 질서뿐만 아니라 근대 서양의 시장 경제 제도를 위한 도덕적 의무의 새로운 합리적 정당화를 제공하는 것이다. 자유주의 윤리에서 중심 문제는 자유주의적 자아의 문제이며, 자유주의 사회 질서 유지를 위한 공통 선의 문제이다. 맥킨타이어에 따르면, 윤리학과 도덕에 관한 근대의 이런 특징적인 사유 방식은 근대의 자유주의에 대한 비역사적 그리고 반 전통적 태도에서 나온 것이다. 근대의 기획은 보편적 표준과 보편적 도덕규범을 대안으로 삼아 호소하면서, 역사의 특수성과 우연성에서 자유로운 문화와 사회 질서를 발견하는 것이었다. 근대의 자유주의는 자신들의 이념과 사유의 역사적 기원과 전통적 배경에 관심을 기울이지 않았으며, 그 배경을 추적해보고자 원하지도 않는다. 반대로 이들은 자신의 전통적인 문화적 근원을 역사적 부담으로 무시해버린다. 결과적으로 아리스토텔레스적 덕의 전통은 역사적 유물이 되어버렸다. 그리고 그 대신에 규칙에 기초한 윤리가 지배적인 것이 되었다. 이런 유형의 윤리에서 역사적 맥락이나 개인성과 관련된 설명은 거의 없다. 윤리학의 목표는 더 이상 우리들이 경탄할 만한 성품의 유형을 기술하는 것이 아니라, 우리들이 따라야만 하는 보편적인 법칙과 같은 원리 체계를 형성하는 것이다. 신적인 법은 그것의 세속적인 등가물, 즉 도덕적 법칙이라고 불리는 어떤 것에 의해 대체되었다. 신적인 명령보다는 인간적 이성에서 도출되어 나온 것이라고 말해지는 도덕적 법칙은 어떤 행위가 옳은 지를 상술하는 규칙 체계로 인식되고 있다. 도덕적 행위자로서 우리의 의무는 이 명령에 따르는 것이라고 말할 수 있다. 레이첼스James Rachels가 자신의 저서 *The Elements of Moral Philosophy*에서 말하고 있듯이,

> 따라서 근대 도덕 철학자들은 고대의 철학자들이 제기했던 물음과는 기본적으로 다른 물음들을 제기하면서 자신들의 주제에 접근한다. "어떤 성품이 한 사람을 선한 사람으로 만들어주는가?"라고 묻는 대신에, 이들은 "행해야 할 옳은 것은 무엇인가?"라고 물으면서 시작한다. 이것은 이들을 다른 방향으로 이끌어간다. 이들은 덕의 이론이 아니라 옳음과 의무의 이론을 발전시키려고 한다.

> - 각자는 자신의 이익을 최고로 증진하는 것을 행해야 한다. (윤리적 이기주의)
> - 우리는 최대 다수의 최대 행복을 증진하는 것을 해야만 한다. (공리주의)
> - 우리의 의무는 우리가 보편적 법칙이 되도록 일관되게 의지할 수 있는 법칙에 따르는 것이다. (칸트Immanuel Kant의 이론)
> - 해야 할 올바른 것은 합리적인 자기 이익에 관심을 가진 사람들이 자신들의 상호 이익을 위해 확립하는 것으로 동의할 수 있는 규칙에 따르는 것이다. (사회 계약 이론)[19]

서양에서 르네상스 이후에 도덕 이론의 주류를 형성한 것은 규칙에

기초한 도덕 이론들이다. 모든 이런 논변들이 사회 속에서 폭넓은 영향을 미쳤다. 도덕적 주제가 실제로 관련되어 있는 한에서, 복종해야 하는 규칙이 어느 종류의 것인지에 관해 혼란을 야기하는 불일치와 논쟁이 발생한다. 다른 이론을 받아들이면 완전히 다른 행위 방식을 선택할 수 있다. 다른 주장보다 특정한 주장에 더 큰 비중을 두는 것은 불가능하다. 왜냐하면 각각의 도덕 이론은 상호 통약 불가능한 자신들의 규범적 또는 평가적 개념들을 사용하기 때문이다. 결과적으로 사회 안에 공통된 도덕적 믿음과 공통된 가치 개념이 존재하지 않는다.

1.2.2 덕 윤리로의 복귀-앤스콤과 맥킨타이어

지난 10여 년 동안 현대 도덕 철학의 이런 특징에 실망한 여러 철학자들은 도덕과 관련된 중심적인 물음들을 다시 고려하기 시작하였으며, 덕 윤리의 부활을 옹호하였다. 이들은 현대의 도덕 철학이 파산했다고 주장하며, 이 주제를 구출하기 위해서는 아리스토텔레스적 사유 방식으로 되돌아가야 한다고 제안한다.

처음에 지적했듯이, 덕의 중요성에 관한 초기의 옹호는 영국의 철학자인 앤스콤이었다. 1958년, 그녀는 자신의 논문인 'Modern Moral Philosophy'에서 근대 도덕 철학에 대한 공격에 착수하였다. 그 논문에서, 그녀는 오랜 세월 동안 기독교적 전통이 지배한 결과로, 속박, 허용, 용서의 개념이 서양 언어와 사유에 깊게 새겨져 있다고 주장하였다. 윤리학이 이런 법 개념에 영향받았기 때문에, 근대 도덕 철학이 전통과 독립적인 근거를 찾으려 했을 때, 잘못된 길로 들어서게 되었다. 왜냐하면 '당위', '의무, '책임'과 같은 법적 개념에 의거하고 있기 때문이며, 이런 개념들은 법칙 제공자가 전제되지 않을 때는 아무런 의미도 가질 수 없기 때문이다. 근대 도덕 철학이 관심을 집중하고 있는, '책임', '의무', '옳음'의 개념은 불가피하게 이런 공허한 관념과 관련될 수밖에 없다. 앤스콤은 많은 사람들이 더 이상 신을 믿지 않기 때문에, 법 개념은 도덕을 위해 정착하지 못하고 이들을 떠나 방황하고 있다고 주장한다. 그녀는 의무보다는 덕이, 의무와는 독립적으로 인간 번영의 한 부분으로 이해된다면 윤리학에 보다 나은 기초를 제공할 수 있다고 주장한다. 앤스콤에 따르면, 아리스토텔레스의 예에서 증명된 것처럼 법 개념 없이도 윤리학을 행할 수 있다. "'도덕적 잘못' 대신에, '진실되지 못한', '불순한', '부정직한'과 같은 개념을 사용한다면, 이것은 크게 개선될 것이다. 우리는 어떤 것을 하는 것이 '그른지'를 더 이상 물어서는 안 된다. 행위에 대한 묘사는 다음과 같은 개념으로 나아가야 한다. 즉, 우리는 예를 들면 이것이 부정한지, 그리고 그 대답이 때때로 분명할 수 있는지를 물어야 한다."[20] 그러므로, 우리는 '책무', '의무' 그리고 '옳음'에 관한 생각을 중단해야 하고, 아리스토텔레스의 관점으로 돌아가야 한다고 그녀는 주장한다. 덕이 중심 자리를 다시 차지해야 할 것이다.

앤스콤의 논문을 본떠서, 많은 철학자들은 근대 도덕 이론에 대한 그녀의 비판을 받아들였으며, 자신들의 관점에서 덕 윤리에 관한 논의를 이어갔다. 그러나 덕 윤리가 재등장한 전환점은, 앞에서 진술되었듯이 1981년에 출판된 맥킨타이어의 *After Virtue*이다. 맥킨타이어는 서양 근대 도덕의 진리성에 도전하였다. 그리고 이것을 계몽주의 기획이 실패한 산물로 여겼다. 알몬드가 논평했듯이, "맥킨타이어는 현대 서양 문화의 우상을 파괴한 사람이다. 서구 문화의 철학적 가정들, 정치적 전제들, 경제학 원리들, 교육적 관행들은 물론 심지어 박물관과 미술관들도 근대 자유주의—부르조아 자유주의—가 비판받은 것과 같은 냉혹한 비판의 대상이 되었다."²¹ 맥킨타이어는 덕의 역사를 다시 쓸 필요가 있다고 주장하고, 그 현저한 도덕 철학은 도덕적 물음들을 검토할 때 사용되는 이론 장치를 바꿔야 한다고 제안하였다.

맥킨타이어에 따르면, 도덕을 정당화하려는 계몽주의 기획의 실패는 도덕적 삶에 혼란을 야기했을 뿐만 아니라, 중요한 의미에서 윤리적 이념의 혼란을 부추겼다. 보편적 합리성을 추구하는 것을 목표로 삼고 있는 매우 많은 다른 도덕 이론들이 있다. 이론들은 다른 전제들을 사용하며 보편적 합리성에 관해서도 다른 결론에 도달한다. 그러나 맥킨타이어에 따르면, 이론들은 모두 예외 없이 실패하고 말았다. 이런 이론들의 실패는 도덕 이론들의 불일치와 논쟁이 해결되지 않은 채 여전히 지속되고 있으며, 심지어 더욱 심각하게 심화되었다는 것을 의미한다. 그가 주장하듯이, "현대의 도덕적 발언에서 가장 두드러진 특징은 이들 중 많은 것들이 불일치를 표현하는 데 사용되고 있다는 것이다. 그리고 이런 불일치가 표현되고 있는 논쟁의 가장 두드러진 특징은 이 논쟁이 끝없이 지속되고 있다는 것이다."²² 결과적으로 도덕 철학은 주제에 확실한 근거를 제공하는 것도, 실질적 결론을 주장하는 것도 아니고, 주제나 대안들을 설명하는 일이 되었다. 결론적으로 때때로 논쟁 그 자체가 목적인 것처럼 보인다. 이 논쟁과 불일치가 공유하고 있는 세 가지 두드러진 특징이 있다. (1) 경쟁적인 논변들은 개념에서 통약 불가능하다. 즉, 상이한 도덕 이론들은 상이한 규범적·평가적 개념을 사용한다. 그리고 하나의 도덕적 주장을 다른 도덕적 주장보다 더 우월한 것으로 여기는 것은 불가능하다. (2) 상이한 도덕 이론들은 비개인적인impersonal 합리적 논변들로 표현된다. (3) 이 이론들은 다양한 역사적 기원들을 가지고 있다. 맥킨타이어는 다음과 같이 말한다.

> 근대 도덕 이론의 문제는 계몽주의 기획의 결과로 등장하였다. 한편으로 계급과 목적에서 자유로운 개별적인 도덕 행위자들은 스스로를 인식하고, 도덕 철학자들에 의해 도덕적 권위를 가진 주권자로 인식되었다. 다른 한편의 상속자는 부분적으로 변형된 도덕 규칙들이 새로운 상태로 근거 지워져야 한다면, 그들이 그래왔던 것처럼 자신들의 오래된 목적론적 특성을 제거하고, 궁극적으로는 신적인 법의 표현인 자신들의 매우 오래된 정언적 특성마저도 제거해버렸다. … 따라서 새로운 목적론을 고안해내거나 이들을 위한 새로운 정언적 지위를 찾아냄으로써 이들을 해방시키려는 압력이 있었다. 첫 번째 기획은 그 중요성을 공리주의에게 부여한 것이며, 두 번째 기획은 도덕 규칙의 호소력의 권위를 실천 이성에 토대를 둔 것으로 제시하는 칸트를 따르려는 시도에 그 중요성을 부여한 것이다. 두 시도 모두는, 내가 주장하듯이 실패했으며 실패하고 있다.[23]

맥킨타이어는 두 시도 모두는 도덕을 정당화하려는 계몽주의 기획의 산물이며 연장에 불과하다고 주장한다. 도덕적 믿음에 관한 매우 특별하고 특수한 계획의 상속자로서, 칸트(1724-1804)와 그를 따르는 철학자들은 계몽주의 기획의 내적인 부정합성 때문에, 즉 도덕 규칙이나 교훈에 있는 이들의 공통 개념과 인간 본성에 있는 이들 개념에 공통된 것 간에 뿌리 깊은 불일치 때문에, 실패할 수밖에 없었다. 한편으로 이들은 도덕에 대한 합리적 정당화, 특히 이들이 이해하고 고안한 인간 본성 개념에 따른 도덕 규칙의 정당화를 제공하려고 애썼다. 다른 한편으로 이들이 설명하고 정당화하려고 애쓴 도덕 규칙은 이들이 믿고 받아들이고 있는 인간 본성의 개념과는 양립하지 않는다. 인간 본성에 관한 목적론적 견해를 거부했기 때문에 근대 도덕의 전체 기획이 비지성적이게 되었다. 인간 본성이 역사적 배경에서 어떻게 도출될 수 있으며, 소박한 인간 본성이 그 목적을 어떻게 실현하였는가? 소박한 인간 본성을 가진 개별자 그리고 자신의 목적을 실현할 수 없는 개별자가 어떻게 비개인적이고 객관적인 도덕 규칙에 동의하고, 받아들이고 실천할 수 있었는가? 이것은 계몽주의 철학자들에 의해 해결되지 않은 채 남아 있는 문제이다. 칸트는 목적론적 구조가 없다면 도덕의 전체적인 기획은 비지성적이 된다는 것을 인식하고 있었다. 그러나 사실의 문제는 당위의 문제와 관련이 없다는 흄의 주장에 직면해서는, 맥킨타이어에 따르면, 칸트는 이 관계에 대한 합리적 설명을 제공할 수 없었다. 다만 그는 도덕 법칙의 명령은 인간 행복에 관한 진술 체계나 신의 의지에 관한 진술 체계에서 도출될 수 없다는 주장만을 할 수 있을 뿐이었다. 그러나 맥킨타이어에 따르면, 흄의 주장은 그른 것이다. 고전적인 아리스토텔레스의 전통에 따르면, 인간의 개념은 본질적인 본성과 본질적인 목적이나 기능을 갖는 존재로 이해된다. 그리고 인간 개념이 소유한 본질적인 목적이 '잘삶living well'과 '인간'의 관계를 윤리적 탐구를 위한 출발점으로 삼는다. 이들의 실천적 특성과 이들의 기능주의적 목적론의 맥락을 제거해버리면, 도덕적 주장은 이해될 수 없는 허무한 것이 된다. 그러나 인간 본성에 대한 칸트의 이해와 보편적인 도덕 법칙에 대한 칸트의 탐구는 도덕적 주장이 가지고 있는 기능주의적 목적론적의 맥락을 무시하고 있다. 그래서 그는 흄의 주장에 대해 만족할 만한 대답을 제공할 수 없었다.

19세기 말에서 20세기 초에 영국 공리주의 철학자들은 유용성을 도덕적 핵심 개념으로 삼고서 도덕에 관한 새로운 사유의 관점을 옹호하였다. 그러나 이 윤리적 관점은 시지윅의 도덕 철학을 형성하게 되었다. "시지위크Henry Sidgwick(1838-1900)에 이르러서 공리주의의 실패가 받아들여졌다. 그는 공리주의의 도덕적 명령은 심리학적 근거에서 도출될 수 없으며, 일반적 행복을 추구하라는 교훈은 자신의 행복 추구를 즐기라는 교훈과 논리적으로 독립적이며 이 교훈에서 도출될 수 없다"[24]라는 것을 인정하였다. 동시에 니체Henry Sidgwick(1844-1900)는 보편적인 도덕 법칙을 추구하려는 칸트의 시도를 비판하였다. 그리고 보편적 합리성은 완전히 실패하였다고 주장하였다. 그러나 그가 고안한 가치에 관한 허무주의nihilism는 이것을 승인하는 사람들에게 하나의 출발점, 즉 모든 전통 밖에 있는 출발점에 설 것을 요구한다. 말하자면 결코 받아들일 수 없는 불가능한 입장을 가질 것을 요구한다. 비록 도덕에 대한 자신의 정당화가 실천적이고 역사적인 맥락에서 분리됨으로써 실패했다 할지라도, 현대의 분석적인 이모티비즘emotivism 역시 보편적인 도덕적 규칙을 행위의 지침으로 인정하지 않는다. 맥킨타이어에 따르면, 공리주의도 칸트주의 윤리학도 도덕에 대한 만족할 만한 정당화를 제공할 수 없는 것으로 증명되었다.

비록 칸트의 도덕 철학이 뒤이은 많은 철학자들에 의해 비판받았기는 하지만, 여러 현대 도덕 철학자들은 여전히 보편적인 도덕 규칙에 대한 추구를 포기하지 않는다. 롤즈John Rawls에 의해 대표되고 있는 새로운 자유주의 철학은, 칸트의 합리적인 도덕의 규범성을 복구하고 재건하는 데 가능한 모든 노력을 기울였다. 롤즈와 그를 따르는 학자들에 의한 새로운 자유주의 윤리의 출현은 계몽주의 기획의 연장[후속편]으로, 특히 칸트의 규칙 도덕을 재건하려는 시도로 간주될 수 있다. 그러나 맥킨타이어에 따르면, 이것은 계몽주의 기획의 실패를 계속해서 반복하는 것이다.

새로운 자유주의 윤리의 기획은 개별자를 성품, 역사 그리고 환경의 특수성에서 추상된 존재로 인식한다. 이것은 보편적인 인간 권리를 핵심적인 개념으로 간주하며, 공적 삶을 위한 보편적인 도덕 규칙 형성을 목표로 삼고 있다. 인간 원리와 이들의 사회적 보호의 정당화가 우선한다. 인간의 권리와 선한 삶은 분리되어 있으며 서로 관계없는 두 영역이 되었다. 따라서 규칙이 도덕적 삶의 일차적인 개념이 되었다. 반면에 덕과 성품은 전적으로 무시되었다. 덕이 원리에 따라서 행위하려는 성향이라는 견해는 매우 공통적이다. 롤즈는 "덕은 감정, 즉 차원 높은 욕망에 의해 이 경우에는 도덕적 원리에 따라 행위하려는 욕망에 의해 통제되는 경향성 그리고 성벽과 관련된 감정이다"[25]라고 주장하며, 다른 곳에서 그는 '기초적인 도덕적 덕'을 '옳음에 관한 기초적인 원리에 따라 행동하려는 강력하고도 대체로 효과적인 욕망'[26]으로 정의한다. 맥킨타이어는 덕을 원리에서 파생한 것으로 보려는 이런 통상적인 견해가 근대와 자유주의의 특징이라고 주장한다. 그는 "규칙이 도덕적 삶의 일차적인 개념이 된다. 성품은 일반적으로 옳은 규칙 체계를 따르도록 이끌 것이기 때문에 단지 칭찬받을 만한 것이 된다"[27]라고 적고 있다. 맥킨타이어는 덕이나 도덕적 성품을 다루는 롤즈의 방식에 만족하지 않았다. 그는 자신의 책에서 롤즈가 덕과 도덕적 규칙의 불가분의 관계를 무시했을 뿐만 아니라 윤리학의 본성을 잘못 이해하고 있다는 것을 보여주기 위하여 롤즈의 규정을 인용하고 있다.

맥킨타이어에 따르면, 도덕적 규칙이 얼마나 상세하고 완벽한가와는 관계없이, 사람들이 도덕적 성품이나 덕을 소유하지 않는다면 이 규칙들은 효과적일 수 없다. 그는 다음과 같이 말한다. "덕과 법칙에는 또 다른 결정적인 연관성이 있다. 왜냐하면 법칙을 적용하는 방법을 아는 것은 정의의 덕을 소유한 사람에게만 가능하기 때문이다."[28] 윤리학은 도덕 규칙이나 기준을 형성하는 것만을 목표로 하는 분야가 아니다. 오히려 윤리학의 첫째 과업은 사람들에게 자신의 삶의 목적을 이해시키는 것이며, 특정한 선한 삶을 살기 위해서 자신들의 내재적 덕이나 성품을 함양하는 하는 것이다. 도덕에 해당하는 그리스 본래 어휘는 ethikos이다. 이것의 의미는 '성품과 관련된'[29]이다. 이것이 도덕의 기본적인 의미이다. 더욱이 성품의 함양은 특정한 전통 속에서 이루어진다. 전통은 덕과 악을 정의한다. 전통은 일치와 불일치의 규범을 제공한다. 이것은 교육적으로 성공이나 실패가 무엇인지를 말해준다. 그리고 가능한 종류의 선한 삶에 관해 말해준다.

따라서 맥킨타이어에 따르면, 도덕을 정당화하려는 새로운 자유주의적 기획이 실패하게 되는 이유는 매우 분명하다. 이것은 보편적인 비개인적 도덕적 논변들의 객관적인 통약 가능성을 찾는 것에서 실패한 것일 뿐만 아니라, 인간의 도덕적 삶을 이해하는 데도 실패한 것이다. 이것은 도덕의 정당화를 찾고 하나의 윤리 체계를 발견하는 것에서 실패한 것일 뿐만 아니라, 서양 사회의 도덕적 삶과 도덕적 실천 전체를 이해하는 데도 실패한 것이다. 맥킨타이어가 말했듯이, "우리가 살고 있는 실제 세계에서, 도덕의 언어는 내가 기술한 가상의 세계의 자연 과학 언어가 개념적 도식의 파편이나 부분들로 되어 있어 이들이 중요성을 갖게 되는 문맥을 결여하고 있는 것과 마찬가지로 암울한 무질서의 상태에 있다. 우리는 실제로는 도덕의 모조품들을 가지고 있으면서도 계속해서 많은 핵심적 표현들을 사용한다. 그러나 우리는 이론적으로도 실천적으로도 도덕의 내용(이해)을 상실했다."[30]

비록 맥킨타이어의 이론이 많은 비판과 도전을 받고는 있다 할지라도, 근대 도덕 이론에 대한 그의 비판은 심오하고 고무적인 것이다. 왜냐하면 근대 도덕 이론의 결함을 드러내는 데 많은 공헌을 하였기 때문이다. 그러나 덕의 역사를 상술하려는 그의 목표는 근대 도덕 이론의 결점을 비판하고 보충하였을 뿐만 아니라, 도덕 철학의 본성과 주제를 다시 고려하여 도덕적 전통들 중에서 합리적 선택을 하도록 하였다. 다른 많은 철학자들과 마찬가지로, 그는 덕 윤리로의 복귀를 옹호하였다. 그 덕 윤리 안에서는 규범이 법적인 발판을 갖는 것이 아니라 덕을 중심으로 한 '인간 번영'의 개념에 기초하고 있다. 맥킨타이어와 다른 현대 도덕 철학자들이 덕 윤리의 재등장에 관하여 적극적인 이유는 무엇인가? 덕 윤리의 특징과 장점은 무엇인가? 이것이 우리가 고려해야 할 다음 물음이다.

1.3 덕 윤리의 장점

여러 현대 도덕 철학자들은 덕 윤리의 재등장을 옹호하며, 덕 윤리가 다른 도덕 이론을 대체할 탁월한 이론이라고 생각한다. 이들에 따르면, 의무론과 공리주의는 적합한 도덕 철학이라면 해명해야 할 많은 주제들을 방치해두거나 이에 대해 적합한 설명을 제공하지 못한다. 이들은 동기, 도덕적 성품, 도덕 교육, 도덕적 지혜나 도덕적 분별, 우정과 가족 관계, 행복 개념, 우리의 도덕적 삶에서 감정의 역할, 어떤 종류의 사람이 되어야 하는지 또는 어떻게 살아야 하는지에 관한 물음들을 제대로 해명하지 못한다.[31] 현대 도덕 철학자들은 덕 윤리, 즉 덕이나 도덕적 성품에 초점을 맞추고 있는 윤리적 관점 그리고 전체로서 인간의 삶을 추구하는 것에 초점을 맞추고 있는 윤리적 관점이, 행위의 결과를 강조(공리주의)하거나 도덕적 의무나 규칙을 강조(의무론)하는 관점보다 장점을 가지고 있다고 믿고 있다.[32] 가장 중요한 장점들은 다음과 같다.

1) 도덕적 동기를 강조한다

"덕 윤리는 매력적이다. 왜냐하면 덕 윤리는 도덕적 동기에 대한 자연스럽고 매력적인 설명을 제공하기 때문이다. 다른 이론들은 이런 부분에서 결점이 있는 듯이 보인다."[33] 행위 중심 이론이 아니라 행위자 중심 이론으로써, 덕 윤리는 무엇이 행해져야 하는지에 관심을 가질 뿐만 아니라, 더 나아가 행해진 것에서 결과하거나 드러나는 동기, 욕망 그리고 감정의 문제로 확장해간다. 예를 들면, 물에 빠져 허우적거리는 아이를 구한 자신의 행위에 대한 찬사를 즐기기 위하여 물에 빠진 어린이를 구하는 사람은 옳은 행위를 한 것이다. 그러나 선한 동기를 가지고서 옳은 행위를 한 것은 아니다. 따라서 그는 도덕적 장점이나 가치를 결여하고 있다. 우리는 사랑, 우정, 존경 그리고 동정에서 나온 행위, 친절함에서 나온 행위, 교감에서 나온 행위에 가치를 부여한다. 또한 우리는 사람들과의 관계가 상호 존중에 기초하기를 원한다. 덕 윤리는 덕이 현명하게 선택된 행위와 적절한 감정을 통해 인간의 삶의 조건에 잘 반응하도록 만들어주는 경향을 가진 성품이라고 가르친다. 선한 삶을 살기 위해서는 그런 상태에서 행동할 것이 요구된다. 이 때문에 윤리적 삶에서 사랑이나 감정 이입과 같은 감정과 느낌들의 역할을 강조하는 덕 윤리가 필요하다.[34]

그러나 규칙에 기초한 윤리에 따르면, 의무나 도덕적 법칙이 기초적인 개념이다. 즉, 항상 한 사람의 동기보다는 그 사람의 행위에, 그가 누구인가보다는 그가 행하는 것에 관심을 보이는 경향성이 있다. 도덕은 '이것을 해라', '이것을 하지 마라'라는 명령으로 표현된다. 그리고 단지 한 사람의 행위는 그가 옳은 것을 했는지 행하지 않았는지를 확인함으로써 판단된다. 앞에서 언급된 예에서, 어떤 동기에서 그 사람이 어린이를 구했는가는 도덕적 가치에 전혀 차이를 만들지 않을 것이다. 중요한 것은 그가 원리를 고수하면서 행동했는가 그리고 옳은 것을 했는가이다. 그러나 정확하게 실행에 옮긴 사람이 도덕의 정신에 의해 마음이 움직이지 않았을 수도 있다. 규칙에 기초한 윤리가 성품보다는 행위에 집중하는 것, 내적인 본성보다는 외적인 표시에 집중하는 것은 도덕의 의미를 모호하게 만든다. 도덕의 참된 본성을 밝히기 위해서 이 강조는 변화해야 한다. 즉, 분명한 행위보다는 동기와 의도를 강조해야 한다. 달리 말한다면, 덕 윤리는 도덕의 참된 본성을 이해하기 위해서 필요하다.

그렇다면 도덕의 참된 본성은 무엇인가? 도덕은 내적이다. 즉, 이것은 내적 삶에 속한다. 이것이 법과 사회 규약을 도덕과 구분시켜주는 특징이다. 법과 규약은 사람들에게 영향을 주며, 그 사람의 활동을 명령하거나 제한하고 영역을 규제한다. 이들의 작동은 외적이다. 이들은 모든 점에서 사람에게 영향을 미친다. 이들이 요구하고 금지하는 행위의 범위를 넘어서는, 법이 무관심하거나 포괄할 수 없는 행위의 영역이 넓게 남아 있다. 법과 규약은 본성상 얼마나 잘 형성되었는지와는 무관하게 그리고 이들이 얼마나 상세한가와는 무관하게, 모든 상황, 특히 우발적인 상황에 대처할 수 없다. 더욱이 법과 규약은 수행된 행위만을 설명한다. 한 사람이 자신의 것으로 주장하고, 적극적인 법이나 사회 규칙이 관통할 수 없는 개인적 삶의 내적 범위가 있다. 도덕은 이런 방식으로 제한되지 않는다. 도덕은 선과 악의 차이에 대한 의식에 의거한다. 이런 의식은 한 사람의 본성 안에서 행위 발생에 영향을 미친다. 이것은 내부에서 외부로 작용한다. 그리고 그의 삶의 모든 부분에 영향을 미칠 수 있다.[35] 문제를 단순한 방식으로 제기하기 위하여 법은 외부에서 내부로 작용한다. 도덕은 내부에서 외부로 작용한다. 전자는 억제하고 구속한다. 후자는 형성하고 수정한다. 전자가 기꺼워하지 않는 대상을 강요하는 것이라면, 후자는 근시안적이고 주저하는 행위자를 지도한다.[36] 동기와 의도를 강조함으로써 덕 윤리는 도덕을 법과 사회 규약에서 구분할 수 있도록 도와준다. 그리고 도덕의 본성을 이해할 수 있도록 도와준다.

덕 윤리에서 우리가 도덕적 판단을 할 수 있기 위해서는 도덕 규칙의 피상적인 것 그 이상을 알 필요가 있다. 우리는 도덕규범과 일치하는 외적인 활동 그 이상을 행할 필요가 있다. 예를 들면, 우리는 상황을 상세하게 알 필요가 있다. 즉, 어떤 종류의 사람이 관련되어 있는가, 어떤 이유에서 그런 행위를 하였는가, 그 행위의 결과가 무엇인가와 같은 것을 알 필요가 있다. 덕 윤리에서 도덕적 행위자는 행위의 방법을 알 뿐만 아니라, 그 이유도 또한 알고 있다. 이들은 더 이상 도덕 규칙을 고수하는 완고한 사람이 아니라 판단을 할 수 있는 능력은 물론이고 자신의 느낌, 의도를 가지고서 도덕적 선택을 하고 도덕적 삶을 이끌어가는 사람이다.

2) 선한 성품을 함양함으로써 행위를 이끈다

여러 철학자들은 성품을 중심으로 한 덕 윤리가 행위 방법에 관해 말해줄 수 있는지를 의심한다. 어떤 덕 윤리학자에 따르면, 덕 윤리는 덕이나 악에 따른 규칙(정직해라와 같은)을 찾아낼 뿐만 아니라 의무론적 규칙들을 배제하지 않는다. 이 두 종류의 규칙 모두 우리에게 행위 방법을 지시해줄 수 있다. 덕 윤리와 규칙에 기초한 윤리의 차이는 특정한 사례에 규칙을 제공할 때 이들이 전적으로 다른 근거나 배경을 제공한다는 것이다.[37]

예를 들면, 덕 윤리에서는 거짓말이 부정직한 것이며, 부정직은 악이고, 유덕한 사람은 거짓말을 하지 않을 것이기 때문에 나는 거짓말을 하지 않을 것이다. 이것의 의미는 덕 윤리에 따르면 다음과 같다. 내가 거짓말을 하지 않는 이유는 내가 규칙을 어겨서는 안 되기 때문일 뿐만 아니라, 규칙을 어긴다면 부정직하게 되기 때문이기도 하다는 것이다. 유덕한 행위자는 도덕적 행위를 선택할 것이다. 왜냐하면 이들은 어떤 종류의 사람이 되어야 하는지에 관심을 갖기 때문이다. 선한 성품을 가진 사람은 행동하는 방법을 확실하게 알 것이고 상이한 상황에서 도덕적 행위를 선택할 것이다. 덕 윤리는 선한 성품 함양과 규칙에 의한, 즉 두 가지 모두에 의한 자신의 행위 수행을 함축한다. 전자가 보다 근본적이며, 후자는 단지 전자의 한 부분이다.

덕에 대한 강조는 도덕 규칙의 기능에 대한 무지를 함축하지 않는다. 덕 윤리에 따르면, 도덕 규칙은 도덕적 덕을 계발시키고 선한 성품을 함양하는 데 도움이 되기 때문에 중요하다. 도덕 규칙이 자신의 정념을 진정시키고, 유덕한 것을 하도록 그리고 악한 것을 피하도록 습관을 들이는 데 도움을 준다. 따라서 한 사람은 자기 정념에 대한 지적이고 이성적이며 반성적인 통제 능력을 가질 수 있다. 그리고 선한 것을 평가할 수 있도록 배울 수 있다. 선 때문에 행하는 선택에서, 그는 보다 도덕적으로 나은 유덕한 선택을 하게 된다.

그러나 도덕이 내적이기 때문에, 선은 우리가 일반적 형식화를 통해 기술하고자 추구하는 행위들의 연속이나 모임으로 구성되어 있는 것이 아니다. 삶은 행위 속에서 그 자체가 표현되는 것이지 의지 속에 그 원천을 갖는 것이 아니다. 도덕적 삶 자체는 행위라기보다는 성품 속에 실현되어 있다. 아리스토텔레스에 따르면, 유덕한 행위는 실천적 지혜를 가진 사람이 선택하게 되는 행위이다.(1169b35-1171a2) 그 사람은 선한 성품을 가진 사람과 동일한 사람이며, 그는 덕들을 충분히 갖추고 있거나 성품의 탁월한 상태에 있는 사람이다.(1144b30-32) 예를 들면, 용기의 경우에 이것은 하나의 규칙을 따르거나 하나의 계산algorithm을 고수하는 단순한 문제가 아니라, 상황에 따른 합리적 행동을 적용하는 것이다. 우리는 용기가 두려울 때나 자신이 있을 때와 같은 특정한 상황에서 무엇을 요구하는지, 이 둘의 올바른 혼합이 어떤 것인지, 자신의 삶을 희생할 만한 목적이 무엇인지 알 필요가 있다. 관대함의 경우에, 관대함이 언제 그리고 어떻게 그리고 누구에게 실현되는지, 자신이 빈곤해지지 않고서 얼마나 베풀 수 있는지, 얼마나 자주 충분히 베풀 수 있는지를 아는 것은 중요하다. 일반적으로 지혜는 도덕적으로 관련된 행위 사례를 보고서 무엇을 해야 하는지 분명하게 숙고한 후에 아는 것과 관련된 것이다.[38]

우리는 이것으로부터 덕윤리가 행위를 지시한다는 것을 알 수 있다. 그러나 의무론적 윤리와는 달리, 덕 윤리는 도덕 규칙에 복종함으로써 그리고 선한 성품을 형성하고 함양함으로써 이 모두를 가지고 행위를 지시한다. 후자가 더 근본적이다. 그러나 전자는 후자에 필수적인 부분이다. 덕 윤리에 따르면, 성품 형성은 추상적인 도덕 규칙을 배우고 복종함을 통하여 이루어질 뿐만 아니라, 구체적인 것을 배움으로써, 즉 설화, 이야기 그리고 도처에 있는 사람들의 경험을 통하여 이루어진다. 누스바움Martha Nussbaum은 다음과 같이 말한다. "우리는 하나의 사건을 일반적 규칙에 포섭함으로써 반성하는 것이 아니며, 그 특징을 격조 있는 과학적 과정의 어휘에 일치시킴으로써 반성하는 것도 아니라, 특수한 것의 심연으로 들어감으로써 보다 참되게 바라볼 수 있고, 그것을 보다 올바르게 묘사할 수 있도록 허용하는 모습과 연관을 발견함으로써, 즉 이렇게 심연으로 들어가는 것과 관계에 대한 지평적 묘사를 결합함으로써 반성한다. 그렇게 하여 모든 지평적 연관은 특수한 것에 대한 우리의 심도 있는 견해에 공헌한다. 모든 새로운 깊이는 새로운 지평적 연관을 만들어낸다."[39] 상이한 구체적인 상황에 호소하고 이야기를 말함으로써 자기의 제자를 지도한, 공자가 이에 대한 탁월한 예이다. 이렇게 함으로써 그는 특히 경쟁하는 도덕적 요구에 직면해서 도덕적 행위자가 도덕적 선택을 하고 도덕적 행위를 선택하도록 돕는 데 매우 성공적이었다. 이런 예을 간단히 탐색해볼 것이다.

3) 공평함의 '이념'에 관한 의심

공평함은−이것은 모든 사람이 도덕적으로 평등하다는 이념으로, 무엇을 해야 할지를 결정하면서 우리가 모든 사람의 이익을 똑같이 중요한 것으로 대우해야 한다는 이념이다−현대 도덕 철학에서 두드러진 주제이었다. 예를 들면, 공리주의는 엄격한 공정함을 가진 삶을 강조한다. 밀John Stuart Mill은 다음과 같은 글에서 이러한 점을 잘 지적하고 있다. "공리주의는(도덕적 행위자에게) 자선적인 그리고 불편부당한 관찰자와 같이 엄격히 공정하도록 요구한다."[40] 그의 경쟁자인 칸트의 윤리도 또한 도덕을 우리의 통상적인 편향 충동과는 동떨어진 곳에 두었다. 칸트는 도덕적 가치는 '어떤 감각적 이익에 의해서도 영향받지 않은'[41] 순수한 의무에서 엄격하게 동기된 행위에 부여되어 있다고 주장한다.

이런 객관화depersonalizing*의 경향에 따른 결과는, 도덕 철학자들에 의해 이루어진 많은 업적들이 우리가 살아가는 방식과는 거의 관련이 없게 되었다는 것이다. 어머니가 자신의 자녀를 특별히, 즉 다른 집의 자녀와는 다른 특별한 방식으로 사랑하고 보살피는 것은 자연스럽다. 그 어머니가 자녀를 특별히 더 사랑했다고 비난하는 사람은 거의 없을 것이다. 가족을 사랑하는 것은 도덕적으로 선한 삶의 불가피한 특징인 것처럼 보인다. 공평함을 강조하는 도덕 이론은 이것을 설명하기가 어렵다. 반면에 덕 윤리는 이것을 다루기 매우 쉽다. 어떤 덕들은 편향적이고 어떤 덕들은 그렇지 않다. 사랑과 우정은 사랑하는 사람과 친구에게 편향적이다. 일반적인 사람에 대한 자선도 역시 덕이다. 그러나 이것은 다른 종류의 덕이다. 필요한 것은 공평함에 대한 일반적 요구가 아니라. 이런 다른 덕들의 본성에 대한 이해이며, 이들이 다른 덕들과 어떻게 관련되어 있는가를 이해하는 것이다.[42] 덕 윤리에서 편향성에 대한 이런 설명

---

* 이 용어를 우리말의 한 단어로 표현하는 것은 무척 어렵다. '탈인격화' 또는 '비개인화' 정도가 단어의 직접적 해석이지만, 두 용어는 맥락에 따라 각각 다른 의미를 포함하기 때문에 사용하기 적절하지 않다. 여기에서는 용어의 의미에 따라 불가피하게 '객관화'라는 용어를 사용하였다.

은 보다 인간적이며, 우리가 사는 방식과 밀접하다. 따라서 사람들이 받아들이고 실천하기가 더 쉽다.[43]

덕 윤리의 이런 이점을 통해, 덕 윤리의 최근의 재등장이 덕에 대한 아리스토텔레스의 선구적인 논의에 대한 재해석의 형식으로 여겨지는 것은 우연이 아니라는 것을 알 수 있다. 앞에서 진술했듯이, 규칙에 기초한 도덕 이론에는 행위자의 성품에 대한 관심이 결핍되어 있다. 덕 윤리는 성품의 문제를 관심의 중심에 둠으로써 이런 문제를 개선하였다. 그러나 결과적으로, 덕 윤리는 반대되는 방식에서 불완전하다는 위험을 안고 있다. 도덕적 문제는 종종 우리가 행해야만 하는 문제가 된다. 덕 윤리에 따르면, 우리가 (특히 특정한 덕을 소유하지 않은 사람이) 행해야 할 것이 무엇인지를 결정하면서 어떻게 해야 하는지는 항상 분명하지는 않다. 이런 관점이 성품이 아니라 행위에 대한 평가에 관해 무엇을 말해줄 수 있는가?[44]

덕 윤리의 본성, 장점과 단점을 이해하기 위해서, 그리고 현대 서양 덕 윤리의 지평을 넓히기 위해서, 동양에서의 가장 중요한 도덕적 전통 중 하나, 즉 유교를 살펴보는 것이 도움이 될 것이다. 덕에 대한 설명이 풍부하고 덕 윤리와 많은 부분 유사성을 가진 도덕 전통으로서, 그 이론과 실천은 덕 윤리가 현대에 재등장하게 된 의미를 파악하는 데 도움을 줄 것이 틀림없다.

제 2 장

유교 윤리에서
덕에 대한 강조와
덕 함양

제2장

유교 윤리에서
덕에 대한 강조와
덕 함양

어떤 서양 학자들은 유교를 기본적으로 윤리학의 한 형식으로 정의
한다. 이들에게 "유교는 … 본질적으로 윤리학의 한 체계이다."[1] 즉, "서
양에서 생각하는 '유교'는 … 중국 상류사회의 예의범절이며, 삶에 관한
전통적인 견해이다."[2] 그리고 유교를 단지 '행위 유형의 한 체계[3]로 간주
한다. 이런 철학자들은 유교에서 도덕이 차지하는 핵심 지위를 통찰하
였으며, 유교의 사회 윤리의 중요성을 통찰하고 있다. 이것이 유교가 사
회적 삶과 사회의 기초 구조를 강조하고, 어느 정도는 계속해서 강조하
는 이유이며, 사람들의 삶을 일정한 방향으로 향하게 하고, 동아시아 대
부분의 지역에서 유교의 윤리적 이념과 도덕적 표준을 정의하려고 하는
이유이다.[4]

쿠아A.S. Cua에 따르면, 유교 윤리는 그 긴 역사에 걸쳐서 성품 형성과
개인적인 덕(德)의 수련을 강조했다. 따라서 유교 윤리를 덕 윤리의 일종
으로 분류하는 것이 적절할 수 있다.[5] 유교 윤리를 덕 윤리로 분류하는

제2장 유교 윤리에서 덕에 대한 강조와 덕 함양 55

것이 유교 윤리의 [고유한] 특징을 파악해내지는 못할지라도, 성품 형성이나 덕의 개인적 함양에 대한 강조는 의심할 바 없이 유교 윤리가 서양의 덕 윤리와 특정한 유사성을 공유하고 있는 것으로 만들어준다. 따라서 성품 형성과 덕 함양에 대한 강조는 하나의 도덕적 전통, 즉 덕과 덕들에 대한 설명을 풍성하게 드러내는 도덕적 전통으로 간주될 수 있다.

2.1 유교 윤리에서 덕(德)과 인간 본성[性]

덕virtue에 해당하는 중국어는 '德'이다. 중국학 연구학자들은 덕의 유교식 사용에 관하여 서로 다른 해석을 내놓는다. 어떤 학자들은 덕(德)은 '힘', '세력', '잠재력'과 기능적으로 동등하다고 주장하며, 유교의 용법에서는 물리적 힘과 대비해서 도덕적 힘의 자격을 가진다고 주장한다. 보다 통상적으로 덕(德)은 윤리적 의미에서는 오로지 덕virtue으로, 즉 성품이나 경향성의 탁월성에 속하는 것으로 표현된다. 쿠아에 따르면, 덕에 관한 이런 두 가지 해석은 흥미롭게도 '덕'의 영어식 사용과 양립 가능하다. 우리는 웹스터의 *Third New International Dictionary*에서 덕의 여섯 번째 항목에서 첫째 의미를 찾을 수 있다. '물리적 본성이든 도덕적 본성이든 이것들의 활동적 성질이나 힘, 주어진 결과의 산물에 적합한 능력이나 힘'[6] 그리고 다섯 번째 항목에서는 '탁월한 것으로 알려져 있거나 느끼는 특성, 성질 또는 성품'[7]이다. 덕에 관한 이런 두 의미는 덕의 고전적인 중국어 용법에도 나타나 있다. 고전적인 중국어 사전인 『설문해자』에 따르면, 덕은 "획득하는 것, 외적으로는 타인에 의해 획득되고, 내적으로는 스스로 획득하는 것"으로 정의되며, 이것은 덕의 두 의미를 포함한다. 한편으로 덕(德)은 한 사람의, 특히 국가를 통치할 수 있고, 강제하거나 위반하는 것에 의존하지 않고도 사람들의 지지를 얻을 수 있는 왕이나 통치자의 정신적인 성질, 능력 또는 힘을 의미한다. 이런 의미에서 유덕한 사람은 하늘과 선조(조상)의 승인을 '획득'할 수 있는 사람, 즉 그를 지지해줄 능력 있는 신하를 얻을 수 있는 사람이며, 국가를 위해 일할 수 있는 사람들을 얻을 수 있는 사람이다. 처음에는 하늘과 조상에게 제물을 바치는 것이 통치할 수 있는 정당성과 '힘'을 얻기 위해서 최고로 중요한 일로 생각되었다. 점차로, 이런 관습으로부터 능력과 힘이 물론 개인에 의해 함양되어야 한다는 이해가 발전되어 나왔다. 따라서 덕은 '사람을 도덕적으로 만들어주는 성질'로, 그 사람에게 '타인과 심지어 인간의 영역을 넘어서는 환경에까지 심리적 힘이나 영향력'[8]을 미칠 수 있게 해준다. 다른 한편으로 덕은 자신에게서 획득되는, 즉 개인적 함양의 결과로 인간 본성에서 획득되는 한 종류의 도덕적 성품이다.[9] 덕이 자신에게서 획득될 수 있는 이유는, 유교의 통상적 믿음에 따르면, 인간 본성은 본래 선하기 때문이다. 그렇다면 덕은 사람이 태어날 때 가지고 태어나는 어떤 것이며, 계발될 가능성을 가진 어떤 것이다. 그러나 이것은 다듬어져야 하며 함양되어야 한다. 덕의 의미와 함양에 대한 철저한 이해를 위하여 우리는 인간 본성에 관한 유교식 이해를 살펴볼 필요가 있다.

성(性)은 전통적으로 '본성'으로 번역된다. 이 중국어 성(性)은 생(生)에서 나왔다. 이 생(生)은 '생명', '성장', '태어남', '생겨남'으로 주로 번역한다. 이 두 단어는 통상 매우 밀접한 관련이 있는 것으로 이해되고 있다. 실제로 이들은 동일하게 발음되었으며, 성(性)이 핵심 의미를 갖기 전까지는 분리되지 않았다. 주 나라의 비석에 쓰인 문장에서는 이후의 책에서 성(性)이 등장하는 문맥에 생(生)이 사용되었다.[10] 성(性)의 초기 쓰임은 생(生)의 쓰임과 밀접한 관련을 맺고 있으며, 아마도 한 사물의 생(生)의 방향을 언급하는 것, 즉 한 사물이 성장하는 과정에서 발전해가는 방향을 언급하고 있다. 그러나 아마도 성(性)의 쓰임은 한 사물의 생명과 관련된 다른 것, 마치 생명체가 가지는 경향성이나 욕망과 같은 것을 언급하는 것으로 진화한 것처럼 보인다.[11] 성(性)에 관한 논의가 인성(人性)—인간 존재의 본성—의 영역 안에서 통상 이루어지고 있기 때문에, 성(性)은 인간 존재의 특징적 모습과 본질적인 본성을 언급하는 것으로 사용되는 개념이 되었으며, 이것은 종종 '인간 본성'으로 번역된다. 그러나 서로 다른 유교 사상가들은 인간 본성에 대해 각자 자신들 나름의 이해를 가지고 있다.

본성[性]의 유교식 이해는 항상 도덕적 성질과 관련되어 있다. 즉, 유교 윤리에서 가장 논쟁거리가 되는 주제는 인간 본성이 본래 선한지 악한 것인지에 관한 것이다.[12]

그러나 유교의 최고 철학자이며 창시자인 공자(B.C. 551-479)는 인간 본성과 관련하여 어떤 말도 하지 않은 것처럼 보인다. 이것은 그의 제자인 자공(子貢)이 다음과 같이 한 말을 통해서도 알 수 있다. 즉, "우리는 문화와 그 표현에 관해 스승의 견해를 들을 수 있다. 그러나 우리는 하늘의 방식과 인간 본성에 관한 스승님의 견해를 들을 수 없다(왜냐하면 이런 주제들은 대부분의 사람들의 이해를 넘어서는 것이기 때문이다)."[13]

『논어』에 따르면, 공자는 인간 본성에 관해 세 번 말했다.

> 사람들은 본성에서는 서로 가까우나 익히는 데 따라 서로 멀어지
> 게 된다.(17:2)

> 가장 지혜로운 사람과 가장 어리석은 사람만이 변화하지 않는다.(17:3)

> 태어나면서부터 아는 사람이 상등이다. 배워서 아는 사람이 그 다
> 음이다. 곤란해져서 배우는 사람이 또 그 다음이다. 곤란해져서도
> 배우지 않는 사람이 곧 하등이다.(16:9)

비록 공자가 인간 본성의 도덕적 성질에 관해 분명한 논변을 제공하
지 않았다 할지라도, 그는 "사람의 삶은 정직하기 마련이다. 정직함 없이
살아가는 것은 요행히 모면하고 있는 것이다"(6:17)라고 말했다. 또한 '덕
의 힘'(德)은 하늘에서 주어진 것이라는 확신과 본성상 사람들이 가깝다
는 그의 논변은, 공자가 인간 본성이 본래 선하다는 입장에 동의하는 경
향을 가졌다는 것을 함축하고 있다.

맹자(B.C. 371-289)는 인간 본성[性]에 관한 물음을 체계적으로 제기
한 최초의 사람이다. 그가 활동하던 시대에는 생명[生]을 빌려서 인간 본
성[性]을 설명하는 것이 일반적이었다. 맹자는 이런 견해에 동의하지 않
고 다음과 같이 주장한다. "우리가 본성[性]을 생명[生]을 통해서 이해한
다면 개의 본성이 소의 본성과 동일하며, 소의 본성은 인간의 본성과 동
일하다는 것이 도출될 것이다." 인간의 본성을 야수의 본성과 구별하기

위해서 그는 인간의 본성을 인간의 도덕적 성질을 빌려서 설명하며, 인간의 본성은 본래 선하다고 분명하게 선언하고 있다. "인간의 본성은 본래 선하다. 이것은 물이 본래 아래로 흐르는 것과 같다."[14] 이것을 증명하기 위해서, 맹자는 특정한 경험적 사실에 호소하고 있다. 그는 말한다. "자, 어린이조차도 부모를 사랑하고 자신의 잘못을 후회하며, 손위 형제를 존중하고 옳음과 그름을 판단한다. 그가 부모를 사랑하는 것은 그의 경험 때문이 아니라 그의 내적 본성의 표현인 개인적인 신념 때문이다. 그가 자기 형제를 존중하는 것은 앞선 경험에서 나온 것이 아니라 자연적인 본능에서 나온 것이다. 그리고 마지막으로 그가 옳고 그름을 판단하는 것은 경험을 통해서가 아니라 판단 능력을 소유하고 있기 때문이다." 따라서 맹자에 따르면, 모든 사람은 네 가지 경향―측은지심(惻隱之心), 수오지심(羞惡之心), 사양지심(辭讓之心), 시비지심(是非之心)―을 가지고 있으며, 이런 네 가지 경향은 네 개의 주요한 덕을 계발할 수 있다.[15] 따라서 모든 사람은 인(仁), 의(義), 예(禮), 지(智)의 네 가지 출발점을 소유하고 있다. 동정의 감정은 모든 사람에게서 찾아볼 수 있다.

사람들이 다른 사람에게 자비로운 이유는 무엇인가? 도덕성이나 어짊[仁]은 숙고에 의한 것인가? 묵자(B.C. 479-381)가 세운 묵자학파에 따르면, 행위가 세계와 개인에게 이익이 될 것이라는 계산을 통해 옳은 행위가 이루어지는 경우에만 도덕이 있는 것이다. 그의 말을 빌리자면, "타인을 사랑하는 사람은 타인에게 사랑받으며, 타인을 미워하는 사람은 타인에게 미움을 받을 것이다. 타인에게 피해를 입히는 사람은 타인에 의해 피해를 당하게 된다."(『묵자』, 17장) 묵자는 유교의 제례의식과 음악이

사람들의 재산과 에너지를 낭비하기 때문에 유덕하지 않다고 말하면서, 유교를 비판하였다.[16]

맹자에게 덕은 인간 본성에서 자연스럽게 함양된 것이다. 도덕은 이익이나 유용성을 계산하는 것에 기초해 있는 것이 아니다. 도덕적 삶은 그것이 가져올 이익 때문이 아니라, 그 자체로 바랄 만한 것이다.[17] 양혜왕(梁惠王)이 맹자에게 나라에 어떤 이익을 가져다줄 수 있는지를 물었을 때, 맹자는 "당신의 군주가 '나의 나라에 어떤 이익을 가져다줄 것인가?'라고 묻는다면, 대신들은 '나의 가족에 어떤 이익을 가져올 것인가?'라고 물을 것이며, 백성들은 '우리들에게 어떤 이익들 가져올 것인가?'라고 물을 것이다. 상류층과 하류층이 서로 이런 이익을 붙들려고 하면, 나라는 위험에 빠지고 말 것이다…. '인과 의와 같은 것들을 문제 삼지 않고' '이익'을 논하는 이유가 무엇인가?"(『맹자』, 양혜왕 상(1A:4와 6/그러나 1A:1)

덕은 유용성에 대한 숙고를 넘어서는 것이다. 그래서 우물에 막 빠지려고 하는 어린이를 보았을 때, 항상 그는 놀라움과 동정의 감정을 느낄 것이고 어린이를 구하려고 달려갈 것이다. 이것은 그 어린이의 부모에게 잘 보이려는 목적에서 그런 것이 아니며, 이웃과 친구의 칭찬을 위한 것도, 어린이를 구하지 않았다는 비난이 두려워서도 아니다. 이것은 인간 본성의 자발적인 반응에 의한 것이다. 따라서 옳고 그름의 감정을 갖지 않은 사람은 없다는 것을 알 수 있다. 동정의 감정은 인류애[仁]의 출발점이다. 즉, 후회의 감정은 옳음[義]의 출발점이고, 공손함은 예의바름[禮]의 출발점이며, 옳은 것과 그른 것에 관한 판단의 감정은 지혜[智]의 출발점이다. 모든 사람은 팔과 다리(四肢)를 가지고 있는 것과 마찬가지로 이런 네 가지 출발점을 가지고 있다.(공손추상, 6장) 맹자는 다음과 같이 말한다. "인, 의, 예, 지의 덕은 밖에서 우리 안으로 들어온 것이 아니다. 우리는 본래 이것들을 가지고 있다. 이것들은 인간 본성의 뿌리가 된다." "사람들이 자신의 통상적인 본성을 유지할 때, 탁월한 덕을 사랑하게 될 것이다."(고자상, 6장)

사람들이 이런 네 가지 출발점을 가지며, 자신의 본성이 결과적으로 선하게 되는 이유는 바로 하늘이 우리에게 이것을 부여해주었기 때문이다. 이것이 맹자가 다음과 같이 말한 이유이다. "사람의 내적인 능력[良能]은 배움을 통해 획득된 것이 아닌 본래 사람이 소유한 능력이다. 사람의 내적인 지식[良知]은 반성적 사유의 결과가 아닌 그가 본래 소유한 지식이다."(진심상, 15장) 사람이 도덕으로 나아가는 과정에 어떤 장애도 없다면 사람의 내적인 능력과 내적인 지식이 계발될 것이며, 그는 탁월한 지식을 가질 것이다. 이것이 인간의 본성은 선하다는 말의 의미이다. 따라서 본래의 선한 본성을 유지하기 위해서, 도덕화의 과정에 있는 장애를 극복하기 위해서, 그리고 유덕한 사람이 되기 위해서는 자기 함양에 관심을 기울일 필요가 있다.

순자(荀子, B.C. 310?-211?)는 엄청난 논리적 지성을 가지고 있었으며, 이것은 순자를 고대 유교의 영향력 있는 사상가로 만들어주었다. 인간 본성이 선하다는 것을 주장한 맹자에 반대하여, 순자는 인간 본성이 본래 악하다고 가정하였다. 그는 다음과 같이 말하고 있다.

맹자는 "사람이 배우는 것은 그의 본성이 선하기 때문이다"라고 말하였다. 내 생각은 그렇지 않다. 그것은 사람의 본성을 제대로 알지 못해 본성과 작위의 구분을 잘 살피지 못한 때문이다.

본성이란 하늘로부터 타고난 것이어서 배워서 행하게 될 수 없는 것이며, 노력으로 이루어질 수 없는 것이다. 예의란 성인이 만들어 낸 것이어서 배우면 행할 수 있는 것이며, 노력하면 이루어질 수 있는 것이다. 배워서 행할 수 없고 노력해서 이루어질 수 없는 데도 사람에게 있는 것을 본성이라 하고, 배우면 행할 수 있고 노력하면 이루어질 수 있는 것을 작위라고 한다. 이것이 본성과 작위의 구분이다.(『순자』, 성악편)

순자에 따르면, 인간 본성은 인간이 가지고 태어나는 능력이거나 본능이다. 예를 들면, 본래 인간의 눈은 볼 수 있으며 귀는 들을 수 있다. 이것은 경험이나 실천을 통해서 성취하고 배운 것과는 다른 것이다. 그러나 맹자는 인간의 노력과 인간의 본성을 구별하지 않았다. 이것이 맹자가 인간 본성이 선하다는 잘못된 입장을 갖게 된 이유이다. 순자는 인간이 도덕적 경향성보다는 나쁜 경향성을 가지고 태어났다고 믿었다. 순자는 인간 본성에 관하여 전적으로 다른 논변을 제공한다.

사람의 본성은 악한 것이 분명하며, 사람의 선함은 그의 활동의 결과이다….

사람들은 배고프면 밥을 먹고자 하고, 추우면 따뜻이 하고자 하며, 수고로우면 쉬려 하는데, 이것이 사람의 감정과 본성인 것이다. 사람들이 배가 고파도 어른을 보면 감히 먼저 먹지 않는 것은 사양하려는 마음이 있기 때문이다. 수고로우면서도 감히 쉬려고 들지 않는 것은 대신 일하려는 마음이 있기 때문이다. 자식이 아버지에게 사양하고 아우가 형에게 사양하며, 자식이 아버지를 대신해 일하고 아우가 형을 대신해서 일하는데, 이 두 가지 행동은 모두 본성에 반대되고 감정에 어긋난다.

그렇지만 효자의 도리요, 예의의 형식적 수식인 것이다. 그러므로 감정과 본성을 따르면 곧 사양하지 않게 되며, 사양을 하면 곧 감정과 본성에 어긋나게 된다. 이로써 본성은 악한 것이 분명하며 인간의 선함은 그의 활동의 결과이다.(『순자』, 성악편)[18]

비록 순자가 인간 본성이 악하다는 견해를 주장한다 할지라도, 이것이 순자의 인간 본성에 관한 견해의 전부는 아니다. 그는 이것을 동물과 인간의 본질적인 차이로 여기지 않았다. 순자에게서 인간과 동물이 구별되는 점은 무엇인가? 순자는 다음과 같이 말한다.

사람은 기운이 있고 생명도 있고 지각도 있고 의로움도 있다. 그래서 천하에서 가장 존귀한 것이다.

힘은 소만 못하고 달리기는 말만 못한데, 소와 말은 어째서 사람에게 부림을 받는가? 그것은 사람들은 여럿이 힘을 합쳐 모여 살 수 있으나, 소나 말은 여럿이 힘을 합쳐 모여 살 수 없기 때문이다. 사람은 어떻게 여럿이 힘을 합쳐 모여 살 수 있는가? 그것은 분별이 있기 때문이다. 그 분별은 어떻게 존재할 수 있는가? 그것은 의로움이 있기 때문이다. 그러므로 의로움으로써 사람들을 분별 지으면 화합이 있게 된다.(『순자』, 왕제)[19]

순자는 세계에 존재하는 모든 것들을 네 가지 상이한 층을 갖는 것으로 나눈다. 그리고 인간을 이들 중 최고로 고상한 존재로 여긴다. 왜냐하면 그는 인간이 다른 것들은 가지지 않은 특별한 본질을 가지고 있다고 생각했기 때문이다. 이것은 역할 계층에 따라 행위하고 확립할 수 있는 능력, 즉 단체나 사회에서 서로 어울릴 수 있는 능력으로 기술되는 적합한 것(義)에 대한 감각이다. 계층은 격식[禮]에 의해 정의되며, 격식을 계발하는 사람은 군주이고, 격식과 군주의 가르침에 따라서 행동할 수 있는 능력을 인간이 가졌다는 것이 인간과 짐승을 구분해주는 것이다. 순자는 다음과 같이 말한다. "사람을 사람이라고 할 수 있는 근거는 그들이 두 다리를 가지고 있고 털이 나지 않은 동물이라는 특징이 아니라 분별이 있다는 것이다. 새나 짐승에게도 아비와 자식이 있지만 아비와 자식 사이의 친밀한 윤리는 없으며, 암컷과 수컷이 있기는 하지만 남자와 여자를 분별하는 윤리는 없다. 그러므로 사람으로서의 도에는 어디에나 분별이 있는 것이다. 분별에는 분수*보다 더 큰 것이 없고, 분수에는 예의[禮]보다 더 큰 것이 없다."(『순자』, 非相, 6) 순자에 따르면, 인간이 비록 자연적 욕망을 타고나기는 했지만, 세상에서 가장 고귀한 종으로서, 인간은 예(禮)를 배워야 하고 사회적 관계와 예(禮)를 계발할 수 있도록 부지런히 스승으로부터 배워야 한다. 왜냐하면 이것이 바로 사람을 새나 짐승으로부터 분별해주는 것이기 때문이다. 의식적 활동과 사회적 협약을 통하여, 내적인 인간 본성은 변화되며, 획득된 본성이 형성된다.

---

* 　분수를 지키는 것을 의미한다.

이런 논변에 따르면, 인간은 도덕을 가져야만 하는데, 그것은 그가 도덕에 도움을 줄 수 없기 때문이 아니라 그가 그것을 가질 필요가 있기 때문이다.

비록 맹자와 순자가 인간 본성의 도덕적 성질에 관하여 상이한 입장을 가지고 있기는 하지만, 이들은 도덕적 덕을 인간과 다른 동물을 구별해주는 본질적인 특징으로 여기고 있다. 이들은 또한 덕이 획득되거나 달성될 수 있어야 한다는 것에 동의하고 있다. 왜냐하면 도덕적 덕이 사람들을 세상에 있는 모든 종들 중에서 가장 고상한 것으로 만들어주기 때문이다. 맹자와 순자 둘 다 모든 사람이 성인이 되는 것이 가능하다고 생각하였다. 맹자는 어떤 사람이든 요임금이나 순임금이 될 수 있다고 말했으며, 순자도 마찬가지로 "거리에 있는 어떤 사람이든 우임금이 될 수 있다고 말했다."(『순자』, 性惡 11)[20] 따라서 자기 함양을 통하여 어떻게 덕을 획득하고 어떻게 도덕적 성인이 되는가는 유교 윤리의 중요한 주제가 되었다.

2.2 도덕적 자기 함양

도덕적 함양이 유교의 핵심적 주제 중 하나라는 것은 잘 알려져 있다. 유교 고전 중 가장 중요한 것 중 하나인, 『대학』의 첫 문장은, 대학의 원리가 새로운 삶을 제공하고, 완전한 삶을 살도록 하고, 궁극적 선을 제공하는, 뛰어난 덕을 분명하게 예시화하는 것으로 이루어져 있다는 것을 지적하고 있다. 그러나 이런 궁극적 목적을 성취하기 위해서는 개인적인 덕과 도덕적 완전함을 먼저 획득해야만 한다. 세상 사람들의 생기 있고 깨끗한 성품을 보전하기를 바랐던 고대인들은 먼저 국민으로서 삶을 질서 지우는 일에 착수했다. 그 다음으로 이것은 개인적인 삶을 함양하는 것, 마음[21]을 올바로 확립하는 일, 의지를 성실하게 만드는 일, 참된 지식을 성취하는 일 그리고 사물에 대한 조사에 성공적으로 의존하고 있다. 사물에 대한 조사가 이루어졌을 때 참된 지식이 성취된다. 참된 지식이 성취되고 나면 의지가 성실해진다. 의지가 성질지고 난 뒤 마음이 올바르게 된다. 마음이 올바르게 된 후 개인적인 삶이 향양되고, 개인적인 삶이 함양된 후 가족의 삶이 규정된다. 가족의 삶이 규정된 후 국가의 삶이 질서 잡힌다. 국가의 삶이 질서 잡힌 후 세계의 평화가 있다. 황제에서 평민에 이르기까지 모든 사람들은 개인적인 삶의 함양을 근원이나 토대로 간주해야만 한다.[22] 인간 본성에 관한 이들의 이해에 의거해서, 유교학자들은 도덕적 성품을 함양하는 다양한 방법에 많은 노력을 기울이고 있다.

2.2.1 배움, 사유, 자기 시험 그리고 실천

자기를 함양하는 많은 방법 중에서, 배움은 유교 지도자에 의해 완전함으로 향하는 가장 중요한 길로 생각되었다. 공자는 배움을 도덕적 덕을 획득할 수 있는 첫 걸음으로 생각하였다. 이것이 공자가 배움에 뜻을 두고 일생 동안 노력한 이유이다.[23] 그는 자기 스스로에게 다음과 같이 말하고 있다. "나는 묵묵하게 기록하고 배움에 결코 싫증내지 않았으며, 배운 것을 다른 사람에게 가르치면서 지치지 않았다."(『논어』, 14:24/그러나 7:2)

공자에 따르면, 배움의 목표는 자신의 성품을 개선하는 것이지, 타인으로부터 칭찬이나 명예를 얻기 위함이 아니다. 그는 다음과 같이 지적하고 있다. "옛날에 공부하는 사람은 자기 때문에 하였고, 오늘날 공부하는 사람들은 남 때문에 한다."(14:24/그러나 14:25) 말하자면 옛날 공부하는 사람들의 목표는 자기 배움과 도덕을 개선하는 것인 반면에, 오늘날 공부하는 사람들의 목표는 다른 사람들에게 보여주기 위한 것이다. 따라서 자기가 스스로 추구하는 자기 함양으로 배움을 생각하는 것은 모든 학생들의 본질적인 태도이어야 한다. 배움은 스스로 시작하지만 자기의 만족으로 끝나는 것은 아니다. 학생들은 자기 지식과 덕을 타인과 세계로 확장하여 적용할 것이 요구된다. 이런 확장을 통해 사회에 평화와 조화가 이루어지는 것을 도울 수 있다.

> 자로가 군자에 관하여 여쭈어보았다. 공자가 대답하기를, "경건한 마음으로 자기 수양을 하느니라." 자로가 물었다. "그것이 전부입니까?" 공자가 대답하기를, "자기 수양을 해서 그 힘으로 남을 편안케 하여주느니라." 자로가 물었다. "그것이 전부입니까?" 공자가 대답하기를, "자기 수양을 해서 그 힘으로 백성을 편안하게 하여주느니라. 자기 수양을 해서 그 힘으로 백성을 편안하게 해주는 일은 요임금이나 순임금도 힘들었던 것이다."(14:45)

따라서 유교에 따르면, 배움의 목표는 도덕적 완전함뿐만 아니라 세상의 평화를 가져오는 것이다. 자기 수양은 평화와 조화가 세상에 이루어질 수 있게 하는 수단이다. 자기 개선을 위해서 배움을 수행하는 사람은 모든 것을 성취하는 반면에, 다른 사람에게 보여주기 위해서 또는 명예를 위해서 배우는 사람은 자기 자신을 상실하고 만다.

공자는 배움을 자기 개선의 본질적인 방법으로 생각하였다. 그리고 도덕적 덕은 배움과 공부에 확고하게 기초되어야 하고 통합되어야 한다고 주장하였다.

> 인자하게 굴기를 좋아하면서 배우기를 싫어하면 그 폐단은 어리석어지는 것이다. 지혜롭게 굴기를 좋아하면서 배우기를 싫어하면 그 폐단은 무절제해지는 것이다. 신용 있게 굴기를 좋아하면서 배우기를 싫어하면 그 폐단은 의를 해치게 되는 것이다. 곧게 굴기를 좋아하면서 배우기를 싫어하면 그 폐단은 가혹해지는 것이다. 용맹하게 굴기를 좋아하면서 배우기를 싫어하면 그 폐단은 난폭해지는 것이다. 굳세게 굴기를 좋아하면서 배우기를 싫어하면 그 폐단은 무모해지는 것이다.(17:8)

확고한 의지와 성실한 의지를 가지고서 폭넓게 배우는 것은 선한 성품을 갖기 위해 필수적인(본질적인) 것이라고 믿었다. 공자는 배우지 않는다면 사고와 성찰에 집중하는 것도 시간낭비에 불과하다는 것을 설명하고 있다. "나는 종일 먹지 않고 밤새 자지 않으면서 생각한 일이 있었으나, 그것은 쓸데없었고 배우느니만 못했다."(15:31/그러나 15:30) 그는 또한 배우는 데서 많은 즐거움을 얻었기 때문에 먹는 것을 자주 잊어버렸다. 왜냐하면 그는 배움을 통하여 도덕적 크기를 계발할 수 있고 도덕적 덕으로 향해 갈 수 있다고 믿었기 때문이다.(7:19/그러나 7:18)[24]

공자는 여섯 가지의 주제를 통해 제자를 가르쳤다. 이 주제들은 여섯 개의 기술로 알려져 있다. 기술들은 제례의식[禮], 음악, 궁술, 전차를 모는 기술, 글쓰기, 수학이다. 이 주제들은 예, 지, 용기 등과 같은 덕을 함양하는 것과 관련되어 있다. 이들 중에서 예와 음악을 배우는 것은 도덕적 함양과 관련이 가장 크다. 공자는 단지 현명하게 되고, 용기 있게 되고, 재능이 있는 것만으로는 충분한 것이 아니라고 말한다. '완전한 사람'이 되기 위해서 제례의식이나 예 그리고 음악에 의해 다듬어져야만 한다.(14:12/그러나 14:13) 예를 들면, 어떻게 해서 유덕한 사람이 될 수 있는지에 관해 질문을 받았을 때, 공자는 다음과 같이 대답하였다. "예가 아니면 보지 말고, 예가 아니면 듣지 말고, 예가 아니면 말하지 말고, 예가 아니면 움직이지 말라."(12:1) 공자에 따르면, 예를 배우지 않고서는 성품을 확립할 수 없다.(16:13)

공자는 또한 자기 수양에서 사유의 중요성을 강조하였다. 그는 배우고 익히는 것은 자기 개선의 선결 조건임에 틀림없다고 믿었다. 그러나 이것은 주의 깊은 사유를 통해 강화되어야만 한다. 그는 다음과 같이 말했다. "배우고 생각하지 않으면 종잡을 데가 없어지고, 생각하고 배우지 아니하면 위태롭다."(2:15) 달리 말한다면, 배우고 생각하지 않는 것은 무엇을 해야 할지 알 수 없게 만들며, 생각하고 배우지 않는 것은 공허한 꿈에 불과하다. 따라서 공자의 제자 중 한명인 자하(子夏)는 배움의 과정에는 생각과 자기 반성을 동반하게 된다고 주장한다. 왜냐하면 '널리 배우되 뜻을 독실하게 갖고 간절하게 묻되 가까운 것부터 생각하는'(19:6) 사람만이 완전한 덕, 즉 인(仁)을 가지게 될 것이기 때문이다.

사유가 자기 점검이나 자기 반성과 밀접한 관련을 맺고 있다는 것은 유교에서 분명하다. 사유의 목적은 자신의 행위가 유덕한지 그렇지 않은지를 살펴보는 것이다. 유교학자들은 도덕 함양에서 사유와 자기 시험의 양태에 대한 많은 기준들을 조사하였다.

> 증자는 다음과 같이 말씀하셨다. "나는 매일 세 가지로 나 자신을 살핀다. 다른 사람을 위한 일을 하면서 진심을 다하지 않았는지? 벗들과 사귀면서 신실하지 못하였는지? 가르침을 받고도 열심히 익히지 않았는지?"(1:4)

> 어진 이를 보고는 같아지기를 생각하고, 어질지 못한 이를 보고는 안으로 스스로 반성해야 한다.(4:17)

> 군자는 아홉 가지 생각이 있으니, 볼 때는 분명하게 볼 것을 생각하고, 들을 때는 분명하게 들을 것을 생각하고, 얼굴빛은 온화함을 생각하고, 용모는 공손함을 생각하고, 말은 충실함을 생각하고, 일은 경건함을 생각하고, 의심스러울 때는 물을 것을 생각하고, 분할 때는 어려움을 당할 것을 생각하고, 얻을 것을 보면 의로움을 생각한다.(16:10)

도덕 함양에서 자기를 반성하는 방법과 사유하는 방법은 자기 성찰과 내적 탐험의 과정이다. 이것은 교육받은 사람을 도와서 주의 깊게 사유하고 선택하도록 한다. 즉, 배운 것을 실천하도록 하고 선한 것을 따르고 나쁜 것을 피하도록 해준다. 공자는 전해져오는 경전을 통해 배우는 것에 관심을 기울였을 뿐만 아니라, 도덕적인 이상적 인물을 통해 배울 것을 강조하였다. 공자는 다음과 같이 말했다. "세 사람이 같이 길을 가면 거기에는 반드시 내 스승이 있다. 그들의 선한 점을 골라서 그것에 따르고, 선한 자를 택하여 따르고, 선하지 않은 자를 통하여 자신을 바로 잡는다."(7:21) 탁월한 덕을 가진 사람과 만났을 때 우리는 이들로부터 배워야 하며 이들과 같아지려고 애써야 한다. 우리가 부덕한 사람을 만나는 경우에는 똑같은 부덕한 점이 없는지를 되돌아 살펴보아야 한다. 이런 문제점을 가지고 있다면 이들을 고쳐야 할 것이다. 공자는 자기 성찰과 사유의 내용을 열거하면서 제자들에게 아홉 가지 측면에서 스스로를 단련시킬 것을 요구한다.[25] 공자는 배움과 자기 성찰을 일상적 삶에 본질적인 것으로 여긴다. 이것은 공자가 도덕 함양이 어려운 일이라는 점을 깊이 이해하고 있었다는 것을 함축한다.

본성상 공자의 자기 함양은 책을 통해서 얻을 수 있는 단순한 배움이 아니라, 특별한 종류의 실천이거나 도덕적 훈련이다. 이런 도덕적 측면은 사회적 삶의 모든 측면을 포괄한다. 학생들은 "집에 들어오면 효도하고, 밖에서는 공손하며 삼가고 미덥게 하고, 널리 사람들을 아끼고 인자한[仁] 사람과 가까이 하고, 행하고서 남은 힘이 있으면 배워야 한다."(1:6) 배운 것을 실천에 옮기는 사람만이 군자가 될 수 있다. "군자는 식사하면서 배부르기를 바라지 않고, 거처하면서 편안하기를 바라지 않고, 일에 민첩하며 말을 삼가고, 도(道)를 아는 사람에게 나아가 자신을 바로 잡는다. 이런 사람이 배우기를 좋아한다고 말할 수 있다."(16:13/그러나 1:14) 이것은 도덕적 함양이 선과 악에 대한 지식을 갖는 것에 한정되지 않는다는 것을 의미한다. 도덕적 함양은 도덕적 행위와 도덕적 실천과 관련되어 있다. 도덕 함양에서 배움, 사유 그리고 자기 성찰이 중요하다는 공자의 생각은 순자에 의해 계승되어 발전하였다.

앞에서 지적했듯이 순자의 관점에 의하면, 인간 본성은 악하며 그의 선은 훈련을 통해 습득된 것이다. 인간의 본성이 악하기 때문에 투쟁과 파괴가 잇따를 것이다. 사회에 통상적인 윤리적 질서가 유지되기 위해서는 인간들의 사악한 본성을 변화시키고 선한 성품을 함양해야 한다. 따라서 순자에 따르면, 한편으로 교화에는 스승과 법이 중요한 영향력을 미치며, 적절한 행위의 규칙(禮)과 올바름의 표준(義)에 의한 지도가 필수적이다. 다른 한편으로 자신의 사악한 본성을 이해하고 이것을 변화시키려는 마음에서 선하게 되는 것이 중요하다.

순자에 따르면, "본성은 시작의 근본이며, 가공되지 않은 소박한 본질이다. 작위란 문리(文理)가 융성된 것이다. 본성이 없다면, 작위가 가해질 곳이 없고, 작위가 없다면 본성은 스스로 아름다울 수 없다."(『순자』, 23장/그러나 19장 14) 선한 성품의 획득을 돕기 위해서, 순자는 도덕 함양에서 배움과 자기 성찰의 중요성을 강조하였다. 순자는 배움은 선, 지식 그리고 실천적 이해를 축적하는 끊임없는 과정이라고 지적한다. "군자도 널리 배우고 매일 자기를 반성하고 성찰하면 앎이 밝아지고 행동에 허물이 없을 것이다."(『순자』, 1장 1)

널리 배우고 익히기 위하여 먼저 경전을 통하여 배우고 익혀야 한다. 순자는 다음과 같이 말한다. "학문은 어디에서 시작하여 어디에서 끝나는가? 그 방법은 경전을 외우는 데서 시작하고, 『예기』를 읽는 데서 끝난다."(『순자』, 19장/그러나 1장 7) 순자는 도덕 함양과 교육과 관련되어 있는 고전 목록을 추천한다. "시경(詩經)에서 말하고 있는 것은 성인의 뜻이다. 서경(書經)에서 말하고 있는 것은 성인의 일이다. 예경(禮經)에서 말하고 있는 것은 성인의 행실이다. 악경(樂經)에서 말하고 있는 것은 성인의 조화이다. 춘추(春秋)에서 말하고 있는 것은 성인의 미묘함이다."(『순자』, 8장 10) 이들 중에서 순자는 특히 예를 배우는 것의 중요성을 강조하고, 인간의 악한 본성을 개선하는 수단으로 예를 강조한다. 예와 의를 배우고 축적함으로써 일반인들도 성인이 될 수 있다. 순자는 다음과 같이 말한다.

> 길거리의 사람들도 우임금이 될 수 있다. … 모든 일반인은 인간애, 올바름, 법률에 대한 복종 그리고 정직함을 알 수 있는 능력을 가지고 있다. 또한 이런 원리에 따르는 방법을 가지고 있다. 따라서 일반인들이 우임금이 될 수 있다는 것은 분명하다….

> 길거리의 사람들이 자신의 능력을 배우는 데 사용하기로 하고서, 하나의 주제에 관심을 집중하고, 사유하고 학습하며 철저히 조사하고, 자신의 지식을 매일 늘려가기를 멈추지 않는다고 생각해보라. 그는 정신적인 통찰력을 가지게 될 것이고, 하늘과 땅과 더불어 일체를 이루게 될 것이다. 따라서 성인은 지속적인 노력으로 이런 상태에 이른 사람이다.(『순자』, 23장 11)

따라서 순자에 따르면, 인간의 본성이 비록 본래 사악하다 할지라도, 동시에 사람들은 지적 능력을 가지고 있으며, 그러므로 정의의 표준과

적합한 행동의 규칙에 관하여 듣게 되면 그는 이들을 스스로 획득할 수 있다. 오랜 기간 이런 배움을 축적하게 되면 습관이 형성될 것이다. 그리하여 성인은 지속적인 노력을 통해 자신의 상태를 획득한다. 순자는 다음과 같이 말한다.

> 길거리의 백성이라 하더라도 선을 쌓아 완전함을 다하게 되면, 그를 성인이라 한다. 성인은 선을 추구함으로써 그것을 얻었고, 선을 행함으로써 그것을 이루었으며, 그런 일을 쌓아감으로써 높아졌고, 그런 일을 다한 뒤에야 성인이 되었다. 그러므로 성인이란 사람들이 노력을 쌓아감으로써 이루어졌다.

> 사람들이 김매고 밭가는 일을 쌓아가면 농부가 된다. 자르고 깎는 일을 쌓아가면 목수가 된다. 물건 파는 일을 쌓아가면 장사꾼이 된다. 예의를 쌓아 가면 군자가 된다.(『순자』, 8장 16)

일반인이 인간애와 올바름과 같은 덕을 알고 실천할 수 있는 능력을 가졌다는 것은 그의 지적 능력에 의해 설명된다. 그러나 이것이 윤리적 요소를 타고났다는 것을 의미하지는 않는다. 한 사람은 적합한 행위 규칙(禮)과 정의의 표준(義)을 '축적'하는 반복적인 실천을 통해서 성인이 된다. 마치 김매고 밭가는 일을 반복함으로써 농부가 되는 것과 마찬가지이다.[26] 순자는 경전을 배우는 것의 중요성을 강조했을 뿐만 아니라, 도덕 함양의 과정에서 도덕적 실천의 중요성도 강조하였다. 그는 다음과 같이 말한다. "듣는 것이 듣지 않는 것보다 더 낫고, 보는 것이 듣는 것보다 더 낮고, 아는 것이 보는 것보다 더 나으며, 실천하는 것이 아는 것보다 더 낮다. 학문은 실천할 때야 이르러 종착점에 다다른다."(『순자』, 8장 14) 순자는 또한 배움을 일생 동안의 과업으로 여기고 있다. 그는 다음과 같이 말한다. "학문이란 죽은 뒤에야 끝나는 것이다."(『순자』, 19장/그러나 1장 7) 공자와 같이 그도 또한 배움이 어려운 과정이라는 것을 깨닫고 있다. 그는 선을 배우고 축적하는 인내의 정신을 칭송하며, 학자가 중간에 공부를 포기하지 않도록 격려한다.

2.2.2 마음을 보존하고[存心], 기를 함양함[養氣]

앞에서 지적했듯이 맹자는 인간 본성이 선하다고 주장한다. 인간 존재는 선하게 태어난다. 도덕적 함양의 목적이나 목표는 본래 선한 본성을 유지하고 발전시키는 것이다. 모든 사람이 이런 목적을 달성하도록 돕기 위하여 그는 도덕적 함양을 위한 이론을 제공하는데, 이 이론은 마음을 보존하고 기(氣)를 함양하려는 사유에 기초해 있다.

맹자는 인간이 본래 선하다고 가정했기 때문에, 그는 악이 어디에서 오는 것인지에 대한 물음에 대답해야만 한다. 맹자는 이 물음에 대답하면서 선한 본성이 악하게 되는 이유에 대해 두 가지 근거를 제시하였다. 첫째, 우리가 태어날 때 가지고 태어나는 본성[性]은 또한 인간의 내적인 능력이며 내적인 지식인 인, 의, 예, 지와 같은 덕의 가능성과 출발을 제공할 뿐이다. 그러나 모든 개별자들이 출발에서 발전할 수 있는 것도 아니며, 자신들의 가능성을 완벽하게 실현할 수 있는 것도 아니다. 사람들은 무관심과 게으름 때문에 악을 행하게 된다. 그러므로 추구함으로써 덕을 얻고, 무시함으로써 이들을 상실하게 된다고 말한다.(『맹자』, 고자상:6) 도덕 함양은 인간의 내적인 지식과 내적인 능력을 상실하지 않고 최대한으로 계발하여 유지하는 것일 뿐이다. 의식적인 도덕 함양의 중요성을 강조하면서, 맹자는 바둑의 기술을 암시하고 있다. "바둑의 수는 작은 수이지만, 온 마음을 쏟아 뜻을 다하지 않으면 터득하지 못한다."(고자상:9) 맹자에 따르면, 우리 자신은 완전하게 선하게 되지 못한 것에 대한 전적인 책임이 있다. 덕을 성취하기 위한 목표를 고수하지 않으면 유덕해질 수 없다.

> 맹자께서 말씀하셨다. "인은 사람의 마음이고 의는 사람의 길이다. 그 길을 놓아두고 따르지 않고, 그 마음을 놓아두고 찾을 줄을 모르니 슬프다. 사람은 나가버린 닭과 개가 있으면 찾을 줄 알지만, 마음을 놓아버린 것이 있으면 찾을 줄을 모른다. 학문의 길도 다른 것이 없다. 놓아버린 마음을 찾는 것일 뿐이다."(고자상:11)

맹자에 따르면, 인, 의, 예, 지는 하늘이 우리에게 준 것이다. 매우 적은 수의 것이 인간과 금수를 구별해줄 수 있다. 우리를 금수와 구별해주는 것은 바로 이런 숭고한 덕들이다. 우리가 이것들을 잃으면, 우리는 금수와 같이 행동할 것이다. 그러나 많은 사람들이 자신들의 잃어버린 개와 닭을 찾으려고 조바심을 내면서도 자신들의 선한 마음을 잃어버리는 것에 대해서는 거의 관심을 쏟지 않으니 애석한 일이다. 따라서 도덕 함양은 잃어버린 마음을 찾는 것과 별개의 것이 아니다. 고상한 사람과 길거리 사람의 차이는 바로, 그가 마음을 육성하는 것이 가장 중요한 일이라는 것을 이해하고 있으며, 자신의 선한 마음을 잃지 않고 유지해나 갈 수 있다는 것이다. 마음을 보존하는 것은 맹자의 윤리에서 도덕 함양 의 가장 중요한 방법 중 하나이다.

도덕 함양에서 마음을 보전하는 것의 중요성을 강조하기 위하여, 맹 자는 자기 몸의 고상한 부분을 육성하는 사람과 자기 몸의 비천한 부분 을 육성하는 사람을 구분한다. 이것은 『맹자』에 다음과 같이 쓰여 있다.

> 몸에는 귀한 것과 천한 것이 있으며, 작은 것과 큰 것이 있으니, 작은 것을 가지고 큰 것을 해치지 말며, 천한 것을 가지고 큰 것을 해치지 말아야 하는 것이니, 작은 것을 기르는 자는 소인이 되고, 큰 것을 기르는 자는 대인이 되는 것이다. … 음식을 밝히는 사람 은 남들이 그를 천박하게 여기는 것이니 작은 것을 기름으로써 큰 것을 잃어버리기 때문이다.(고자상:14)

> 맹자께서 말씀하였다. "그 대체를 따르는 사람은 대인이 되고, 그 소체를 따르는 사람은 소인이 되는 것이다."(고자상:15)

여기서 맹자는 다음과 같은 물음을 제기한다. 즉, 우리 모두 똑같은 인간인데 어떤 사람은 훌륭한 사람이고 어떤 사람은 소인배가 되는 이 유가 무엇인가? 어떤 사람은 선하게 되고 어떤 사람은 악하게 되는 이유 는 무엇인가? 맹자에 따르면, 이 대답은 내부에서 찾을 수 있을 것이다. 그는 모든 사람이 두 가지 성질, 즉 하나는 고상한 성질이고 다른 하나 는 하찮은 성질을 가지고 있다고 주장한다. 사유의 능력은 고상한 성질인 데 반해, 보고 듣는 감각은 하찮은 성질이다. 하찮은 성질을 소중히 여긴다면 그는 보고 듣고 맛보는 능력에 힘쓰고 이를 만족시키는 데 관심을 기울일 것이다. 결과적으로 그는 소인배가 될 것이다. 반대로 고상한 성질을 소중히 여긴다면, 그는 사유의 능력에 힘쓸 것이고 이를 만족시키는 데 관심을 기울일 것이다. 결과적으로 그의 타고난 선한 본성은 계발될 것이고 그는 훌륭한 사람이 될 것이다. 그렇다면 어떤 사람이 성인인가? 맹자에 따르면, 이런 상황은 정원사의 상황과 유사하다. 나무의 소중한 줄기와 가지를 기르는 것은 무시하면서 쓸모없는 가시와 덩굴을 북돋우는 사람은 나쁜 정원사가 될 것이다. 마음이 귀, 눈, 입 그리고 코보다 중요하다는 것을 알지 못하는 사람은 하찮은 사람이 될 것이다. 소인배가 다른 사람들에게 멸시받는 이유는 그들이 보고, 듣고 그리고 먹으려는 욕구의 만족을 추구하면서 본래의 선한 본성을 상실했기 때문이다.

또한 맹자는 감각 능력의 제한에 관한 문제 그리고 감각과 사유의 경계를 짓는 문제에 관심을 보였다. 그에 따르면, 귀의 기능은 듣는 것이며 눈의 기능은 보는 것이다. 그러나 이 둘 모두는 사유 기능이 아니다. 눈과 귀는 단지 질료적인 것에 불과하다. 눈과 귀는 질료적인 것이다. 그래서 외적인 사물이다. 이들은 서로 접촉하게 되었을 때 서로 매력을 느낀다. 예를 들면, 소리가 귀로 들린다면 소리가 귀를 자극하여 들리게 된다. 왜냐하면 귀는 생각할 수 없기 때문이다. 그림이 눈에 보인다면 그림이 눈을 자극하여 보이는 것이다. 왜냐하면 눈은 생각할 수 없기 때문이다. 이것이 눈과 귀가 외적 사물에 의해 혼란될 수 있는 이유이다. 마음은 눈이나 귀와 다르다. 왜냐하면 마음의 기능은 사유하는 것이기 때문이다. 사유함으로써 자신을 통제하고 외적 사물에 의한 유혹을 견디며 외적 사물에 의해 혼란되지 않을 수 있다. 감각 능력과 마음의 이런 본질적인 차이가 마음의 고상함을 보여준다. 마음의 기능은 하늘[天]이 부여한 것이다. 하늘이 바다의 단지 한 방울의 물방울에 불과한 사람을 우주에서 고상한 위치를 가질 수 있게 만들어준다. 감각 능력과 마음의 관계는 지배자와 피지배자의 관계와 같다. 마음은 질서를 부여하고 모든 감각 능력은 이에 복종하고 따른다. 마음의 고상한 위치를 먼저 형성할 수 있다면, 그리고 사유의 기능에 관심을 기울인다면, 눈과 귀는 이 질서에 따를 것이고, 외적 사물에 혼란되지 않을 것이다. 이것이 맹자가 다음과 같이 말한 이유이다. "자기 본성의 고상한 성질을 먼저 형성한다면, 하찮은 성질이 이것을 압도하지 못할 것이다."(고자상:5)

맹자에 따르면, 마음과 눈이나 귀의 관계는 모순의 관계이다. 한 사람이 자기 몸의 고상한 부분을 육성하는 데 관심을 기울인다면, 눈과 귀를 통해 감각된 것에서 생겨나는 욕망은 줄어들 것이다. 그가 자기 몸의 하찮은 부분을 육성하는 데 관심을 기울인다면, 마음의 지배적인 위치는 위협받을 것이다. 선한 마음을 보존하고 욕망을 만족시키는 것은 서로 상충한다. 이런 생각에 기초해서 맹자는 마음을 육성하는 또 다른 방법을 제시한다. "마음을 육성하는 최고의 방법은 욕망을 줄이는 것이다."(진심하:35) 사람들이 욕망으로 가득 차 있다면 이들은 외적인 것들을 추구할 것이고, 따라서 그들의 선한 마음은 함양되지 못하게 되어 결국에는 상실될 것이다. 이들이 선한 마음을 잃어버린다면 이들은 타락하게 되어 짐승과 같은 행동을 하게 될 것이다.

선한 본성이 사악한 길로 빠지게 되는 또 다른 이유는 타고난 선이 무너지기 쉽다는 것이다. 그리고 외적인 영향에 의해 쉽게 침해되기 때문에 보존되고 함양될 필요가 있다. 그는 유명한 우산(牛山)의 은유를 통해서 이것이 어떻게 이루어질 수 있는지를 설명하고 있다.

> 우산(牛山)의 나무가 일찍이 아름다웠는데, 큰 도시에 인접하고 있어서 도끼와 가지 치는 낫으로 베어내니, 이들이 아름답게 될 수 있겠는가? 비와 이슬의 생육과 낮과 밤의 생장 활동 덕분에 싹과 순이 자라나고는 있으나, 소와 염소가 와서 이들을 먹어 치우니, 산이 황폐하고 헐벗게 된 것이다. 사람들이 이것을 보고서 결코 울창했었다고 생각하지 않으니, 이것이 산의 본성이겠는가?(고자상:8)

맹자에 따르면, 산의 본성은 아름답고 울창한 것이다. 헐벗은 것은 벌목하여 목초지로 사용된 결과일 뿐이다. 이런 상황은 인간의 본성과도 유사하다. 모든 인간의 본성은 타고난 선을 간직하고 있다. 이들 중 상당수는 나쁘거나 사악하게 된다. 왜냐하면 이들이 그들의 본성적 성장을 박탈당했기 때문이다. 타고난 선이 자연적으로 성장할 수 있도록 돕기 위하여, 맹자는 도덕적 함양을 위한 또 다른 방식을 제공한다. 이것은 기(氣)를 함양하는 것이라고 불린다.

한 제자가 그를 특별한 사람으로 만들어주는 것이 무엇인지를 물었을 때, 맹자는 다음과 같이 대답하였다. "나는 말[의 옳고 그름]을 알고, 나의 호연지기(浩然之氣)를 잘 기른다."(공손추상:2)[27] 호연지기가 의미하는 바에 관해서는, 맹자 자신도 '말하기 어렵다'는 것을 인정한다. 그러나 그는 하나의 설명을 제시하고 있다.

그 기의 양상은 지극히 크고 지극히 굳세다. 올바름으로 육성하고
해치지 않으면 하늘과 땅 사이에 가득 차게 된다. 그 기의 양상은
의(義)와 도(道)에 짝이 되는 것이니, 이들이 없이는 이 기는 쪼그
라들 것이다. 이것은 의(義)를 반복하여 만들어내는 것이니, 우연
히 의(義)를 한 번 행했다고 해서 얻어지는 것이 아니다. 행한 것이
마음에 흡족하지 않으면, 이 기는 쪼그라든다. 그러므로 나는 "고
자(告者, 인간 본성에 관한 문제에서 맹자와 반대되는 입장을 취한
학자)는 애초에 의(義)를 알지 못한다"라고 말한 것이다. 그는 의
(義)를 마음 밖에 있는 외적인 것으로 여기기 때문이다. 반드시 지
속적인 노력이 있어야 하며, 효과를 단정 짓지도 마음에 잊어서도
안 되고, 성급하게 조장해서도 안 된다. 송나라 사람처럼 해서는
안 된다. 그는 벼 이삭이 자라지 않는 것을 근심한 나머지 이삭을
위로 뽑아 올려주었다. 몹시 피곤해져서 집에 돌아와서는, "피곤하
다. 벼 이삭이 자라는 것을 도와주었다"라고 말하였다. 그 아들이
달려가 보니 싹들은 이미 시들어 있었다.(공손추상:2)

호연지기를 기르는 것에 대한 이 논변의 글은 매우 복잡하다. 이것은
여러 의미를 포함하고 있다.

첫째, 힘으로서 이것은 지극히 크고 지극히 굳세다. 사람이 호연지기
를 가지고 있다면, 그는 두려워하지 않고 옳은 일을 할 용기로 가득 차
있을 것이다. 이런 의미에서 이런 종류의 정신적 상태는 올바르고 용기
있는 신념의 통제에 놓여 있다. 이것은 전체 인간을 물리적으로도 정신

적으로도 만족시킬 뿐만 아니라 하늘과 땅에 가득 차 있을 것이다.

둘째, 힘으로서 호연지기는 의(義)와 도(道)에 의해 동반되어야 한다. 힘으로서 호연지기는 모든 사람에 스며들어 있지만, 유덕한 사람에 의해 함양되지 않는 한 크게 되지 않을 것이다. 도(道)를 따르고 의(義)를 지속적으로 행하는 사람만이 이것을 얻을 수 있다. 자신의 선한 마음을 잃어버린 사람은 이것을 얻을 수 없다. 따라서 호연지기를 기르는 것은 도덕 교육에서 중요하다.

셋째, 호연지기는 의(義)를 반복적으로 행함으로써 이루어질 수 있는 것이지 인위적인 노력이나 갑자기 몰두함으로써 이루어질 수 있는 것이 아니다. 도(道)에 대한 이해에 도달한 후에, 호연지기는 그 자체로 자연스럽게 나타날 것이다. 그 이유는 인간 본성 안에 본래의 힘과 본래의 선한 마음이 존재하기 때문이다. 본래의 힘과 선한 마음은 내적이고 기초적인 것이다. 호연지기는 매일 축적하고 양육함으로써만 이루어질 수 있는 것이며, 결코 뜻밖의 우연이나 갑작스러운 외적 활동으로는 성취될 수 없다.

호연지기를 기르는 핵심 열쇠는 "반드시 지속적인 노력이 있어야 하며, 효과를 단정 짓지도 마음에 잊어서도 안 되고, 성급하게 조장해서도 안 된다." 따라서 그 자연스런 성장에 관심을 기울이는 것이 중요하다. 어떤 것을 자라게 할 때, 한편으로 이것에 어떤 것을 해야만 하는데, 이것이 덕을 지속적으로 실천하는 것이다. 다른 한편으로 이것을 자라도록 강제해서는 안 된다. 달리 말한다면, 강제라는 것은 곡식이 자라도록 뽑아 올려주는 사람과 같은 것이다. 아주 조금의 강제만으로도 실패하게 될 것이다.

비록 호연지기가 이에 친숙하지 않은 사람에게는 오히려 이상하게 들리겠지만, 그럼에도 불구하고 맹자에 따르면, 모든 사람이 성취할 수 있는 것이다. 그 이유는 호연지기가 오직 인간 본성을 완전히 계발하는 것 그 이상도 이하도 아니기 때문이며, 모든 사람이 기본적으로 동일한 본성을 가지고 있기 때문이다. 인간의 본성은 동일하다. 이것은 마치 모든 사람의 육체 형태가 동일한 것과 마찬가지이다. 예를 들면, 맹자는 다음과 같이 말한다. 제화공이 비록 손님의 발 길이를 정확하게 모르고서 신발을 만들 때도 항상 신발을 만들지, 삼태기를 만들지는 않는다.(고자상:7) 이것은 모든 사람의 발이 그 차이보다는 유사성이 더 크기 때문이다. 마찬가지로 성인도 그의 본래 본성에서 다른 모든 사람들과 유사하다. 따라서 모든 사람은 자신의 본래 본성을 완전히 계발하기만 한다면 성인이나 위대한 사람이 될 수 있다. 맹자는 확신하고 있다. "모든 사람은 요임금이나 순임금이 될 수 있다."(고자하:2) 이것이 모든 유학자들이 주장하고 있는 맹자의 도덕 함양 이론이다.[28]

2.3 유교의 이상적인 성품

앞에서 지적했듯이, 덕 윤리의 중심 문제는 '어떤 종류의 사람이 되어야 하는가'이다. 이것은 유교 윤리의 가장 중요한 측면 중 하나이다. 유교에 따르면, 도덕 함양 과정은 '인격 형성 과정'이다.[29] 도덕 함양의 목적이나 목표는 도덕적으로 완전한 사람이 되거나 이상적인 성품을 얻는 것이다.

이상적인 성품에 대한 공자의 견해는 군자(君子), 인인(仁人) 그리고 성인(聖人)이다. 군자는 '유덕한 사람a person of virtue', '탁월한 사람a superior man', '군주다운 사람a princely man', '이상적인 사람an ideal man', '고귀한 사람 a noble man' 또는 '신사a gentleman'로 번역되었다. 어원상으로 이 구절은 '통치자의 아들'을 의미한다. 이것은 통치자 가문의 후손, 상위 계층의 일원을 일컫는 말이며, 그들이 귀족으로 태어나서 귀족 혈통을 가지고 있다는 것을 나타내는 말이다. 공자는 군자라는 용어를 새로운 의미로 사용함으로써 주목할 만한 공헌을 하였다. 과거의 오래된 의미는 귀족 계급의 일원인 '귀족'을 의미한다. 공자에 의해 사용된 새로운 윤리적 의미는 '고귀한 사람'을 의미한다. 비록 이 고대의 의미가 여전히 『논어』에서 몇몇 구절에 사용되고 있기는 하지만, 공자는 이 용어를 탁월한 사람의 성질 전체를 의미하는 것으로 확장하였다. 『논어』에서 이 용어는 '고상한 사람'이나 '이상적인 사람'을 나타내는 윤리적 의미로 더 자주 사용된다. 군자는 더 이상 상속될 수 있는 지위가 아니라 성취되어야 하는 목적이다. 이 목적은 사람이 무엇인가가 아니라 그가 무엇이 되어야 하는가이다.[30]

공자에 따르면, 군자라고 불릴 수 있는 사람은 다음과 같은 특성을 가져야만 한다.

그는 자신의 전 생애를 통해 인자함을 분명히 드러내야 한다. "군자는 인자함[仁]을 한 순간도 포기해서는 안 된다."(『논어』, 4:5) 그는 도덕적 의지가 확고해야 하며 어떤 상황에서도 자신의 도덕적 믿음을 포기하지 않을 것이다. "급박한 경우에도 반드시 그것을 유지하고 곤경에 처해서

도 반드시 그것을 유지한다."(4:5) 그는 사적인 이익보다는 올바름을 소중히 여긴다. "군자는 의(義)를 바탕으로 삼는다."(15:17) 그는 올바름에 위배되는 것은 어떤 것도 하지 않을 것이다. 그리고 올바름에 따르는 것을 제외하고는 어떤 이익도 얻지 않을 것이다. 그는 '지혜[智]', '인자함[仁]' 그리고 '용기[勇]'와 같은 훌륭한 도덕적 덕을 가지고 있다. 그는 지혜롭기 때문에 현혹되지 않고, 인자하기 때문에, 근심하지 않고, 용기 있기 때문에 두려워하지 않는다.(14:30) 그는 부모에게 효도하고, 형제에게 우애하고, 다른 사람에게 신뢰 있다. 그는 '충실[忠]과 믿음[信]을 기초적인 원리로' 삼는다.(1:8) 그리고 그는 "남의 좋은 점은 발전시켜주고 남의 나쁜 점은 자라나지 못하게 한다."(12:16) 그는 선한 습관을 함양하였다. 그래서 그는 안으로는 신뢰와 성실의 마음을 가지고 있으며 밖으로는 존중하고 예의바른 예절을 갖추고 있다. 그는 운동 경기에 참가해서도 여전히 온화한 예절을 지킬 수 있다. 공자는 다음과 같이 말한다. "군자는 다투는 일이 없으나 활 쏘는 데만은 예외다. 활을 쏠 때도 읍하고 사양하며, 올라갔다 내려와 술 마시게 하니, 그 다툼이 군자답다."(3:7) 그는 스스로를 진지하게 수양한다. 군자는 말하기 전에 먼저 실행하고 나서 그것을 말한다.(2:13) 따라서 그는 자신의 말이 행위보다 넘치는 것을 부끄러워한다.(14:29) 그래서 그는 말은 천천히 하고 행동은 재빠르게 한다. 그는 자신의 과오와 결점을 결코 감추지 않는다. 그래서 그가 과오를 범하는 경우에 그는 그것을 바로잡기를 꺼려하지 않는다.(1:8)

그는 마음이 넓고 남을 용서한다. 그는 자신의 비난받을 여지나 이것을 개선할 여지를 찾고, 타인은 비난하지 않는다.(15:20) 그는 다른 사람이 알지 못하여 기분을 상하게 하더라도 그는 화내지 않을 것이다. 그리고 다른 사람들이 실수를 했을 때도 다른 사람을 비난하지 않을 것이다. 그는 다른 사람과 협동하여 매우 잘 해나가며, '긍지를 가지지만 다투지 않고',(15:21) '태연하나 교만하지 않다'(13:26) 그가 다른 사람과 협동할 때 그는 원리에 따라서 행하지 다른 사람에 영합하지 않는다. 그리고 "화합하기는 하지만 동일시하지는 않는다."(13:23)³¹ 그는 항상 중용에 따라 행동한다. 그리고 부족함과 지나침을 피할 수 있다. "그래서 군자는 조화를 이루면서도 휩쓸리지 않는다(和而不流). … 그는 중간 자리를 지키며 한쪽 편으로 기울어지지 않는다(中立不倚)."(『중용』, 10장)

공자는 또한 인인(仁人)과 성인(聖人)을 성취하기 매우 어려운 이상적인 특성으로 여긴다. 인인은 인자함을 가장 중요한 덕으로 여길 수 있으며 인자함의 성질을 소유한 사람이다. 공자는 다음과 같이 말했다. "인자한 사람은 자기가 나서고 싶으면 남을 내세워주고, 자기가 발전하고 싶으면 남을 발전시켜준다."(6:28) 그는 다섯 가지 덕을, 즉 공손, 너그러움, 믿음, 민첩, 은혜를 이 세상에 실천할 수 있는 사람이다.(17:6) 그는 묵묵하게 기록하고 배움에 결코 싫증 내지 않았으며, 배운 것을 다른 사람에게 가르침에 지치지 않았다.(17:6/그러나 7:2) 그는 인자함을 자신의 삶에서 보다 가치 있는 무언가로 여긴다. 그래서 그는 인자함을 이행하기 위해서 자신을 희생할 준비가 되어 있다. 그리고 살기 위하여 인자함을 버리지 않는다. 이런 의미에서 곤경에 처해서도 옛것을 전할 수 있는 사람 또는 올바름을 주장할 수 있으며, 이 올바름을 선택하기 위해서 자신의 삶을 포기할 수 있는 사람은 인자하다고 말할 수 있다. 간단히 말해서 인자한 사람은 완전한 군자이다.

성인(聖人)은 인자함의 상위에 있는 이상적인 성품이다. 공자에 따르면, 성인은 안으로는 인자함의 덕을 가지고 있고 밖으로는 위엄 있는 성취를 이룬 사람이다. 공자는 사람들에게 널리 은혜를 베풀고 많은 사람을 환란에서 건져내줄 수 있는 사람을 성인이라고 말한다.(6:28) 성인이 되기 위해서는 인자함의 덕을 가져야 할 뿐만 아니라, 일반 대중이 덕을 가질 수 있도록 가르치는 왕으로서의 기능을 가져야 한다. 그래서 이들은 사람들을 고통에서 구하고 세상의 평화를 가져올 수 있다.

맹자는 공자의 이상적인 성품에 관한 이론을 물려받아서 발전시켰다. 그는 이상적인 성품을 다른 수준의 체계로 제공했다. 그는 말했다. "순수한 마음이 하고자 하는 것을 선(善)이라 하고, 자기 몸에 선을 간직하는 것을 신(信)이라 하고, 선을 행하여 가득 차 있는 것을 아름다움[美]이라 하고, 선이 가득차서 밖으로 빛을 발하는 것을 위대함[大]이라고 하고, 위대함이 스스로 변화하여 이루어진 것을 성(聖)이라고 하고, 성스러워서 그 오묘함을 알 수 없는 것을 신(神)이라고 한다."(『맹자』, 진심하:25)

그는 이상적인 성품을 여섯 개의 다른 수준으로 구분한다. 다른 사람에 의해 미움받기보다는 인정받고 칭찬 받는 사람은 선한 사람[善人]이다. 선한 마음을 유지할 수 있으며 자신에게 진실한 사람은 믿을 수 있는 사람[信人]이다. 자기의 선한 마음을 유지할 수 있을 뿐만 아니라 자신의 덕을 확장하여 선한 마음을 계발하고 풍성하게 하는 사람은 아름다운 사람[美人]이다. 안으로는 선한 마음을 풍성하게 가지고 있을 뿐만 아니라 밖으로는 그 마음의 영향을 밝게 드러내는 사람은 위대한 사람

[大人]이다. 자신의 위대함으로 세계를 변화시키고 개선시킬 수 있으며, 사람들로 하여금 자신을 따라서 하도록 하게 할 수 있는 사람은 성인(聖人)이다. 보통 사람들이 이해할 수 없을 정도로 많은 덕을 가지고서 세상을 변화시키고 개선시키는 사람은 신인(神人)이다. 이상적 성품에 대한 맹자의 이론은 인간의 본성이 본래 선하다는 자신의 생각에 기초해 있다.

맹자는 대장부가 무엇인지에 관하여 더 많은 설명을 제공한다. 이 설명은 오래된 격언으로 유명하다. 맹자는 다음과 같이 말한다. "천하의 넓은 집에 거처하는 사람은 천하의 바른 자리에 서서 천하의 큰 도리[道]로 향한다. 성공했을 때 사람들과 더불어 덕을 실천하고, 실패했을 때도 혼자서 도리를 실천하는 사람, 재물과 명예에 의해 현혹되지 않는 마음을 가지고 있는 사람, 가난이나 비천함에 의해 영향받지 않는 사람, 권력과 강압에 굴복하지 않는 사람, 이런 사람이 대장부이다."(등문공하:2) 맹자는 대장부는 확고한 도덕적 의지를 가져야만 한다고 특별히 강조한다. 맹자에 따르면, 굳건한 도덕적 의지를 갖는 것, 어떤 상황에서든 올바름과 인자함의 덕을 실천할 수 있는 것은 성품 함양에서 중요하다. 올바름과 자신의 삶 모두를 선택할 수 없는 상황에서 올바름을 선택하고 자신의 삶을 포기할 수 있는 것은 대장부에게 필수적인 도덕적 특성이다.

따라서 공자와 맹자에 의해 고한된 이상적인 성품은 가치 선택, 도덕적 사유와 윤리적 실천에서 엄격한 상술과 독특한 특징을 가진다. 이들의 관점에서는 이상, 덕, 열망, 배움과 능력을 갖도록, 그리고 제사를 모시도록 훈련받아 형성된 사람만이 그 시대의 역사적 책무를 담당할 수 있으며, 사회적 진보와 발전을 증진할 수 있다. 따라서 이들은 도덕적 함양을 위한 목적을 설정할 뿐만 아니라 사회를 위한 도덕 교육의 방향을 지시할 수 있다. 중국 역사의 전환과 발전 과정을 거치면서도 그리고 다른 시기에 형성된 다양한 사회에서 공자와 맹자가 설정한 이상적인 성품이 지속적으로 받아들여지고 인정되었으며, 이상적인 사람들이 긴 역사를 거치면서도 이 성품을 지속적으로 추구한 이유는 바로 이러한 특성 때문이다.

유교 윤리는 덕이나 성품 형성을 강조할 뿐만 아니라, 또한 사람이나 이들의 행위를 평가할 때 내적 동기와 외적 결과 모두 고려되어야 한다고 주장한다. 즉, 옛 관습을 엄격하게 지키는 것이 중요하면서도, 성실한 마음과 헌신적인 정신을 가지는 것은 더욱 중요하다고 주장한다. 도덕적 동기와 도덕적 감정은 유교 윤리에서 크게 강화되어 있다. 이런 관점에 비추어, 여러 현대 철학자들은 유교에서 확립한 도덕 체계가 덕 윤리와 유사하다고 믿고 있다. 공자와 맹자가 사용한 도덕적 가르침과 윤리적 설득은 서양에서 '가장 자주 언급되고 있는 아리스토텔레스 체계와 아퀴나스 체계에 극단적인 대안을 제공'할 수 있는 것으로 말해지고 있을 정도이다.[32] 그렇다면 이런 관점이나 이유가 유교의 윤리를 덕 윤리로 분류하기에 충분한 것인가? 유교 윤리를 덕 윤리로 이해하는 것은 적절한 것인가? 유교 윤리를 덕 윤리로 이해하는 것이 유교 윤리의 특징을 나타내줄 것인가? 다음 장에서는 이 물음들에 대해 대답하게 될 것이다.

제 3 장

도덕을 이해하는
유교 윤리의 특징

제3장

도덕을 이해하는
유교 윤리의 특징

　제2장에서 유교 윤리가 덕 윤리와 유사하게 성품 함양과 이상적인 인간성을 강조하고 있으며, 덕에 대한 설명을 충분하게 제공한다는 것을 알 수 있었다. 그러나 엄격한 의미에서 이런 유사성에 근거해서 유교 윤리를 덕 윤리로 간주하는 것은 온당하지 않다. 이런 유비는 중국 식당이 햄버거를 만들 수 있는 재료를 가지고 있기 때문에, 여러 가지 면에서 중국 식당이 서양 식당으로 간주될 수 있다고 말하는 것과 같다. 나는 우Joseph S. Wu의 다음과 같은 견해에 동의한다. "중국 철학의 가치는 서양 철학의 주제를 망라하고 있다는 것에 있는 것이 아니다. 이것은 중국 요리법의 가치가 메뉴에 햄버거가 포함되어 있다는 것에 따라 결정되는 것이 아닌 것과 같다. 우리가 중국의 지혜를 탐구할 때 중요한 것이 무엇인지, 중국에 독특한 것이 무엇인지를 탐구해야 할 것이다." 덕 윤리의 발전에서 유교 윤리의 가치는, 여러 학자가 주장하듯이 유교 윤리가 덕 윤리라는 점에서 비롯되거나 결정되는 것이 아니라, 도덕(道德)을 이

해하는 독특한 방식, 즉 우주의 이치[道]와 주관적 덕(德)의 통합에 의거하는 것이다. 나는 이번 장에서 유교 윤리를 덕 윤리로 여기는 것은 중요한 유교적 개념, 즉 도에 대한 부적절한 이해를 가져오는 결과를 낳는다고 주장할 것이다. 도와 덕의 관계는 잘못 오해되었다. 이것이 유교 윤리를 덕 윤리로 여기고 있는 주된 이유이다. 또한 유교 윤리를 덕 윤리로 여긴 결과로, 덕 윤리와 규칙 윤리의 논쟁에 대한 유교 윤리의 공헌 가능성과 유교 윤리의 특징을 모호하게 만들었다고 주장할 것이다.

도덕morality에 대한 중국어가 도덕(道德)이라는 것은 중국어와 중국 철학에 관심 있는 사람에게는 잘 알려져 있다. 이것은 두 성품, 도(道)와 덕(德)으로 구성되어 있다. 이 용어(道德)가 오래된 용어이며 고대부터 사용된 것이기 때문에 그것이 함축하고 있는 바는, 중국의 전통 윤리에서 도덕이 두 측면, 즉 도와 덕을 포함한다는 것이다. 한센Chad Hansen은 다음과 같이 주장한다.

> 윤리학Ethics을 번역하기 위해서 가장 빈번하게 사용되는 중국어 합성어는 도덕(道德)이다. 전통적인 사상가들은 그 시대 대부분에 걸쳐서 구성되어 있는 요소 어휘들을 분리해서 사용하였다. 요소 어휘들이 함께 등장하는 가장 유명한 책은 도가의 『도덕경』이다. 그 이후의 책은 『장자』와 『순자』이다. 나의 가정은 그 합성어가 지배 계급의 위기를 보여주고 있다는 것이다. 어떤 완전한 윤리적 입장이든 도(道)와 덕(德) 모두를 요구한다.[2]

이것은 분명 도가사상(道家思想)의 특징일 뿐만 아니라 유교의 특징이기도 하다. 공자 이전의 덕의 개념은 다양하게 변형되었지만 연관된 내용을 공유하고 있었다. 사물에서 덕은 타고난 힘이나 경향성이며, 특히 그것이 사람이나 사물에 미치는 자연적 효과라는 일반적 의미를 공유하였다. 그래서 예를 들면, 여성의 성적인 매력이 그녀의 여성으로서의 덕의 징표라고 기술되어 있는 구절을 찾아볼 수 있다.[3] 비록 도와 덕의 결합이 초기의 유교 저작에서는 발견되지 않을지라도, 덕이 도와 쌍을 이뤄 도덕적 의미를 획득한 것은 공자에서부터라고 알려져 있다.[4] 그러므로 그레이엄A. C. Graham이 *Disputers of the Tao*에서 주장했듯이, "'덕virtue'으로 번역되고 있는 덕(德)은 전통적으로 물리적 힘을 행사하지 않고서도 타인을 움직일 수 있는, 자비로운 것이든 해로운 것이든 간에 힘으로 사용되었다. 공자는 덕을 보편적인 지지와 충성을 획득한 주공(周公)이 보여준 카리스마의 의미로 사용하지만, 이 개념을 도덕적 관점으로 확장해서, 이 개념은 그 길[道]을 따라 행동하여 타인을 그 길로 인도할 수 있는 능력을 의미하게 되었다." "이 두 개념은 상호 의존적이다… 한 사람의 덕은 도에 따라 행동할 수 있는 그의 가능성이다."[5] 이것은 덕에 대한 중국인들의 이해가 도에 대한 이해와 결코 분리될 수 없다는 것을 의미한다.

앞 장에서 나는 덕이 『설문해자』에 '획득하는 것, 즉 외적으로는 타인에게서 획득되고, 내적으로는 스스로 획득되는 것'으로 정의되어 있다고 언급하였다. 한편으로 덕은 사람의—특히 왕이나 통치자로서, 국가를 통치할 수 있거나 강제나 물리력에 호소하지 않고서도 사람들로부터 지지를 받을 수 있는 사람의—정신적인 성질, 능력 또는 힘을 의미한다.

이런 의미에서 유덕한 사람은 하늘과 조상의 승인을 '획득할 수' 있는 사람이며, 그를 지지해주는 유능한 신하와 국가를 위해 일할 수 있는 사람들을 얻을 수 있는 사람이다. 다른 한편으로 덕은 스스로 얻을 수 있는, 즉 개인적인 함양의 결과로 인간 본성에서 획득될 수 있는 일종의 도덕적 성품이다. 제2장에서 나는 덕이 스스로 획득될 수 있는 이유는, 유교의 공통된 믿음에 따르면 인간 본성이 본래 선하기 때문이라고 일반적으로 주장하였다. 이번 장에서는 이런 주장에서 더 나아가, 도는 덕을 획득할 수 있는 기초이며 또한 도는 덕을 타인을 통하여 획득될 수 있게 해주는 근거라고 주장할 것이다. 즉, 유교에서 유덕한 사람이 하늘의 승인을 얻을 수 있고 사람들의 지지를 얻을 수 있는 이유는 그 사람이 도에 대한 이해를 획득했기 때문이다. 도와 덕 모두에 대한 이해 또는 도와 관련하여 덕을 이해하는 것은 도덕에 대한 유교식 이해에 고유한 특성이다. 유교 윤리 이론의 특징적인 모습을 통하여 규칙과 덕을 성공적으로 결합시켰다. 도덕을 이해하는 유교의 방식에 관한 사유를 분명하게 하기 위해서는 덕을 도와 관련시켜서 이해해야만 한다. 덕을 도와 관련시키지 않고서 덕을 이해하는 것 또는 덕과 도의 관계를 오해한 것이 유교 윤리를 덕 윤리로 간주하게 된 주된 이유 중 하나이다. 덕과 덕들(仁, 義, 禮, 智 등)에 대한 유교식 이해의 특성을 알기 위해서, 우리는 도에 대한 올바른 이해와 유교 윤리에서 도의 위상 그리고 도와 덕의 관계를 알아야만 한다.

3.1 도에 대한 부적합한 이해

중국어에서 사용되고 있는 도의 용어는 도교에 제한되어 있지 않다. 모든 주요한 중국어 체계에서 비록 학파마다 다른 해석을 내놓기는 하지만, 이것은 올바른 길을 나타내거나 우주 질서를 지시한다.[6] 유교에서 길이나 행로로서의 도의 본래 의미는 '위대한 길'로 의미가 확장되었으며, 우주의 모든 곳에 존재하며 모든 곳에 적용될 수 있다. 이 우주의 이치는 하늘과 땅에서 시작하는 것으로 이해되고 있으며, 따라서 인간 생명의 의미와 가치의 근원으로 이해되고 있다. 이것은 고대 성현왕의 지혜에서, 공자의 이론에서 그리고 선한 사람의 삶의 방식에서 명백하게 드러나 있다고 믿고 있다. 이렇게 이해한다면 그 위대한 길은 조화로운 우주, 평화로운 사회와 선한 삶의 기초이고, 이것이 없다면 우주의 변화는 깨어질 것이고 인간 사회는 혼란 속으로 빠져들 것이며, 그 상태는 약해져서 붕괴하고 말 것이다.[7]

도는 중국 철학에서 매우 중요하고 기초적이고 독특한 개념이기 때문에, 유교 윤리에서 그 쓰임과 위치를 바르게 이해하는 것이 매우 중요하다. 이런 이해가 없다면 유교 윤리 전체에 대한 철저한 이해를 얻지 못할 것이다. 앞에서 주목했듯이 유교 윤리를 덕 윤리로 여기는 주된 이유는 유교 윤리에서 도의 의미와 위치 그리고 도와 덕의 관계에 대한 부적합한 이해 때문이다.

3.1.1 도와 덕의 관계와 도에 대한 부적합한 이해

유교 윤리를 덕 윤리로 제시하려는 주된 목적을 가진, 'Basic Concepts of Confucian Ethics'라는 논문에서 쿠아A.S. Cua는 다음과 같이 주장한다.

주요 유학자들(예를 들면, 맹자와 순자)은 행위와 관련한 인간 본성의 개념에서 차이를 보이면서도, 이들 대부분은 선한 통치에 기초하여 잘 조직된 사회에 대한 공자의 이념을 받아들인다. 선한 통치는 사람들의 기초적인 요구에 반응하고, 자연 자원과 인간 자원을 현명하게 관리하며, 부담과 이익을 정의롭게 분배한다. 사회·정치적 질서에 관한 이런 견해에서는 덕이나 탁월함의 표준에 부합하는 조화로운 인간관계[倫]를 특별히 강조한다. 이 견해는 종종 도라고 불리며, 이 용어는 다른 학파의 사상가에 의해서도 사용되었다…. 그러나 유교의 윤리적 사용에서 주석가들이 공통적으로 인식하고 있듯이, 추상명사로서 도는 기술적인 의미라기보다는 평가적인 의미에서, 즉 선한 인간의 삶 전체의 윤리적 이상을 언급하는 것으로 이해되고 있다.[8]

공자가 도라는 용어를 『논어』에서 두 가지 의미로 사용했다는 것은 잘 알려져 있다. 첫째는 특정한 사람이나 사물의 길이고, 둘째는 우주의 이치이다. 특정한 용어로 도는 통상 하나의 수식어를 갖는다. 예를 들면, 공자와 그 제자들은 '옛 선왕의 길(先王之道)'(『논어』, 1:12), '성인의 길(聖人之道)',(『논어』, 12:20*) '문왕과 무왕의 길(文武之道)',(『논어』, 19:22) '스승의 길(夫子之道)'(『논어』, 4:15)에 대해 자주 이야기했다. 이렇게 특정될 때 그 길은 자연스럽게 그 사람에 의해 추구되거나 옹호되는 길을 의미하는 것으로 여겨질 수 있다.[9] 쿠아가 도는 평가적 용어이고 이상적인 '삶의 방식'과 기능적으로 등가라고 주장할 때, 그는 유교의 도를 단지 이런 의미로 사용하고 이해하고 있는 듯이 보인다. 쿠아는 이런 특정된 길을 개념적으로 이상적인 삶의 방식과 기능적으로 동일한 것으로 여기며, 공자와 그 추종자들이 경탄하고 추구했던 길로 여기기 때문이다.

도에 대한 이런 이해에 근거해서, 쿠아는 도와 덕의 관계 그리고 인(仁), 예(禮), 의(義)와 같은 구체적인 덕들의 관계를 주장하고 있다.

> 도는 평가적인 용어이다. 그것의 주요한 관심은 인간의 탁월함에 대한 이상과 전체적으로 선한 인간의 삶을 바라보는 공자의 견해에 놓여 있다. 통상 '길'로 표현되듯이, 도는 이상적인 '삶의 방법(길)'과 기능적으로 동일하다. 다른 기초적인 용어와는 달리, 도는 가장 총체적인 의미에서 추상적·형식적 용어로서 가장 두드러진 특징을 보인다. 즉, 인, 의, 예와 같은 덕 용어를 통하여 일반적으로 상술된다….이런 의미에서 덕은 도와 같은 추상 명사이다. 그러나 덕은 그 독특한 특성 때문에 도에 의존한다. 그래서 덕은 기능적으로 윤리적 덕과 동등하다. 따라서 『대학』의 경문(經文)은 큰 공부 또는 어른의 방식을 지적한다. 즉, 윤리 교육은 덕의 예시를 분명하게 밝히는 것[明明德]에 달려 있다는 것을 지적하고 있다.

---

* 저자는 이 용어가 『논어』에 등장한다고 말하고 있지만, 논어에 이 용어는 등장하지 않는다. 이 용어는 『중용』 21편에 등장한다. 물론 이 표현이 '선인지도(善人之道)'의 잘못된 표기일 수도 있다. 그러나 이 경우에도 이 용어는 『논어』 11:19에 등장한다.

도와 덕에 대한 강조와 더불어, 유교 윤리는 덕 윤리로 특징되는 것이 합당하다. 그러나 정확하게는 인, 의, 예의 윤리라고 하는 것이 보다 더 합당하다….[10]

아리스토텔레스 윤리학에 친숙한 사람들은 이것이 유교 윤리에서 도와 덕을 이해하는 아리스토텔레스 방식인지 의문을 가질 수 있다. 이것은 나의 설명의 범위를 넘어서는 문제이다. 그러나 쿠아는 도를 이상적인 삶의 방식으로 받아들이고, 도를 실현하기 위해 인, 의, 예와 같은 덕의 함양이 필수적이라고 여기면서 유교 윤리를 정합적인 개념적 도식을 가진 덕 윤리로 구성한 것처럼 보인다.

그러나 도를 평가적인 용어로 여기는 것 그리고 이것이 기능적으로 이상적인 '삶의 방식'과 동일하다고 생각하는 것은 유교의 윤리 이론에서 도를 부적합하게 이해하는 것이다. 이런 이해가 도와 덕의 관계를 부적합하게 이해하도록 만들 뿐만 아니라, 유교 윤리의 독창성을 오해하도록 한다. 이런 부적합한 이해와 오해는 유교 윤리를 덕 윤리로 받아들이는 데서 생겨난다.

3.1.2 도에 대한 부적합한 이해에 대한 설명

사람들은 다음과 같이 물을 수 있다. 유교의 도를 하늘과 땅의 원리나 우주의 이치와 같은 보편적 의미로 이해하기보다는 특정한 사람에 의해 추구된 방식과 같은 특정한 의미로 이해하기 위한 근거는 무엇인가? 『논어』에는 하늘의 길에 대한 공자의 태도로 잘 알려져 있는 구절이 있다. 이 구절은 공자의 제자인 자공의 말을 통하여 표현되어 있다. "문화에 관한 선생님의 견해는 들어볼 수 있으나, 인간의 본성과 하늘의 이치를 말씀하시는 것은 들어볼 수 없었다."(『논어』, 5:12) 이런 논변에 근거해서, 유교는 전적으로 인간 중심적 도덕 이론이라고 생각되었다. 풍우란(馮友蘭)이 말하고 있듯이,

> 중국 철학이 세속에 관한 철학이라고 말하는 사람들이 많이 있다. 이 사람들이 전적으로 옳다거나 전적으로 그르다고 진술하기는 어렵다. 단지 피상적인 견해를 받아들인다면, 이런 견해를 주장하는 사람들이 그르다고 말할 수는 없다. 왜냐하면 이들 견해에 따르면, 중국 철학은 학파마다 상이한 사상을 가졌음에도 불구하고, 통치와 윤리에 간접적이든 직접적이든 관련되어 있기 때문이다.[11]

그러나 풍우란에 따르면, "이것은 단지 피상적인 견해이다. 중국 철학은 이런 식으로 지나치게 단순화하여 이해될 수 없다." 송나라의 신유교*에 관하여 말하면서, 한 철학자는 이것을 다음과 같은 방식으로 기술하였다. "이것은 일상적인 평범한 활동과 분리되지 않는다. 하늘보다 앞서 있는 것을 향해 곧바로 나아간다. 이것이 중국 철학이 얻으려고 애쓰고 있는 것이다."[12] 이것이 나중에 주장되었던 것과 마찬가지로, 초기 유교도 역시 이런 목적을 얻으려고 애썼다. 비록 많은 경우에서 공자가 도를 특정한 의미로 사용하고 있다 할지라도, 도의 고상함과 위대함은

---

* 주자학을 말한다.

다른 의미에서, 즉 세상을 통치하고 그 자신이 가담하고 있는 하늘과 땅의 원리와 우주의 이치를 찾아볼 수 있다.[13] 창 하오Chang, Hao는 다음과 같이 쓰고 있다. "… 유교는 여러 현대 학자들이 그렇게 여기고 있는 세속적인 휴머니즘이 아니다. 왜냐하면 그 내적인 세속적인 특성은 하늘의 이치[天道]나 하늘의 뜻[天]에 중심인 초월적인 믿음 안에 자리하고 있기 때문이다."[14]

챈 윙-칫Chan, Wing-tsit이 이 문장을 해석하면서 올바르게 지적하고 있듯이, 공자가 인간의 본성과 하늘의 이치에 관하여 거의 말하지 않은 이유는 이런 주제가 대부분의 인간의 이해를 넘어서는 것이기 때문이다.[15] 도의 작용에 항상 불확실성의 요소가 있듯이, 이것은 일반인들에게 너무도 심오하고 너무도 복잡한 것이어서 이해될 수 없다. 공자는 다음과 같이 말하기도 한다. "중간 이상에 이른 사람에게는 높은 지식을 알려주어도 좋다. 중간 이하의 사람에게는 높은 지식을 알려줄 게 못 된다."(『논어』, 6:19) 높은 수준의 사람이 하늘의 명령과 자연 원리와 같은 하늘의 문제를 말하고, 낮은 수준의 사람이 속세의 문제를 말한다는 것은 일반적이고 공통된 동의이다.[16] 노자는 다음과 같이 말했다. "차원이 높은 사람이 도를 들으면, 이들은 이것을 부지런히 실천한다. 평균의 사람이 도를 들으면, 이들은 이것을 반만 믿는다. 낮은 사람이 도를 들으면, 이들은 이것을 비웃는다. 이들이 비웃지 않는다면 이것은 도가 아닐 것이다."[17] 비록 노자의 도에 대한 이해가 공자의 이해와는 매우 다르다 할지라도,[18] 이들 둘 모두는 올바른 이치나 우주의 질서를 말하기 위하여 도를 사용하고 있다. 노자의 용어는 도의 복잡함을 이해할 수 있도록 우리를 돕기 위해 사용될 수 있다. 노자의 용어의 탁월함은 마지막 문장에 있다. "이들이 비웃지 않는다면, 이것은 도가 아닐 것이다." 이것은 도가 보통 사람의 이해를 넘어서는 어떤 것이라는 점을 함축하고 있다. 낮은 수준의 사람들에게 도에 관하여 ─ 세속적인 것과는 동떨어져 있는 것으로 이해하기 매우 어렵다고 ─ 말한다면, 그들은 분명 당신을 비웃을 것이다. 노자는 분명 도를 이해할 수 없는 사람들에게 경멸을 퍼붓고 있다. 그에 따르면, 도는 배우고 가르칠 수 있는 것이라기보다는 감각하고 느끼는 어떤 것이다. 그래서 그는 다음과 같이 말했다. "말해질 수 있는 도는 불변하는 도가 아니다. 이름으로 불릴 수 있는 이름은 불변하는 이름이 아니다."[19] 그는 언어로 사람들을 가르치려하지 않았다. 그리고 그는 도를 이해하지 못하는 사람들에게 주장할 가치가 있다고 생각하지 않았다.

도가의 견해에서 도는 분명하고 명료하게 말하고 설명할 수 있는 것이 아니라 단지 제안할 수 있을 뿐이다. 왜냐하면 일단 덕이 언어로 말해지고 표현된다면, 그것은 당신이 감각했던 덕이 더 이상 아니다. 이것은 언어의 제약 때문이다. 『장자』 26장에서 그는 다음과 같이 말한다. "통발은 고기를 잡는 데 쓰이기 때문에 고기를 잡고 나면 통발은 잊어버려야 하고, 올가미는 토끼를 잡는 데 쓰이는 것이기 때문에, 토끼를 잡고 나면 올가미는 잊어버려야 하는 것이다. 그리고 말은 뜻을 나타내는 데 쓰이기 때문에 뜻을 알고 나면 말은 잊어버려야 하는 것이다. 나도 이렇게 말을 잊은 사람과 만나 이야기를 나누어보고 싶구나!" 말을 잊은 사람과 말하는 것은 말을 가지고 말하는 것이 아니다. 『장자』에는 다음과 같은 진술이 들어 있다. 두 성인은 만나서 한마디도 말하지 않는다. 왜냐하면 '이들의 눈이 마주쳤을 때 도가 거기에 있었기'[20] 때문이다. 이로부터 도가의 도가 매우 깊고 심오하여 일반인이 이해하기 어렵다는 것을 알 수 있다.

비록 공자가 도에 관하여 도교 사상가와 다른 견해를 가지고 있기는 하지만, 하늘과 땅의 도가 심오하고 이해하기 어려운 것이라는 점에서는 도가 사상가와 의견을 같이 하는 듯이 보인다. 이것이 그가 탄식하며 말하는 이유이다. "아침에 도를 깨달아 알게 되면 저녁에 죽는다 해도 좋다."(『논어』, 4:8) 공자는 하늘의 도와 하늘의 명령에 관하여 거의 말하지 않았다. 이것은 그가 하늘의 도를 믿지 않거나 이해하지 못해서가 아니며 그가 하늘에 자신을 의지하지 않아서도 아니다. 실제로 그는 많은 대화 속에서 '하늘'에 대해 말할 뿐만 아니라, 고귀한 사람은 '하늘의 명령'을 존경해야 한다고 가르치면서,(14:8) 그 스스로 오십 세가 되어서야 '하늘의 명령'을 이해하였다고 고백하고 있다.(2:4)[21] 그가 단지 도에 관하여 많이 말하지 않은 것은 청중을 잘못 선택하고 싶지 않았기 때문이다. 이것이 공자가 다음과 같이 말하는 이유이다. "보통 사람을 도에 따르게 할 수는 있지만, 도를 이해시킬 수는 없다."(8:9) 타인을 가르치면서 지치지 않는 교육자로서,(7:2) 일반인을 덕에 따르도록 북돋기 위해서 그는 도의 의미를 풍성하게 하고서 이것을 도가와는 다른 방식으로 사용하였다. 유교에서 도는 더 이상 말할 수 없거나 가르칠 수 없는 것이 아니며, 사람과 동떨어진 것이 아닌 말할 수 있는 우주의 이치이다.

일반인을 효과적으로 가르치기 위해서 공자는 옛 선왕의 길, 문왕과 우왕의 길 그리고 선한 사람의 길과 같은 특정한 주제를 선호하여 선택하였다. 이것은 대부분의 사람들이 쉽게 이해되고 실천될 수 있는 것이다. 이것이 유교가 전문가나 철학자에 한정된 것이 아니라 대부분의 사람들이 논의할 수 있는 주제가 되었던 이유이다. 휴멜Arthur Hummel은 1952년 자신의 논문에서 다음과 같이 말한다. "윤리학의 주제나 윤리적 논제에 관한 논의는 위선적인 말로 전락하지도 보수주의의 진부한 주제가 된 것도 아니다. 이것은 모든 사람들의 일이다. 이것은 삶의 문제 그리고 실제 상황과 관련되어 있다. 따라서 쉽게 도그마에 압도되지도 않을 것이고, 상투적인 것이나 철학 이론에 매몰되지도 않을 것이다."²² 그의 가르침은 인(仁), 효(孝), 충(忠), 예(禮), 의(義), 지(智)와 같은 구체적인 덕과 이런 특정한 방식에 중심을 두고 있는 듯이 보인다. 그러나 이런 특정한 방식과 구체적인 덕들에 대한 설명은 물론이고, 이런 방식과 덕이 기초해 있는 심오하고 복잡한 토대가 있다. 이 기초가 그가 이해한 하늘의 이치이다. 이것이 한편으로 유교 이론이 보통 사람들에게 이해될 수 있고 수용될 수 있는 이유이다. 따라서 보통 사람들의 삶의 지침이 되는 규칙들을 제공할 수 있는 이유이다. 다른 한편으로 이것은 도에 대한 이해를 추구하는 사람들에게 영감을 주는 근원으로 보일 수도 있다. 챈 윙-칫은 자신의 논문 'What is Living and What is Dead in Confucianism?'에서 하늘에 대한 공자의 확실한 견해를 합리적으로 제시하고 있다.

> 공자가 하늘에 대한 이치를 거의 말하지 않은 이유는 유교가 하늘의 명령에 대한 '종교적인 운명론'에서 하늘의 명령에 대한 '인간적인 기대'로 전환하였기 때문이다. 여전히 그는 하늘을 큰 존경심을 가지고 바라보았다. 그에게 하늘의 이치는 제사의 기초였으며, 통

치 수단은 이런 제사를 적용한 것이었기 때문이다. 그러나 그는 하늘의 이치에 관하여 많은 말을 하지는 않았다. 왜냐하면 그 작동에서 불확실성의 요소가 항상 존재했기 때문이며, 그는 인간의 일을 크게 강조하고자 했기 때문이다. 간단히 말해서 유교 윤리의 주요 전제는 여전히 하늘의 이치이기는 하지만, 사람에 대한 관심도 커가고 있었다.[23]

공자가 하늘에 대한 정신적인 믿음을 지지와 정당화의 궁극적인 근원으로 그리고 권력의 최고 모델로 그리고 창조의 덕으로 여겼다고 믿을 만한 명백한 좋은 이유가 있다. 공자는 자신의 덕, 즉 주나라의 문왕의 계승과 가치를 하늘에 호소하였다.(『논어』, 7:22와 9:5)[24] 그는 정신과 귀신을 하늘과 구분하였으며, 오랫동안 하늘에 기도해왔다는 것을 분명하게 나타내고 있다.(7:20과 7:34)[25] 그는 정신적 문제의 어떤 적극적인 지식도 주장하지 않았고, 하늘에 대한 무언의 지식을 습득하였다는 것을 암시하고 있다. 이것이 엄청난 역경을 맞이하여 하늘만이 자신을 알고 있다고 한탄한 이유이다.(2:4/그러나 14:37) 분명 공자에게 하늘의 이치는 인간의 이치를 깨닫기 위한 기초와 배경을 제공한다. 그리고 하늘은 인간이 바랄 수 있고 애써서 갖추어야 하는 모든 유덕한 성질을 구현한다. 이런 의미에서 하늘의 이치는 사람과 멀리 떨어져 있는 것이 아니라 매우 가까이에 있다.[26] 그러나 불행하게도, 공자의 깊고 심오한 이론은 이후의 현대 학자들에 의해 완전하게 이해되지 못하였다.

공자는 다음과 같이 말한다. "애석하도다. 나를 아는 사람이 없구나." 자공이 물었다. "무엇 때문에 선생님께서 사람이 없다는 것입니까?" 공자는 말하였다. "하늘을 원망하지 않고 남을 허물하지 않고, 밑에서부터 배워서 위로 통달하거니와 나를 아는 것은 하늘일 것이다."(14:40/그러나 14:37) 대부분의 사람들은 그의 이론의 겉보기만을 단지 이해할 수 있다. 단지 그의 제자 안연만이 자기 스승의 이론의 복잡함을 통찰해내고 있다. 스승의 이론에 경탄하면서 그는 탄식하며 다음과 같이 말한다. "스승님을 우러러보면 볼수록 더욱 높이 올라가고, 뚫고 내려가면 갈수록 더욱 굳어져 들어가고, 앞에 있는 것을 보고 있자면 어느 틈에 뒤에 와 있다."27 이것은 분명 공자가 안연을 높이 생각한 이유 중 하나일 것이다. 지적인 음악이 단지 소수의 사람에 의해서 이해될 수 있듯이, 공자의 이론은 대부분의 사람들에 의해 완전히 이해될 수 없었다. 그의 외로움은 자신의 대부분의 제자를 포함한 동시대인에 의해 이해되지 못했다. 안연이 죽었을 때, 공자는 다음과 같이 말했다. "아아, 하늘이 나를 없애는 거다. 하늘이 나를 없애는 거야!"(11:8) 공자의 슬픔은 제자를 잃은 것뿐만 아니라 자기 이론을 이해하고 실천하고자 애썼던 사람을 잃은 것 때문이었다. 그리고 자신의 이론을 실제로 이해하고 음미할 수 있는 사람을 찾는 것은 매우 어려웠기 때문이다. 그의 이론은 다음과 같이 기술되었다.

군자의 도는 광대하면서도 은밀하다. 필부필부의 우매함으로써도 가히 알 수 있는 바가 있으나, 그 지극함에 이르러서는 비록 성인이라도 역시 알지 못하는 바가 있는 것이다. 필부필부의 불초함으로써도 가히 행할 수 있는 바가 있지만, 그 지극함에 미쳐서는 비록 성인이라도 능히 미치지 못하는 바가 있는 것이다. 하늘과 땅의 그토록 위대함에도 사람에게는 오히려 한탄스러운 바가 있는 것이니, 하물며 성인의 경우야 어떠하겠는가? 그러므로 군자가 큰 것을 말하면 천하조차 능히 싣지 못하고, 작은 것을 말할지라도 천하가 능히 깨뜨릴 수 없는 것이다. 『시경』에 "솔개는 하늘에 나는데 고기는 못에서 뛰어 오르는구나"라고 하였으니, 그것이 위아래로 드러남을 말한 것이다. 군자의 도는 필부필부로부터 발단하나 종국에 이르러서는 그 지극한 모습이 천지에 널리 드러난다.(『중용』, 12장)

공자의 가르침이 완전히 이해되기 힘든 것이듯이, 많은 이유로 해서 후대의 학자들이 『논어』를 읽으면서 안연의 이해에 도달할 수 없었다는 것은 놀랄 일은 아니다. 이들은 공자를 금언과 도덕적 준칙을 말하는 현명한 사람으로 간주하였다. 그는 일상적인 상황에서 실천에 충고를 해주는 단순한 도덕 선생에 불과하였다. 심지어 헤겔Georg Wilhelm Friedrich Hegel도 유교 이론에 대해 동일한 태도를 취하였다. 그가 자신의 책, 『철학의 역사』에서 말하고 있듯이, 공자와 유교 경전은 유럽 사람들에게는 매우 실망스러운 것이었다. 그리고 대부분의 유럽 철학자들은 이 모든 경전들이 편파적인 정치적 사유, 윤리학 그리고 도덕적 설교를 위한 암시하는 말에 불과하다고 확신했던 것처럼 보인다. 더욱이 이들은 유럽 사람들이 매우 흥미 있어 한 신비주의도 결여하고 있다.[28] 『논어』와 『맹자』 같은 유교의 저서를 읽으면서, 이들은 유교 이론이 덕과 덕들에 대한 설명에 불과하다고 생각하였다. 이들은 표면 아래에 이런 덕들이 기초하고 있는 심오한 토대, 즉 도에 대한 이해가 있다는 것을 알아차리지 못했다. 이들 대부분은 인(仁), 의(義), 예(禮), 지(智)와 같은 구체적인 덕을 설명하는 것에 관심을 집중하였다. 이들은 유교를 세속적인 도덕 이론으로 여겼으며, 덕을 도에 대한 이해와 관련시키지 않고서 덕을 설명하거나 이해하고 있다.

이것은 유교 철학에 대한 커다란 오해이다. 그리고 이것은 많은 중국 철학자들에 의해 반박되었다. 모우종산Mou Zongsan(1909-1995)는 유명한 신유교 철학자 중 한명으로 유교가 단지 도덕과 관련 있으며, 형이상학과 아무런 관련이 없다는 주장에 분명하게 반대하고 있다. 모우종산에 따르면, 유교의 도덕은 도덕적 형이상학을 함축하고 있다. 모우종산은 참다운 초기 유교에 대한 참다운 이해를 위해서는 모든 다섯의 유교 경전, 즉『논어』,『맹자』,『대학』,『중용』그리고『역경』이 설명되어야 한다고 주장한다. 이런 방식을 통해야만 유교가『논어』,『맹자』에서 도덕에 관하여 말했을 뿐만 아니라,『중용』그리고『역경』에서 존재에 관하여 논의하였다는 것을 알 수 있다.[29]

유교 이론에 대한 이해가 개선되면서, 여러 철학자는 유교 윤리에서 도의 위치를 강조하게 되었다. 사실의 문제로서 도는 유교 철학에서 전적으로 중요한 개념이며, 여러 철학자에 의해『논어』의 '뿌리가 되는 은유'로 여겨지고 있다.[30] 중국 철학을 공부한 대부분의 현대 철학자들은 도와 덕이 유교 윤리에서 중요한 개념이라는 것에 동의하고 있는 것처럼 보인다. 이들 중 상당수는 도와 덕의 관계를 깨닫고 있다. 예를 들면, 쿠아는 자신의 논문 "Basic Concepts of Confucian Ethics"에서 다음과 같이 주장한다. "요약하자면, 유교의 덕 개념은 이중적인 측면을 소유하고 있는 윤리적 덕의 개념으로 표현되는 것이 적합하다. 이 두 측면은 (1)

윤리적으로 잘 함양된, 도의 이상에 따라서 칭찬할 만한 성품을 가진 사람이 성취한 조건 그리고 (2) 인간의 삶의 과정에 영향을 미치는 데 고유한 효능과 효력을 가진 것으로 생각되는 조건"이다.[31] 그러나 그가 도의 의미를 '이상적인 삶의 방식'으로 이해한 탓으로, 도와 덕의 역동적인 관계는 드러나지 않았다. 그 결과로, 유교 윤리는 덕 윤리로 여겨졌다. 유교 윤리에 대한 올바른 이해를 위해서 유교에서 도에 대한 올바른 이해를 얻어야 할 필요가 있다.

3.2 유교 윤리에서 도

우리가 앞에서 알 수 있었듯이, '도'는 유교 윤리의 심오한 특성을 이해하기 위한 초석이다. 달리 말한다면, 도에 대한 철저한 이해 없이 유교 윤리의 고유한 특성을 드러내는 것은 불가능하다. 유교에서 도는 정확하게 무엇인가?

첫째, 도는 우주의 이치이다. 공자가 도를 특정한 의미로 사용하는 경우가 많기는 하지만, 이야오 신쫑(姚新中)이 올바르게 지적했듯이, 도의 위대함과 고상함은 다른 의미, 즉 이 세계를 통제하고 있는 하늘과 땅의 원리에서 우주의 이치의 의미에서만 발견될 수 있다.[32]

유교에서 도는 쿠아가 주장한 것처럼 평가적인 용어가 아니라, 라우딘 척Lau, Din Cheuk, 劉殿爵이 논평한 것처럼 "서양의 철학과 종교 저술에서 찾아 볼 수 있는 '진리' 용어에 매우 가깝다." 이것은 "우주와 사람에 관한 진리의 총합을 포괄하는 것처럼 보인다."[33]

공자가 도에 부여한 중요성은 그의 다음과 같은 말에서 찾아질 수 있다. "아침에 도를 깨달아 알게 되면 저녁에 죽어도 좋다."(4:8) 이런 의미에서 사용된다면, 도는 사람과 우주에 관한 진리 전체를 포괄하는 것처럼 보인다. 개별자뿐만 아니라 국가도 도를 소유하고 있을 수도 있고 소유하고 있지 못할 수도 있다고 말할 수 있다.

와우릿코Sandra A. Wawrytko는 자신의 논문 "Confucius and Kant: the Ethics of Respect"에서 도를 칸트Immanuel Kant의 도덕 법칙의 용어를 통하여 설명하면서, 도에 대한 형이상학적 개념을 제안한다.[34] 와우리코에 따르면, 도는 보편적이고 확고한 표준을 지시해주는 이념에 기초해 있는 도덕 법칙과 유사하다. 와우리코의 탐구는 도가 칸트의 도덕 법칙과 유사하다고 말하면서 도에 대한 유교적 개념을 위험할 정도로 좁히고 있기는 하지만,[35] 도를 보편적 원리로 이해함으로써 도의 객관적 특성을 이해할 수 있는 길잡이가 되고 있다. 우리는 도가 외적인 대상이라는 의미에서가 아니라 보편적이고 필연성의 특성을 가지고 있다는 의미에서 객관적이라고 말한다. 이런 관점에서 보면 도는 객관적인 존재로, 도 자신이 알려주는 우연적 특수자들과는 독립적으로 존재한다. 핑가렛Herbert Fingarette은 다음과 같이 주장한다.

> 도는 나의 위치에 있는 어떤 사람이든 이러저러하게 해야 한다고 말한다.―나의 고유한 이름은 도나 예로 이루어진 것이 아니다. 도의 모든 측면에는 본래의 일반성이 있으며, 유일한 개별자에 대한 본질적인 언급은 없다. 나의 개인적인 존재는 우연적인 것이지만 도는 그렇지 않다. 도는 지성적일 뿐만 아니라 이런 언급과는 독

립적이어서, 도의 도덕적 권위는 유일한 존재로서 나에 대한 언급과도 확실히 독립적이다.[36]

우리는 유교에서 도가 기초적인 의미로 우주의 뜻, 하늘, 땅과 세상의 모든 것의 원리로 사용되고 있다는 것을 알 수 있다. 이것은 단지 '이상적인 삶의 방식', '그들이 가진 인간의 탁월성 개념 덕분에 공동체의 구성원들마다 다를 수 있는 실용적 의미'[37]라기보다는 존재론적 특성을 갖는 객관적인 실재이다. 오히려 앞으로 주장될 것처럼, 유교에서 도와 덕은 성인의 마음속에서 하나로 결합된다. 도가 인간의 탁월함이 무엇인지를 결정하는 것이지 그 반대가 아니다.

둘째, 도는 하늘에 그 근원을 가지고 있다. 유교 이론은 일차적으로 하늘과 땅의 법칙을 지키고 준수한 결과라고 믿어지고 있다. 『역경』의 주석가들은 고대의 성인들이 하늘의 패턴에 따르는 것을 우러러보았으며, 땅의 질서를 살펴보는 것을 하찮게 여겼다고 믿었다. 그래서 이들은 삶과 죽음의 순환을 이해하고 다양한 사건들의 원인에 관한 지식을 얻었다.[38]

하늘의 특성은 전통적으로 '지고무상(至高無上)'[39]으로 규정되었다. 현대 학자들은 이런 중국어의 특성을 다양하게 제시하고 있다. 왕 쿠오-웨이Wang, Kuo-wei는 이것을 '인류의 으뜸'[40]을 의미하는 것으로 정의하고 있다. 크릴Herrlee G. Creel은 또한 다음과 같이 말하면서 이 해석에 따르고 있다.

이 용어의 본래 의미는 단순히 '성인'이다. 즉, 힘, 신망 그리고 중요한 지위를 가진 사람이다. 그래서 이것은 특히 통치자나 왕에게 적용된다. 이로부터 이것은 죽은 후의 동일한 사람에게도 적용되는데, 정신적으로는 여전히 그들은 위대한 사람이기 때문이다. 그렇다면 우리는 이것을 '위대한 정신'으로 이해하고 있다. 즉, 하나의 신체로 생각해본다면, 과거의 왕과 위대한 인물의 정신이다. 쉽게 옮겨보면 이것은 또한 '위대한 정신이 거주하는 것'을 의미한다. 즉, 하늘이다. 그래서 우리는 위대한 정신의 거대한 힘의 막연한 상징으로 하늘을 생각하며, 위대한 정신이 거주하는 장소로 생각한다. 중국어는 통상 단수와 복수를 구별하지 않기 때문에, 단일한 사람으로서 이런 모호한, 압도적인 힘을 생각하는 것은 쉽다. 따라서 '위대한 정신'으로부터, 우리는 단일한 '위대한 정신', 하늘, 광대한 비개인적인 지배적인 신이라는 관념을 얻을 수 있다.[41]

쿠니오Shima Kunio는 임금(帝)과 동일시되는 신탁의 뼈*에서의 특징을 하늘-신(최상의 군주)으로 생각하였다. 이노Robert Eno는 하늘(天)은 불로 태워 희생시킨 피해자의 재가 도달하는 목적지이며, 하늘이 불에 의해 죽음의 이미지와 연결되어 있다는 것을 의미하고, 하늘은 초기 유교에 의해 궁극적인 탁월함으로 재탄생하였다고 가정하였다.[42] 그래서 이 특성을 해석하는 데 많은 어려움이 있으며, 그 의미를 전하는 데 많은 불일치가 있기 때문에, 중국 철학과 종교적인 전통에서 이런 특성이 의미하는 바에 대한 분명한 생각을 갖기는 불가능하다. 따라서 '하늘Heaven'은 단지 편리하지만, 중국어 천(天)의 특성을 다 드러내지 못한 부정확한 번

---

* 갑골문.

역이다.

중국 종교에서뿐만 아니라 유교의 전통에서도 천(天)은 다양한 차원의 함축을 갖는다. 그리고 이런 함축은 서로 관련되어 있다. 신유교의 지도자인, 송나라의 정이(程頤)는 하늘의 모든 차원을 통합하려고 애썼다.

> 한 측면에서 말한다면, 하늘은 도이다. 다른 측면에서 말한다면, 이것은 물리적 신체와 관련해서는 하늘이라고 불리며, 군주와 관련해서는 임금(帝)라고 불리고, 그 작용과 관련해서는 소극적이고 적극적인 혼적인 힘이라 불리며, 놀랄 만한 기능과 관련해서는 혼(神)이라고 불리고, 그 본성과 감성과 관련해서는 건(乾, 하늘)이라고 불린다.[43]

이야오 신종Yao, Xinzhong은 자신의 책, *An Introduction to Confucianism*에서, 천(天)의 많은 의미 중에서도 세 가지가 유교의 맥락에서 가장 빈번하게 언급되고 있다고 주장한다. 형이상학적 물리학적 함축에서 하늘은 종종 땅과 결합된 것으로 그리고 땅에 반대되는 것으로써 우주, 천지만물, 물질적 세계 또는 단순히 자연을 나타낸다. 정신적인 영역에 적용되면 이것은 하늘을 관장하는, 그리고 정신적이고 물질적인 세계를 직접 통치하고 다스리는 의인화된 최고의 통치자를 의미한다. 도덕적 맥락에서 이것은 인간 행위를 승인하는 윤리적 원리의 원천으로 이해된다. 가장 중요한 것은 유교의 하늘은 궁극적이거나 궁극적인 실재로 기능한다는 것이다. 인간 존재는 자신의 운명을 이해하는 것과 관련하여 이 궁극적인 실재와 일치해야 한다.[44]

궁극적인 실재로서 하늘은 이 세상의 모든 것의 근원이다. 하늘은 모든 것을 만들어내는데, 그 방법은 신이 모든 것을 만들어내는 방식으로써가 아니라, 그의 내적이고 풍부한 삶을 통하여 모든 것을 산출해낸다는 의미에서 그러하다. 『논어』에서, 공자는 다음과 같이 말한다. "하늘이 무엇을 말하더냐? 4계절이 운행하고 온갖 만물이 생장하는데, 하늘이 무엇을 말하더냐?"(17:19) 그가 하늘이 말이 없다는 것 그리고 동시에 해, 달 그리고 4계절을 통한 하늘의 창조적 활동을 숙고하고서, 그는 신성한 자연을 지적하였다. 그러나 초월적인 신 때문에 신성한 것이 아니고, 자연이 우리에게 고취시킨 질서, 조화 그리고 목적의 의미 때문에 신성한 것이다. 비록 하늘이 사람들에게 언어적 의미로 말하고 있지는 않다하더라도, 우리는 하늘의 발생적 힘과 우주의 개관적 질서를 하늘의 분명한 활동을 통해 알 수 있다.

삶의 끊임없는 발생 과정은 유교 경전 중 하나인 『역경』의 음양 개념을 빌려서 이해할 수 있다. 음(陰)과 양(陽)은 사물의 성질과 발생적 힘으로 널리 관찰되고 경험된다. 음과 양은 실재의 두 모습, 두 측면 그리고 두 극점을 가지고 있다. 즉, 하늘과 땅, 남자와 여자 등이다. 비록 음과 양은 둘이지만 이들은 역동적으로는 하나이다. 즉, 이들은 각각의 다른 경우들에서 서로 잡아당기고 서로 밀쳐낸다. 모든 개별적인 사물들은 음과 양의 힘으로 구성되어 있다. 그러나 이들의 내적 구조와 다른 사물들과 이들의 관계는 음양의 분포와 내적인 비율에 의해 결정된다. 사물의 내적인 관계는 변화의 다양한 형태나 방향을 만들어낸다. 사물 전체는 그런 변화가 발생하는 맥락을 형성한다.

하나의 사물이 세계 안에 자신의 고유한 장소를 찾는 것은 변화의 결정 요소 그리고 이들의 구조 그리고 다른 사물들과의 관계와 관련되어 있다. 따라서『역경』은 사물들의 이런 고유한 장소를 분명하게 확인시켜준다. 우리는『대전』의 첫 문단에서 이것을 알 수 있다.

> 하늘은 높고, 땅은 낮다. 따라서 창조물과 지각은 결정되어 있다. 낮고 높음의 이런 차이에 따라서, 열등하고 우등한 장소가 확립된다. 움직임과 멈춤은 그들의 명확한 법칙을 가진다. 이에 따라서 확고하고 유연한 선들이 차이가 나게 된다. 사건들은 각각 자신의 본성에 따라서 분명한 경향에 따른다. 사물들은 분명한 부류에서 다른 것들과 구분된다. 이런 방식으로 행운과 불행이 생겨난다. 하늘에서 현상이 형성된다. 땅에서는 모양이 만들어진다. 이런 방식으로 변화와 변형이 분명해진다.[45]

이 구절은 질서가 변화 속에서 발견되며 변화는 질서를 분명하게 한다는 것을 보여준다. 세상의 모든 사물과 과정은 균형과 조화를 이끌어내는 과정과 관련되어 있다. 하늘은 모든 형태의 삶의 근원이다. 따라서 모든 사물은 하늘과 특정한 관계 그리고 사물과의 내적 관계를 유지한다. 하늘은 모든 사물의 내적 근원일 뿐만 아니라 모든 사물이 끊임없이 존재하기 위한 토대이며 정당화이다. 간단히 말해서, 하늘은 모든 사물에 내재해 있으며 사물의 모든 본성을 구성한다. 이것은 또한 인간 존재에도 해당된다. 그래서 인간의 이치(道)는 하늘의 이치[道]에 따라야만 한다.

순자는 도의 근원이 하늘에 있다는 생각을 분명하게 표현하고 있다. 순자는 종종 '동양의 아리스토텔레스'라고 불리기도 한다. 초기의 유교 철학을 확립한 순자는 자신의 철학적 사유의 기초로, 하늘이 이치[道]의 분명한 형식이라는 존재론적 견해를 받아들였다. 이 이치는 의도적으로 변화시킬 수 있는 것이 아니며, 어떤 인격적인 초자연적 주체나 주관적인 창조자에 의해 주관적으로 영향받을 수 있는 것이 아니다. "하늘에는 변함없는 자연의 법칙이 있다. 요순 같은 성군(聖君)을 위하여 존재하는 것도 아니며, 반대로 걸주(桀紂)와 같은 폭군(暴君) 때문에 없어지는 것도 아니다." 순자는 자신의 존재론적인 글에서 하늘에 대하여 다음과 같이 제시하고 있다.

> 작위를 가하지 않아도 이루어지고 추구하지 않아도 얻어지는 것, 이것을 하늘의 직무라 한다. 이러한 것이 비록 심원하다 하더라도 올바른 사람은 거기에 대해 생각을 더하지 않고, 그것이 비록 위대하다 하더라도 능력을 더 보태려 하지 않으며, 그것이 비록 빈틈없다 하더라도, 더 살펴주지 않는다. 이것을 두고 하늘과 직무를 두고 다투지 않는다고 하는 것이다.(『순자』, 17장 천론)

순자는 우주의 절대적 통일체로서 하늘을 자율적이고 지성적인 거대한 유기체로 인식한다. 이 유기체 안에서 자기 존재의 의식을 통해 단일한 부분은 유기적으로 또는 이질적으로 기능한다.

많은 별들은 일정하게 돌고, 해와 달은 번갈아가며 빛을 비추고,

사철은 번갈아 바뀌고, 음과 양은 크게 변화하며 만물을 생성시키고, 비바람은 널리 내리고 불어 생육을 돕는다. 만물은 각각 그러한 조화를 얻어 생겨나고, 각각 그러한 양육을 얻어 성장한다. 그러한 일을 하는 것은 드러내 보이지 않고 그 공적만을 드러낸다. 이러한 것을 두고 신묘함(神)이라 한다.

모두가 그렇게 하여 이루어놓은 것은 알지만, 이루어 놓는 방법은 그 형체가 없어 알 수 없다. 이러한 것을 두고 하늘이라 하는 것이다.(『순자』, 9장 왕제/그러나 17장 천론)

순자에 따르면, 그리고 이후의 유교 전체와 신유교 철학에 따르면, 모든 것은 우주(하늘)라는 지적이고 살아 있는 거대한 유기체에 의해 분명하게 결정되어 있는 기능을 갖게 된다. 이 기능에 따라서 모든 것은 (현대적인 용어로는 살아 있는 유기체의 각각의 세포처럼) 창조의 역동적인 과정 내에서 자기의 기능화된 형태를 거쳐 결정된다. 동시에 그는 또한 땅에서의 삶이, 유기화된 인간 사회의 사람이 무시할 수 없는, 이런 하늘의 과정과 유기적으로 연관되어 있다고 이해한다.[46]

셋째, 도는 사람에게서 제거될 수 없다. 도는 하늘에 그 근원을 두고 있기 때문에, 하늘의 이치[道]는 사람의 이치[道]에 앞서 규정된다. 하늘은 의미 있는 삶의 근원이다. 개별자들 그리고 이들의 가치와 장점의 최종적인 판단이다. 맹자가 지적하듯이, "하늘의 도리에 순종하는 자는 살아남고 하늘의 도리에 거역하는 자는 망하는 것이다."(『맹자』, 4A:7) 순자는 또한 다음과 같이 말한다. "이치(道)는 과거와 현재를 위한 적합한 표준이다. 이치(道)에서 벗어나 자신의 판단으로 임의의 판단을 하는 사람은

행과 불행이 어디에 있는지 이해하지 못한다."(『순자』, 22장)

비록 이치(道)가 하늘에 그 근원을 두고 있다 할지라도, 인간이 이해하지 못할 어떤 불가사의한 것은 없다. 사실상 이것은 인간 존재와 별개의 것이 아니며, 인간의 삶과 분리된 것이 아니다. 왜냐하면 이것은 일상적인 삶, 통상적인 행동, 세속적인 문제 안에 존재하기 때문이다. 보다 중요한 것은 인간이 이치(道)를 이해할 가능성을 가지고 있다는 것이다. 이치(道)가 사람과 별개의 것이 아니기 때문에, 인간의 일(낮은 수준의 사물들)을 탐구함으로써, 우리는 하늘의 이치(道, 높은 수준의 원리)를 알 수 있다. 이것을 과장하거나 축소하는 것, 이것을 분명하게 하거나 애매하게 하는 것은 인간의 일이다. 공자가 말했듯이, "도는 사람에게서 멀지 아니하니, 사람이 도를 행하되 사람을 멀리 한다면 도가 될 수 없는 것이다."(『중용』, 13장)

이것은 앞에서 언급했듯이, 공자가 '옛 선왕들의 이치', '선한 사람들의 이치', '스승의 이치'를 언급하기 위하여, 간단히 말해서 사람들의 이치나 도덕적 삶의 이치를 언급하기 위하여 많은 경우에 특정한 의미로 도를 사용한 이유이다. 공자는 이런 특정한 이치들을 칭송하였다. 왜냐하면 이들은 인간 사회에 하늘의 보편적인 이치를 확고하게 구현한 존재이기 때문이다. 인간 삶의 이런 구체적인 방식(이치)을 공부하고 따르는 것은 하늘의 이치를 이해하는 길이다. 하늘의 이치는 이것이 인간의 방식(이치)으로 이해되지 않는다면, 그리고 일상적인 개인들에 의해 의식적으로 이끌어지지 않는다면 이해될 수 없다.

마지막으로 도는 개인적인 덕의 기초이다. 유교의 이치의 중심은 천인합일(天人合一)의 원리, 즉 하늘과 인간이 하나로 조화를 이루는 원리이다. 즉, '중국 종교의 기초적인 특성으로 일반적으로 인식되고 있는 것을 파악하기 위한 편리한 형식화'이다.[47] 스미스D. Howard Smith는 다음과 같이 주장한다. 공자에게서 '이치'는 여러 학자들이 주장하는 것처럼 전적으로 인간적인 개념, 즉 '인간의 이치', 초기 성인들에 의해 이루어진 이치일 뿐만 아니라, 기본적으로 '하늘의 이치'이며, 결과적으로는 사람들이 걸어가야 할 하늘이 정한 이치이다.[48] 사실상 하늘의 이치와 인간의 이치는 하나이며 동일한 것으로, 서로 분리되지 않는다. 하늘의 이치가 의미하는 바는 인간의 이치 안에서 고려될 수 있다. 그리고 인간의 이치로 추구되는 것은 하늘의 이치 안에 그 근원을 갖는다. 신유교 철학자인 정이(程頤)는 다음과 같이 주장하였다. "이것은 하늘에서는 하늘의 도라 불리고, 땅에서는 땅의 도라 불린다. 그리고 인간에서는 인간의 도라 불린다." 그러나 실재로 이들은 하나이며 동일한 도이다.[49] 유교의 도는 현명하고 훌륭한 사람들이 따르고 이들이 인간의 삶을 하늘의 뜻에 적합한 것으로 항상 추구해왔던 이치이다. 따라서 이것은 고상한 특성을 가진 모든 사람들이 자신의 삶 전반을 통하여 추구해야 할 이치이다. 이런 의미에서 이것은 개인적인 덕(德)의 기초가 되는 객관적이고 보편적인 도(道)이다.

우리가 앞에서 언급했듯이, 덕은 특정한 사물의 내적인 힘이나 경향성으로 간주되었으며, 특히 다른 사람과 사물들에 대한 그 자연스런 노력으로 간주되었다. 『설문해자』에 따르면, 덕(德)은 "획득하는 것, 즉 외적으로는 다른 사람으로부터 획득되고 내적으로는 스스로 획득되는 것"

으로 정의되어 있다. 획득하는 것은 도를 획득하는 것이다. 도에 대한 이해를 획득한 사람은 덕 있는 사람이다. 이것이 다른 것에서 획득될 수 있는 이유는 바로, 그 사람이 타인 특히 이미 도를 획득한 성인을 통해 배움으로써 덕 있는 사람이 될 수 있다는 것이다. 덕이 자신으로부터 획득될 수 있는 이유는 바로, 사람이 이치의 한 형태이며 산물이기 때문이다. 보다 중요한 것은 유교에 따르면, 자기 자신은 무한한 마음을 부여받았다. 이 마음을 완전히 계발한다면 세상의 협력자가 될 수 있으며, 하늘과 땅의 창조적 변화의 동반자가 될 수 있다. 유교 윤리에서 덕은 주로 도와 쌍을 이루며, 도를 획득할 수 있는 능력, 힘 또는 가능성이 된다. 맹자가 말했듯이, "도리에 맞게 하는 자는 도와주는 이가 많고 도리에 어긋나게 하는 자는 도와주는 이가 적은 법이다."(『맹자』, 공손추하:4/ 공손추하:1) 덕을 가진 사람이 다른 사람을 움직일 내재적 힘을 가진 이유는 바로 그가 도를 획득했기 때문이다. 간단히 말해서 덕을 가진 것은 도를 얻은 것이다. 도는 덕의 기초이다.

요약하자면 도는 그 근원을 하늘에 두고 있지만, 사람과 동떨어져 있는 것은 아니다. 유교의 이치의 중심 원리는 천일합일, 즉 하늘과 인간의 조화로운 통일체이다. 그렇다면 어떤 방식으로 인간은 하늘과 통일을 얻을 수 있는가? 유교의 우주론에 따르면, 하늘은 모든 사물의 최초의 근원일 뿐만 아니라, 모든 사물이 계속해서 존재하기 위한 토대이면서 정당화이다. 하늘의 발생적 힘과 우주의 객관적 질서는 하늘의 표현 활동을 형성한다. 간단히 말해서 하늘의 도는 또한 인간 사회가 토대로 삼고 있는 기초이기도 하다. 최고의 생명 형태로서, 그리고 '하늘과 땅 사이의' 공간에 음양의 변증법적으로 가장 가치 있는 창조물로서, 인간은 하늘과 땅의 변화와 발전 과정을 도와야 할 것이며, 따라서 하늘 그리고 땅과 하나가 되어야 할 것이다. 하늘과 조화로운 통일체를 얻기 위하여 그리고 이들의 기능을 발휘하기 위하여, 인간은 도를 이해해야만 한다. 도를 이해하게 된 사람은 또한 덕 있는 사람이다.

3.3 성인의 마음속에서 도와 덕의 통일

앞 절에서 우리는 유교의 이치에 대한 일반적 설명을 하였다. 우주의 이치는 이렇다. 이것은 하늘에 그 근원을 두고 있지만, 인간과 동떨어져 있는 것은 아니다. 그리고 이것은 개인적인 덕의 기초이다. 도가 덕의 기초이며 도는 하늘에 그 근원을 두고 있기 때문에, 이것은 일종의 객관적인 존재이며, 미리 결정되어 있는, 인간이 따라야 할 이치이다. 이런 견해는 유교가 인간 자율성의 고귀함을 무시하고 있다는 것을 의미하는가? 그리고 모든 사람이 하늘의 동일한 이치를 따라야 한다는 것을 옹호하면서 개인들의 차이점을 무시한다는 것을 의미하는가? 사람들은 유교에서 사람의 자율성과 이치의 객관성의 관계를 어떻게 이해해야 하는가? 이런 물음은 유교 윤리의 특징을 이해하는 데 매우 중요하며, 다른 방식으로 대답되어야 한다. 나는 몇 가지 보다 중요한 해석들을 분석할 것이고 도와 덕의 역동적인 관계를 논의하면서 나의 해석을 제시할 것이다.

여러 철학자들에 의하면, 도를 해석하는 가장 충실하고, 가장 정교하며, 가장 지지될 만한 진술은 핑가렛의 것이다. 그에게서 도는 '이치',

'길', '하나의 명령'으로 이해되고 있는데, 필수적이며, 절대적이다. 앞에서 언급했듯이 도가 정보를 주는 우연적인 특수자들과는 독립적인 객관적 존재라는 의미에서, 그가 도를 선험적인 도덕 원리로 여긴 것은 옳았다. 그러나 인간 존재와 도의 관계에 대한 그의 논의는 인간 존재에 대한 공자의 개념에 대한 궁핍한 이해에 불과하다고 비판받았다.[50]

핑가렛에게 옳고 그름에 대한 객관적으로 존재하는 표준을 적용하는 것은 인식의 문제이다.

> 똑같이 타당한 대안들에 대한 개념이 함축되어 있지 않는다고 생각해볼 수 있다. 즉, 단지 하나의 옳은 일만을 행해야 하는 것으로 전제되어 있다고 생각해볼 수 있다. "이것은 어떤가? 이것은 옳은가? 이것은 이치인가?" 보다 일반적인 용어로 말한다면, 목표는 선택으로 인식되는 것이 아니라 객관적으로 옳거나 옳지 않은 대상이나 행위를 특징하려는 시도로 인식된다…. 이 목적은 선택이나 결정의 하나로 간주되는 것이 아니라 일관성 없는 경향성을 구별하거나 식별해주는 것으로 간주된다…. 간단히 말해서, 목적은 선택이라기보다는 지식을 통해서 말해질 수 있다.[51]

이것은 인간 존재가 어떤 객관적인 표준에 따라서 형성되고 알려지게 되는 수동적인 존재라고 제안하는 듯이 보인다.

> 『중용』에서 사람에 대한 기초적인 생각은 바로 그가 참된 사람의 모습을 형성할 수 있는 잠재성을 가지고 세상에 ─ 보다 정확하게는 사회에 ─ 태어난 존재라는 것이다…. 이 이상에 맞추어서 형성되

지 못한다면, 이런 결함덕분에 그는 이치에서 일탈하게 될 것이다.[52]

인간과 도의 관계에 대한 이런 설명은 인간 존재의 개인적 자율성을 위축시킨다. 이런 자율성은 사람들이 자신의 노력으로 삶을 의미 있게 만들려고 할 때 필요한 것이다. 핑가렛에 따르면, 인간은 실재 대안들 중에서 선택할 수 있는 힘, 즉 그에게는 본래적인 내재적이고 결정적인 힘을 가지고 스스로 삶을 형성할 수 있는 궁극적으로 자율적인 존재이다.[53]

핑가렛에게 '도를 따라 걷고' 있는 사람은 자신의 특정한 의지를 벗어 던지고 이치의 위엄을 쫓는 '자신'을 이루고자 원한다. 그는 유교의 이상적인 특성인 군자(君子)를 다음과 같이 설명한다.

> 군자의 의지는 이상적인 매개체로 이 매개에 의해 그리고 이 매개를 통해서 도(道)가 허용되고 활동하게 되고 실현될 수 있기 때문에, 순수한 개인으로서 군자의 '나'는 투명하게 된다…. 이것이 "나의 의지가 아니라, 너의 의지가 이루어졌다"라는 구절의 정신을 풍부하지는 않지만, 한 측면에서는 분명하게 표현하는 방법이기 때문이다.[54]

할David L. Hall과 에이미스Roger T. Ames에 따르면, 사실상 핑가렛에게서 중요한 의미에서 특수자의 개념은 도(道) 안에서 상실된다. 사람은 도(道)에서 일탈하게 되어서 인간 존재로서 실패하거나, 높은 이념에 자신의 특수성을 넘겨줌으로써 인간이 되는 데 성공한다.

군자의 의지의 내용을 이해하는 것은 도를 이해하는 것이지, 특정한 개인으로서 군자를 이해하는 것이 아니다. 자아ego는 이기주의자의 의지 속에 나타난다. 도는 군자의 의지 속에 나타난다…. 물리적이든, 심리학적이든, 법률적이든, 정치적 수단으로써든, 결국에 개인적인 의지는 중요하지 않다. 대신에 모든 것은 도에 의해 정의된 상호 존중하는 조화 속에서 동시에 협동한다.[55]

할과 에이미스는 도에 대한 이런 방식의 해석이 인간 존재에 대한 공자의 사유가 가진 가치를 완전하게 제공하지 못한다고 믿는다. 이런 해석은 인간 실현을 외적으로 존재하는 도식에 만족시키는 것으로 환원시키며, 인간에게서 인간의 의미와 가치의 궁극적 창조자로서의 그의 역할을 박탈하고 있다. 그렇게 하면서 인간 성취의 기획을 기본적인 논리적 명제로 만드는데, 이 명제에서 사람은 미리 결정되어 있는 산물을 완성하게 하기 위한 필수적인 조건들을 성취해야만 한다.[56]

미리 결정되어 있는 도의 객관성을 강조하기 위하여, 핑가렛은 도에 따르고 실현하려는 개인적 의지의 중요성을 무시한다. 핑가렛이 사용한 은유에 따르면, 인간 교향곡은 이미 작곡되어 있으며, 편성되어 있다는 것, 그리고 인간이 된다는 것은 '독창적인 음악의 정신이 창조적으로 드러나는 것'과 같이 이것을 연주하는 것이다.[57] 비록 핑가렛이 수행자가 '창조적, 예술적, 역동적 방법으로' 이 곡을 해석해야만 한다는 것을 인정하고 있다 할지라도, 그는 창조에 관한 자신의 의미와 '옛 형식 속에서 새로운 활동을 창조할 뿐만 아니라 새로운 형식을 창조하는 최초의 본래의 작곡자'[58]에 대한 서양의 후기 낭만주의적인 칭찬의 의미를 구분하였다. 개인적 실현과 인간의 자율성의 중요성을 강조하기 위하여, 도는 매우 비결정적이며 다양하다고 주장한 할과 에이미스는 객관적이고 보편적인 원리로서 도를 구성하는 것에 관하여 명료한 논변을 제공하였다.[59] 그러나 도의 객관성과 인간의 자율성 간에는 아무런 모순도 없다. 유교에서 도는 객관적인 특성을 가진 보편적인 도이다. 그리고 동시에 유교에서 인간 존재는 매우 높은 자율성을 지닌다.

핑가렛은 음악적인 은유를 사용하여 유교에서 인간 존재는 최초의 본래의 작곡자가 아니라, 단지 하나의 연주자라고 주장한다. 그러나 도가 객관적이라는 것이 어떤 의미인지를 알아보기 위하여 그리고 동시에 어떻게 유교에서 인간이 수준 높은 자율적 존재이며, 그의 활동이 창조적일 뿐만 아니라 최초의 것일 수 있는지를 알아보기 위하여 우리는 음악적인 은유를 아주 다른 방식으로 설명할 수 있다.

음악의 원리에 객관적인 측면이 존재하는 것처럼 객관적인 보편적 도가 존재한다. 음악에서 달리 했더라면 소음이 되었을 물리적 소리는, 특정한 원리에 따라 형성될 때 음악이 된다. 예를 들면, 고대 그리스 초기에 피타고라스는 음악 안에서 음의 높이는 악기의 현의 길이에 의존하고, 음의 조화는 명확한 수학적 비율에 의해 결정된다. 피타고라스는 음역의 완전한 조화―네 번째, 다섯 번째 그리고 한 옥타브의 간격들―는 서로 합하여 완전수 10을 만들 수 있는 수 1, 2, 3 그리고 4 간의 비율로 정확하게 표현된다. 옥타브의 비율은 2:1이다. 다섯 번째의 비율은 3:2이다. 네 번째의 비율은 4:3이다. 이 발견은 의심할 바 없이 움직일 수 있는 연결부를 가진 일현금에서 완벽한 간격을 형성하는 여러 음표를 산출하도록 요구되는 줄의 길이를 측정함으로써 이루어진다.[60] 음악의 객관적인 원리에 관한 하나의 유사한 논변이, 『예기』 안에 있는 음악에 관한 중국 고전, 『악기』에서 다르게 표현되고 있다. 『악기』에 따르면, 소리를 표현하는 것은 세 종류, 즉 단순한 소리, 조음 또는 음조, 음악이 있다. 동물들은 소리를 알지만 음조는 알지 못한다. 평범한 사람들은 음조는 알지만 음악은 알지 못한다. 음악 자체를 이해할 수 있는 사람은 오직 군자뿐이다.[61] 이것은 음악의 원리가 객관적이라는 것을 의미하지만, 작곡자가 [이 원리를] 발견하고 학습하고 습득하기 전까지는 수천 명이 즐기고 이해할 수 있는 아름다운 음악을 작곡하는 것은 불가능하다. 작곡자의 최초의 창조적인 활동은 음악의 원리가 가진 객관성 때문에 무시되거나 거부될 수 없다.

도를 따르는 사람과 도의 관계에 대해서도 동일한 것이 말해질 수 있다. 이치[道]는 사람들이 이에 대한 이해를 획득하기 전에도 이미 거기에 있다. 마치 음악적 원리가 작곡자가 자신의 음악을 작곡하기 전부터 존재하는 것과 마찬가지이다. 우리는 작곡자의 활동이 음악적인 원리의 객관성 때문에 최초의 것이 아니라고 말할 수 없다. 우리는 또한 유덕한 사람(말하자면 도를 획득하고 이에 따르는 사람)이 단지 '작곡자'라기보다는 '연주자'에 불과하다고 말할 수 없다. 유교에 따르면, 도는 객관적 존재이지만, 이것이 사람에 의해 그들 안에서 발견되기 전에는 실현될 수 있는 것이 아니다. 공자는 다음과 같이 말한다. "사람이 능히 도를 넓히는 것이지 도가 사람을 넓히는 것은 아니다."(『논어』, 15:28) 마치 음악의 원리가 한 사람을 작곡자로 만들 수 없는 것과 같이 이치의 존재가 한 사람을 군자로 만들 수 없다. 군자의 이치[道]는 먹고 마시는 것과 같은 친숙한 행위와 양립한다. 이것은 일상적인 일과 동떨어진 것이 아니다. 음식을 먹고 실재 맛을 알 수 있는 것은 쉬운 일이 아니다. 먹고 마시는 것을 하지 못하는 사람은 없다. 그러나 풍미를 실제로 알 수 있는 사람은 극히 드물다. 비록 이치가 가까이에 있고 일상적인 삶과 일상적인 일 속에서 그 기능을 발휘한다 할지라도, 대부분의 사람들은 알 수 없고 이해할 수 없다.

더욱이 동일한 음악 원리에 의거해서, 작곡자는 매우 다른 특성을 가진 아름다운 음악을 작곡할 수 있다. 동일한 도에 의거해서, 덕(德) 있는 사람들은 도에 대한 자신의 이해를 매우 다른 방식으로 드러낼 수 있다. 정이(程頤)가 주장하듯이, "도를 향한 상이한 길들은 수천 가지의 길과 과정을 거쳐 동일한 중심지로 나아간다."[62] 유교의 도의 객관성은 도를 따르는 사람들의 개인적인 차이와 개인적인 자율성이 무시된다는 것을 함축하지 않는다.

그렇다면 어떻게 한 사람이 이치[道]를 위대하게 만들 수 있는가? 유교에 따르면, 도가 하늘에 그 근원을 가지고 있다 할지라도, 하늘의 이치가 인간의 이치를 미리 규정하고 있다 할지라도, 하늘의 이치는 인간의 이치에 의해 이해되지 않는 한 그리고 일상적 삶 속에서 개별자에 의해 의식적으로 이끌어지지 않는 한 충족될 수 없다. '하늘의 이치는 멀리 있고, 인간의 이치는 가까이에 있기' 때문에,[63] 그 이치를 아는 것은 무엇보다도 인간의 이치를 아는 것이며, 자신들 안에서 이치를 발견하는 것이다. 인간은 이치의 산물이며 형식이다. 그 삶의 표현들이 하늘의 창조적 힘과 에너지의 의식적 표현이다. 그리고 인간 유기체는 거대한 전체 우주의 동일한 견본으로서 소유기체이다. 하늘과 땅 사이에 있는 공간에서 존재하는 음양(陰陽) 변증법의 최고 생명체로서 유학자에게서 하늘 그리고 땅과의 공존의 자격을 갖기 위하여 인간의 이치를 완전하게 실천하는 것은 인간들의 의무이다. 유교 철학의 특징적인 모습은 주체와 더불어서 출발한다는 점이다. 모우종산은 다음과 같이 주장하였다. "대상은 주체를 통하여 받아들여진다. 주체는 대상에 자신을 투영시키며 주체 안에 대상을 받아들인다. 따라서 이것은 형이상학에 관하여 말하고 있을 때조차도 도덕에 기초하고 있다."[64] 실질적인 존재론적 명령이 하늘에서 인간에게 이루어지는 것일지라도, 즉 하늘이 궁극적 실재이며 따라서 인간의 기원일지라도, 유교의 인식론적 명령은 인간에서 하늘로 이어진다. 즉, 인간에 대한 앎을 통해 하늘을 아는 것이다. 뚜 웨이-밍은 『중용』에 관한 자신의 탐구에서 다음과 같이 주장한다.

인간의 본성은 하늘에 의해 주어져 있고 확립되어 있기 때문에, 인간이 본질적으로 하늘과 사이가 좋지 않을 수 있다는 것은 『중용』의 관점에서는 상상할 수 없다. 하늘의 창조적 과정의 완전한 부분으로서, 인간은 우주의 '창조성'(가장 세련된 성질)을 부여받았을 뿐만 아니라 우주적 변화에 결실을 가져오게 하는 임무를 떠맡았다. 따라서 이 이치[道]는 참된 인간 본성의 실현화에 해당한다. 엄격한 의미에서 하늘과 인간의 관계는 창조자와 피조물의 관계가 아니라 서로가 충실한 관계이다. 인간이 하늘을 알 수 있는 유일한 방법은 자기 존재의 토대를 깊게 관통하는 것이다. 결과적으

로 철학이나 종교에 대한 탐구는 여기 지금 인간 문제에 대한 반
성과 더불어서 시작되어야만 한다.[65]

　하늘의 이치를 알기 위하여 사람은 우선 이를 알 수 있는 능력과 재
능을 가지고 있어야만 한다. 인간이 이치 자체를 발견할 수 있는 이유는
많은 유학자들에게서 자신이 선험적 '정신'을 부여받았으며, 이 정신이
완전히 함양된다면 세계의 책임자, 자연 과정과 사회 과정의 보호자, 하
늘과 땅의 창조적 변화의 동반자가 되도록 할 수 있기 때문이다. 또한
형이상학적 또는 선험적 이치와 세속적인 인간의 삶의 밀접한 관계는
『중용』의 첫 구절에 나타나 있다. "하늘이 부여해준 것은 인간의 본성
[性]이라고 불리며, 우리의 본성에 따르는 것은 이치[道]라고 불린다. 이
치를 닦게 하는 것은 교육[敎]이라고 불린다. 이치는 한순간도 우리와 분
리될 수 없다. 우리와 분리될 수 있는 것은 이치가 아니다."[66] 맹자에 따
르면, 모든 인간은 자신의 마음에 하늘의 선물을 가지고 있다. 이것은
항상 행위에 대한 올바른 지침을 드러낸다. 따라서 한 사람이 완전히 자
신의 마음을 실현했다면, 그는 자신의 본성을 이해하게 될 것이다. 그리
고 그가 자신의 본성을 안다면, 그는 하늘을 알 것이다. 한편으로 하늘을
섬기는 적합한 방법은 인간이 자신의 선한 마음을 유지하는 것이고 자
신의 본성을 함양하는 것이다.[67] 이런 방식으로 맹자는 마음을 가지고서
본성을 말하였다. 단순한 가정이 되는 것과는 달리 하늘은 마음의 기능
에서 그 자체로 명확하다고 생각되었다. 하늘의 소유주로서 마음은 선
험성을 내재성의 영역 안에 드러낸다. 맹자는 다음과 같이 말한다. "만물

의 이치는 모두 나에게 갖추어져 있으니, 몸을 돌이켜보아 성실하면 즐거움이 이보다 클 수 없다."(『맹자』, 진심상:4)

유학자는 자기-성찰에서 성실성(誠)의 중요성을 강조하였다.[68] 인간의 본성은 하늘로부터 부여받은 것이며 따라서 본래 선한 것이기 때문에, 우리가 선한 인간 본성을 유지하고 있는지를 알아보기 위해서는 우리 내부를 살펴보아야 하며 그것이 거기에 있는지 알아보아야 한다. 그러나 우리 자신을 살펴보면서 종종 우리는 책임을 지고 우리가 대담하게 받아들여야 하는 것을 그렇게 하지 못한 것에 대해 변명할 수 있다. 그 변명의 결과는 우리가 우리 스스로를 속인다는 것이다. 그래서 자기성찰이 성실성을 그 기초로 갖지 않는다면 어떤 가치도 없다. 맹자는 다음과 같이 말한다.

지위가 낮은 사람이 윗사람에게 신임을 얻지 못하면, 백성의 마음을 얻어 다스릴 수 없을 것이다. 윗사람에게 신임을 얻는 것에도 방법이 있으니 벗에게 신임을 얻지 못하면 윗사람에게도 신임을 얻지 못할 것이다. 벗에게 신임을 얻는 것에도 방법이 있으니 어버이를 섬겨서 만족하게 하지 못하면 벗에게도 신임을 얻지 못할 것이다. 어버이를 만족하게 하는 데도 방법이 있으니 자신의 몸을 살펴서 성실하지 못하면 어버이에게 만족함을 얻지 못할 것이다. 자산의 몸을 성실히 함에 방법이 있으니 선한 것에 밝지 못하면 자신의 몸을 성실히 하지 못할 것이다.

이런 고로 성실[誠]이란 하늘의 이치요 성실하려고 생각함[思誠]은 사람의 이치이니라.(『맹자』, 이루상:13/그러나 이루상:12)

'성실성이 하늘의 이치'이며, 그리고 "성실하려고 생각함은 사람의 이치이다"라는 진술로 맹자가 의미하고자 하는 바는 무엇인가? 빈센트 쉬Vincent Y. C. Shih에 따르면, 그 형용사와 더불어 '성실성'이라는 용어는 여기서 분명하게 두 의미를 갖는다. 하나는 선한 인간 본성의 실재를 표현하고 다른 하나는 그 본성을 분명하게 드러내는 인간의 방법을 표현한다. 이 용어의 이중 의미는 인간 본성의 형이상학적 실재와 인간 세상의 구체적인 일에서의 표현 간의 밀접한 관계를 드러내는 보기 드문 통찰을 가리킨다. 형이상학적 그리고 일차적인 의미에서 '성실성'은 하늘이 인간에게 부여한 믿을 만한 본성을 나타낸다. 이차적인 의미에서는, 이것은 하늘의 의지나 법칙에 따라서 구체적인 형식으로 하늘의 이런 선물을 표현하려는 인간의 노력을 의미한다. 전자가 하늘의 활동, 즉 하늘의 이치라면 후자는 인간의 활동, 즉 인간의 이치이다.[69] '성실성'을 상술하고 있는 유사한 구절이 『중용』에도 있다. 앞에서 맹자에서 인용한 것과 동일한 진술은 다음과 같다.

> 성실한 사람은 힘쓰지 않아도 들어맞고 생각하지 않아도 얻게 되어, 자연스럽고 쉽게 도에 알맞게 되니[從容中道], 이런 사람이 성인이다. 성실하게 하는 것[誠之者]은 선을 택하여 굳게 잡는 것이다.(『중용』, 20장)

성실함을 통하여, 즉 자신의 본성에 참됨을 통하여 성인은 하늘의 이치를 이해할 수 있다. 이것이 또한 성인의 덕, 즉 이치[道]와 자연스럽게 조화를 이룰 수 있는 능력이다. 따라서 도와 덕은 성인의 마음에서 통합된다. 성인의 덕은 도의 구현물이다. 이것은 유교 철학에서 인간의 마음이 무한한 마음이라는 것을 의미한다. 자유로운 무한한 마음은 도덕의 영역에 길을 열어주는 도덕적 실체이면서 존재의 영역에 길을 열어주는 형이상학적 실체이다. 주체가 하늘 그리고 땅과 하나가 되는 위치에 있을 수 있는 것은 바로 무한한 마음을 통해서이다.

도와 덕에 대한 이런 이해에 기초해서 도와 덕의 역동적 관계를 알 수 있다. 도가 비록 객관적인 존재이고 개인적 덕의 기초라 할지라도, 사람에 의해 이해되고 실현되지 않고서는 실재할 수 없다. 인간 본성이 하늘에 의해 부여되고 승인되었으며 도의 구현물이기 때문에, 도를 이해하고 실현하기 위해서는 무엇보다도 성실성을 통해서 도를 스스로 찾아야 한다. 도를 스스로 발견한 사람이 성인이다. 덕 있는 사람이 도를 이해하고 있는 사람이기 때문에 도와 덕은 성인의 마음에서 하나가 된다. 특정한 의미에서 성인, 즉 도를 깨달은 사람과 덕 있는 사람은 하나이며 동일한 존재이다.

비록 유학자들이 세상의 거의 모든 사람들이 성실성을 통해서 성인이 될 수 있는 가능성을 가졌다고 믿었다 할지라도, 세상의 많은 사람들이 항상 충분히 성실하지 않다는 것도 매우 분명하다. 이것은 세상의 거의 모든 사람들이 작곡자가 될 가능성을 가지고 있지만, 많은 사람들이 이런 가능성을 계발하지 않으며 작곡자가 되지도 않는다는 사실과 유사하다. 『중용』은 다음과 같이 주장한다.

오직 천하의 지극한 성실함[至誠]이라야 그의 본성을 다할 수 있다

[盡性]. 그의 본성을 다할 수 있으면 곧 사람의 본성을 다할 수 있고[盡人性], 사람의 본성을 다할 수 있으면, 곧 만물의 본성을 다할 수 있고[盡物性], 만물의 본성을 다할 수 있으면, 곧 하늘과 땅의 변화와 발전을 도울 수 있게 될 것이고[贊化育], 하늘과 땅의 변화와 발전을 도울 수 있게 되면, 곧 하늘과 땅과 더불어 참여할 수 있게 된다[參天地].(『중용』, 22장)

그러나 비록 모든 사람들이 성실함을 통해서 덕을 얻을 수 없다 할지라도 이들은 덕을 이해하고 배울 수 있다. 도를 얻은 보통 사람들의 길은 성인의 길과는 다르다.

성실함[誠]으로 말미암아 밝아지는 것[明]을 본성[性]이라 말하고, 밝음으로 말미암아 성실하게 되는 것을 가르침[敎]이라 말한다. 성실하면 곧 밝아지고 밝으면 곧 성실하게 되는 것이다.(『중용』, 21장)

성실함을 통하여 성인은 도에 대한 이해를 얻는다. 이것은 최근에 곽점*에서 최근에 발견된 대나무 책[郭店竹簡]에 있는 주장이다. 『오행』은 "성인은 하늘의 이치를 안다"라고 말하고 있다.(strip 26)[70]

대부분의 보통 사람들은 충분히 성실하지 못하게 때문에, 이들에게 이치[道]를 이해하고 따르도록 가르치는 것이 성인의 할 일이다. 이런 보통 사람들이 배움을 통하여 이해할 때 이들은 성실하게 될 수 있다. 이

---

*   호북성 형문시 곽점촌.

런 의미에서 성인의 삶은 이 세상과 저 세상 모두에 걸쳐 있다. 풍우란 이 주장하듯이, 하늘의 이치를 이해함으로써 성인의 삶은 선험적인 삶이 되고, 성인의 정신적 성취는 불교와 서양의 성인saint의 성취와 상응한다. 그러나 세계를 초월하는 것은 세계와 분리되어 있는 것을 의미하는 것이 아니다. 따라서 성인은 매우 장엄하여 세상의 일에 관여하지 않는 그런 종류의 성인이 아니다. 그의 성향은 본질이 성인다움의 하나로 기술되며 그것이 나타나는 데는 군주다움으로 기술된다. 이것은 자신의 내적인 성인다움 안에서 그는 자신의 정신적 함양을 성취한다고 말하고, 외적인 군주다움 안에서 그는 사회적 기능을 수행한다고 말하는 것이다.[71] 성인의 이런 목적을 분명하게 하기 위하여 『오행』의 작가는 전통적인 음악 연주 과정의 유사성을 묘사한다.

[음악회에서] 동종의 소리가 돌 악기의 소리와 합쳐지는 [순간]은 덕의 성취와 필적할 만하다. 종을 연주하는 것은 선과 필적할 만하고 돌을 연주하는 것은 성인다움과 필적할 만하기 때문이다. '선함'이 인간의 이치를 말하는 반면에, '덕'은 하늘의 이치를 나타낸다. 돌을 연주하는 것과 합쳐진 종을 연주하는 과정이 가능할 수 있는 것은 단지 이것이 덕과 함께 드러나기 때문이다.(Strips 19-20)[72]

첸 닝Chen, Ning에 따르면, 이런 은유는 다음과 같은 방식으로 이해되어야 할 것이다. 주나라 '아악(雅樂)'의 한 절에서 종은 항상 음악회의 시작을 알린다. 그리고 돌의 리듬 소리에 의해 모든 악기들은 끝을 향하여 음악회를 절정으로 이끌어간다. 종소리에 의한 시작은 자기-완전함을 나타내고, 모든 악기가 연주하는 끝은 다른 것의 도덕적 변화를 위한 성현의 활동을 상징한다.[73] 맹자가 다음과 같은 말을 하는 것을 보면, 그 은유를 동일한 의미로 사용하는 것처럼 보인다.

> 공자 같으신 분을 집대성했다고 말한다. 집대성했다는 것은 쇳소리를 길게 울리고 옥소리를 수습하여 거두는 것이다. 쇳소리는 음악을 시작하는 것이고, 옥소리를 거둔다는 것은 음악을 끝맺는다는 것이다. 음악을 시작하는 것은 지혜로운 사람이 하는 일이고, 음악을 끝맺는다는 것은 성스러운 사람이 하는 일이다.(『맹자』, 만장하:1)

보통 사람이 도(道)를 얻을 수 있도록 가르치기 위해서, 성인은 도나 덕에 대한 자신의 이해를 이들에게 말로 설명해야만 한다. 도교 학자와는 달리, 유학자들은 도(道)가 말해질 수 없거나 가르쳐질 수 없다고 생각하지 않았다. 오히려 이들은 보통 사람들이 이해할 수 있고 배울 수 있는 가르침을 주려고 많은 노력을 기울였다. 유교에 따르면, 성인의 덕 또는 성인이 다른 사람을 움직일 수 있는 능력은 인, 의, 예, 지와 같은 구체적인 덕들에 의해 기술될 수 있고 표현될 수 있다. 이들 중에서 인은 일반적인 덕이면서 구체적인 덕이다. 성인의 일반적 특성이 인이다. 그러나 인이 단지 성인의 덕에 대한 기술적인 어휘이기 때문에 인 그 자체는 성인의 완전한 특성을 기술하기에 충분하지 않아서 다른 덕들, 예를 들면 의(義)에 의해 보완될 필요가 있다. 인(仁)을 드러내는 사람에게 인으로 대하는 것 그리고 인을 드러내지 않는 사람에게 인으로 대우하지 않는 것이 의이다. 인을 드러내는 사람과 드러내지 않는 사람을 알기 위하여 지혜로운 사람이 될 필요가 있다. 인을 적절한 방식으로 드러내는 것이 예(禮)이다. 그러나 일반적인 덕으로서 인은 이런 모든 요소들을 그 자체로 포함하여 하나로 결합한다. 쳉 청-잉Cheng, Chung-Ying이 주장하듯이 인은 인간의 보편성이다. 의는 필연성이며 상황과 관계의 차이에 인이 실제로 적용된 것이다. 예는 의를 수단으로 자신의 인이 충족되는 것을 표현하는 적절한 방법이다.[74]

인, 의, 예, 지의 덕들을 익히고 실천하는 것을 통하여 보통 사람들은 또한 하늘의 도에 대한 점진적 이해를 얻을 수 있다. 이런 덕들에 대한 함양을 강조함으로써 유교 윤리는 오로지 세상의 세속적인 이론인 것처럼 보일 수 있다. 사실상 하늘과 땅의 보편적 원리인 하늘의 도는 인간적 덕의 기초이거나 토대이다. 덕을 함양하는 목적은 도에 대한 이해를 얻기 위한 것이며 도를 실현시켜서 널리 보급시키려는 것이다. 이런 의미에서 유교에서 덕의 함양은 또한 선험적 의미를 획득한다.

요약하자면 유교의 도를 삶의 이상적인 방법으로 여기고, 덕을 윤리적으로 잘 함양된 사람의 성취된 조건으로 간주하여 윤리적 덕과 기능적으로 동일한 것으로 여기는 것은 유교의 도와 덕을 위험할 정도로 좁은 의미로 이해하는 것이다. 결과적으로 도와 덕의 역동적인 관계는 무시되었으며, 유교 윤리는 덕 윤리로 간주되었다. 유교에 따르면, 도는 삶의 이상적인 방법이 아니라 우주의 실재하는 이치이며 하늘과 땅의 원리이다. 따라서 유교 윤리에서 덕은 도를 획득한 사람(성인)의 성품 상태이다. 도를 획득함으로써 성인은 사회의 임금으로 기능할 수 있다. 따라서 유교 윤리는 내적으로는 성인다움의 도로 기술되고 외적으로는 군주다움의 도로 기술되는 것이 더 나을 수 있다.

그러나 비록 덕 함양이 유교 윤리의 주된 관심사로 잘 알려져 있다 할지라도, 유교 윤리를 인, 의, 예, 지의 도로 간주하는 것은 충분한 것이 아니며, 유교 윤리 전체 계획에 대한 완전한 이해를 낳을 수도 없다. 유교 윤리를, 안으로는 성인다움의 도로, 밖으로는 군주다움의 도로 여기는 것은 유교 윤리의 특징을 보여준다. 이 둘은 섬세하고 미묘한 차이가 있다. 후자의 이해는 도의 획득이 성인(聖人)이 되는 것에 앞서 만족되어야 할 조건이라는 의미를 포함한다. 달리 말한다면 성인은 도를 획득한 사람이다. 도를 획득한다면 그는 다른 사람이 따라야 할 모범자로 기능할 수 있다. 비록 인이 성왕(聖王)의 특성을 기술하기 위해 사용되는 주된 덕일지라도 성왕의 실제 덕과는 여전히 다르며, 이것은 도의 이해를 성취한 후의 성인의 조건이다. 유교에 대한 노자의 코멘트는 유교 윤리를 이해하는 데 도움이 될 것이다. "도가 상실되고서야 덕이 있으며, 덕이 상실되고서야 인이 있다…" 노자는 덕, 즉 인, 의, 예의 덕을 거부하지 않지만, 덕들은 도와 관계 속에 놓여 있어야만 실제로 확립될 수 있다고 주장한다. 노자에 따르면, 인, 의, 예, 지와 같은 덕에 대한 함양을 강조함으로써 유교 윤리는 도를 무시하는 것처럼 보이기는 하지만, 그러나 앞에서 우리가 주장했듯이 이것은 유교 윤리에 대한 잘못된 이해이다. 그렇지만 노자의 비판은 유교 윤리를 이해할 수 있는 또 다른 방법을 제안하는 것으로 사용될 수 있다. 유교에 따르면, 보통 사람들, 성실성을 충분히 발휘하지 못하는 사람들은 도에 대한 이해를 직접적으로 얻을 수 없다. 그러나 성인, 즉 이미 도를 획득한 사람으로부터 도를 배우는 것은 보통 사람들에게는 여전히 유효한 방법이다. 이들에게서 도를 이해하기 위해서는 이들은 성인의 덕을 무엇보다도 이해해야만 한다. 덕을 이해하기 위해서 이들은 인, 의, 예, 지와 다른 덕들을 이해하고 실천해야만 한다. 노자의 비판은 유교 윤리 전체에 적용될 수 없다. 유학자들은 도와 덕을 전적으로 무시하지 않는다. 이들은 도를 무시하지 않으며, 오히려 보통 사람들에게 실질적이고 받아들일 만한 방법을 통하여 가르치려고 노력하였다. 차원 높은 것에 접근할 수 있는 사람들은 성실하게 됨으로써 하늘의 도를 직접적으로 얻을 수 있는 자신들의 방법을 찾을 수 있다.[75] 성인이 임금으로 기능하고 다른 사람의 지도자가 될 수 있는 이유는 그가 도를 이해하고 도를 덕의 기초로 가지고 있기 때문이다. 이로부터 우리는 유교의 덕이 개인의 임의적인 선택이 아니라, 하늘의 객관적인 도에 기초해 있는 것이라는 것을 알 수 있다.

3.4 유교의 도덕: 도덕(道德), 도와 덕의 통합

유교 윤리에서는 덕과 도의 관계를 통해 덕을 이해해야 한다는 것은 분명하다. 도는 하늘과 땅의 원리이며, 보편적 이치이며, 객관적인 어떤 것이다. 덕은 자신의 주관적 노력에 의해 도를 획득한 사람이 성취한 성품이다. 이것은 이치가 사람이 목표로 여겨야만 하는 방향이라는 것을 의미한다. 이전의 성인 왕들은 도를 획득한 사람들이기 때문에, 이들이 따랐던 이치는 보통 사람들에게 보편적인 규칙이 될 수 있다. 이들은 또한 도에 대한 자신들의 이해에 따라서 특정한 도덕적 원리나 규칙을 만들었다. 보통 사람들에게 이런 도덕적 원리와 도덕 규칙들은 도덕 법칙이며, 성인들은 법칙 제정자들이다. 이런 도덕 법칙들은 이들이 하늘과 땅의 객관적이고 보편적인 이치에 기초해 있다는 의미에서 객관적이다. 도덕에 대한 유교식 이해는 서양의 주된 도덕적 전통에 의한 이해와는 다르다.

유교의 덕은 아리스토텔레스의 덕과는 다르다. 우리가 주장하듯이 아리스토텔레스의 목적론에 따르면, 어떤 것의 덕은 자신의 고유한 기능과 관련되어 있다. 하나의 기능은 어떤 것 또는 그것의 두드러진 특성에 맞는 성격적 활동이다. 합리성은 오로지 인간의 것이다. 따라서 특히 인간 활동은 자신의 합리적 힘을 발휘하는 데서 성립한다. 그리고 특별한 인간의 탁월성은 이것을 올바르게 발휘하는 데서 성립한다.[76] 따라서 인간의 덕은 합리적 능력의 탁월함이다. 유덕한 사람은 분명 자신 안의 이성의 목소리에 복종하는 사람이며, 이성의 지침에 분명하게 따르는 사람이다. 아리스토텔레스에게 도덕적으로 선한 행동은 궁극적인 보편적 이치에 따라서 스스로 발견한 행위가 아니라, 이성에 의해 판단되고, 형성되고, 숙고되고, 만들어지고, 조화되고, 조정되고, 준비되어 이루어진 행위이다. 보다 분명하게 말하자면, 인간의 궁극적 목적을 향하려는, 즉 행복을 향한, 선하려는, 아름다운 삶을 향하려는 직접적인 경향을 가진 능력 안에 있는 이성에 의해 판단된 행위이다.

궁극적인 목적으로서 행복은 아리스토텔레스를 행복보다 더 사랑받는 최고선을 발견하도록 이끌지 못했다. 발견하지 못한 이 최고선은 행복보다 더 선한 가치를 가지며, 이에 대한 사랑 때문에 우리의 행복을 그 자체로 사랑받게 해준다. 그래서 그의 논의에는 일종에 악순환이 함축되어 있다. 여기에서 덕은 선하고 아름다운 삶, 은총받은 삶을 향한 본질적인 수단이 된다. 그리고 덕은 또한 은총받은 삶의 완전한 부분이기도 하다. 왜냐하면 덕 없이는 선하고 아름다운 삶도 없을 것이기 때문이다. 즉, 목적(덕)에 대한 수단이 바로 그 개념에 관여하며 이것이 향해야 할 목적을 구성한다.[77] 결과적으로 덕과 행복의 관계가 성공적으로 다루어지지 못했다.

기독교가 출현하면서 궁극적이고 절대적인 목적은 더 이상 이런 최고 행복이 아니게 되었다. 유교의 덕에 상응하는 요소인 ─ 신의 신성한 법칙이 그 원리로부터 추론될 수 있는 모든 규칙과 더불어 유대 ─ 기독교 윤리 안에서 나타났다. 그러나 기독교 윤리는 신이 땅과 인간의 최고의 궁극적인 창조자라는 이념에 기초해 있다. 인간은 신성한 법칙의 명령에 복종해야 한다. 가장 중요한 기독교적 덕은 믿음, 소망, 사랑이다. 성실함을 통해 스스로 발견될 수 있는 유교의 도와는 달리, 신성한 법칙은 궁극적이고 절대적인 신에게서 나온다. 따라서 인간 삶의 규칙은 성인에 의해 만들어지는 것이 아니라 높은 곳(하늘)에서 가르침을 준 것이다. 인간이 신과 마찬가지로 현명하고 힘을 지녔다는 것에 동의하는 것은 기독교 윤리에서는 이해될 수 없는 것임이 분명하다. 이것은 유교의 성인이 기독교의 신과 매우 다르다는 것을 의미한다. 유교에 따르면, 모든 보통 사람이 성인이 되고자 선택한다면 성인이 될 수 있다. 기독교의 관점과는 달리 유교의 사유는 도덕적 노력의 궁극적 근원이 신의 은총에서 온다는 것을 거부한다. 이것은 자기실현의 과정에서 이런 행위의 분명한 기초가 모든 사람에 본래 갖추어져 있는 도덕적 마음에 의거하고 있다고 주장한다. 그러나 기독교인이 모든 사람은 신이 될 수 있다고 말하는 것은 우스운 일이 될 것이다. 달리 말해서 기독교의 윤리에서 모든 사람이 신의 가능성을 가졌다고 생각하기는 어렵다. 당신이 신을 얼마나 사랑하든, 신의 신성한 법칙을 얼마나 이해하든, 당신은 신에 복종하는 종에 불과하다. 마리탱Jacques Maritain은 다음과 같이 주장한다.

> 인류애는 제시되어 있는 윤리학, 특히 종교 윤리의 현 상태에서 모습을 드러낸다. 이것은 신의 말씀이 가지는 절대적이고 의문의 여지가 없으며, 결코 잘못될 수 없는 권위와 더불어 사람에게 주어진다. 천둥과 번개 그리고 웅장한 음성, 불길과 연기에 휩싸인 산을 상상해보라. 이것은 사람을 두려움에 떨게 하고 멀리 떨어져 있게 한다. 모세의 빛나는 용모 때문에 응시하기 어렵지만, 모세의 얼굴을 바라보고 있는 이스라엘 어린이의 영광을 상상해보라. 모세의 십계명이 인간에게 주어져 있는 모습이 이러하며, 왕좌를 차지하고 있는 제시되어 있는 윤리의 모습이 이러하다.
> 결과적으로 도덕적 명령은 영속성, 견고함, 엄격함을 획득할 것이다. 이것은 자신을 무조건적인 율법으로 전달할 것이고, 오랜 고전 철학자들의 이성에 의해 잘 다듬어진 어떤 윤리 이론에서도 나타나지 않는 절대적인 요구조건으로 전달할 것이다. 이것은 유대-기독교 계시의 영향하에 도덕 법칙의 이런 성격이 공통된 의식 안에 새겨져 있다.[78]

결과적으로 윤리의 법칙 개념은 발견되었다. 앤스콤G.E.M. Anscombe에 따르면, 윤리학의 법칙 개념을 갖는다는 것은 인간의 덕과 합치하는 어떤 것이든 신적인 법칙에 의해 요구된다고 주장하는 것이다. 그렇다면 신이 법칙 제공자라는 것을 믿지 않으면서 그런 개념을 갖는 것은 불가능하다. 그래서 그녀는 다음과 같은 주장을 한다. 그런 개념이 여러 세기 동안 지배적이었으나 포기되었다면, '책임' 개념, 즉 법칙과 결부되어 요구되는 개념이 자신들의 근거를 상실한 채로 유지되고 있다는 것은 자연스러운 결과라는 것이다. '의무'라는 단어가 '책무'라는 의미를 갖는 특정한 맥락 안에 주어졌기 때문에 이런 맥락에서 특별한 느낌과 특별한 강조를 가지고서 말해지게 되었다.[79] 앤스콤은 이것이 칸트의 도덕 철학에서 일어난 일이라고 주장한다.

서양 도덕 철학에 대한 칸트의 영향은 명백하다. 마리탱이 주장하듯이, 칸트 이전의 전통적인 근대 철학은 도덕 철학의 기초가 되는 새로운 출발에 기여하지 못했다. 칸트와 더불어서 실재적이고 긍정적인 새로운 어떤 것이 후기 르네상스 도덕 철학에 모습을 드러냈다.[80] 칸트는 또한 여러 중국 철학자들에 의해 크게 칭찬받고 있다. 예를 들면, 모우종산은 다음과 같이 주장한다. "그리스에서 칸트에 이르는 모든 고대 철학은 칸트로 집중되고 있다. 그리고 칸트 이후의 모든 철학은 칸트에서 발전된 것이다."[81] 모우종산에 따르면, 칸트의 철학은 중국 철학과의 대화에 착수할 수 있는 철학이다.

칸트는 자신의 철학에서 현상의 세계(우리에게 나타나 인식되는 사물들의 세계)와 예지체의 세계(인식할 수 없는 사물 그 자체의 세계)를 구분하였다. 현상계와 예지계의 구별은 다양한 감각의 세계와 일관되고 변화가 없는 지적인 세계의 구별을 나타내고 있다. 마음에 부딪쳐 오는 독립적으로 존재하는 현상을 의식하는 감각 직관과 직관의 대상으로서 예지계를 만들어내는 지적인 직관에는 상응하는 차이가 있다. 칸트에 따르면, 인간은 감각을 통한 현상 세계의 구성원이며, 지력을 통한 예지 계의 구성원이다. 성찰은 인간이 이성, 즉 감각적 세계와 지성적 세계의 이런 차이를 만들어내는 최고의 기능을 소유한 자라는 것을 증명한다.[82] 그러나 기독교 전통의 영향으로, 칸트에게는 단지 신만이 무한한 존재 이며 무한한 마음을 가졌다. 신의 창조로 인간 존재는 유한한 존재이며, 인간의 마음은 유한한 마음이다. 인간 존재는 예지계*를 알 수 없다. 인 간은 감각의 세계에 결부되어 있는 것 '이상의 어떤 것'으로 예지계를 단 지 의식할 수 있을 뿐이다. "실천 이성이 또한 예지계에서 의지의 대상 ─ 즉, 행위의 동기 ─ 을 이끌어온다면, 이것은 그 제한을 넘어서는 것이며 지식을 갖지 못한 어떤 것을 아는 체하는 것이다. 따라서 예지계라는 개 념은 이성이 자신을 실천적인 것으로 인식하기 위하여 외부의 모습을 받아들이도록 강제된 상태에서 자신을 발견해낸 단지 하나의 관점에 불 과하다."[83] 지적 직관은 인간 존재에 속하는 것이 아니라 오로지 신에 속 하는 것이다. 따라서 신은 사물이 그 자체로 있는 것으로 사물에 대한 지적 직관을 가지지만, 우리 인간 존재는 현상의 감각 직관에 제한되어 있고, 지적인 세계에 대한 앎을 가질 수 없다.

인간 존재에 대한 지적 직관을 거부하는 것은 칸트 철학이 가진 결 정적인 결함으로 보인다. 모우종산이 주장하듯이 인간의 지적 통찰은

---

* 칸트는 예지계(intelligible welt)를 이성계(vernunft welt)로 표현하기도 한다.

칸트 철학과 중국 철학 모두에서 결정적이다. 모우종산은 칸트 철학이 정합적이기 위해서는 인간의 지적 직관이 실질적으로 가능해야만 한다고 주장한다. 더욱이 "인간 존재가 지적 직관을 가질 수 없다는 것이 사실이라면, 중국 철학 전체는 완전히 무너지고 말 것이다. 수천 년의 노력은 쓸모없는 것이 되고 말 것이며, 이것은 환상에 불과한 것이 되고 말 것이다."[84]

　칸트는 도덕적이게 되는 것은 도덕 법칙에 의해 결정되는 것이지 외적인 목적에 의해 결정되는 것이 아니라고 말한 최초의 서양 철학자이다. 칸트의 도덕 철학에 따르면, 도덕적으로 행위하는 것은 정언 명령에 따라서 행동하는 것이다. 이 정언 명령은 위대한 신의 단순한 명령이 아니다. 우리는 칸트가 말하는 자유의지(모우종산은 이것을 무한한 마음이라고 부른다)를 통하여 정언 명령에 따라서 행동할 능력을 가지고 있다. 자유의지는 도덕적 행동의 선험적 토대이며, 그 자체로 절대적이고 무한히 보편적이다. 이것은 전적으로 자율적이다. 말하자면 이것은 그 자체로 주어진 것 이외에 어떤 다른 법칙에 복종하지 않는다.[85] 이런 의미에서 칸트는 합리적 존재는 스스로를 법칙 제정자일 뿐만 아니라 법칙 추종자로 여긴다고 말한다. "모든 합리적 존재는 자신의 준칙을 통하여 항상 보편적 목적의 왕국에서 법칙을 제정하는 구성원인 것처럼 그렇게 행동해라."[86] 이런 형식화는 의지가 자신이 따라야 할 도덕 법칙을 실제로 만드는 것으로 간주되어야 할 것이라고 주장함으로써, 선택이나 도덕적 자유의 중요한 측면을 인정한다. 칸트는 다른 철학자들이 타율성의 원리를 채택하고 있다고 주장한다. 말하자면 이들은 도덕적 의무를 인간 의지에 외적인 어떤 것에 기초를 두려고 애를 쓰고 있다. 그리고 이들은 의무에 의한 도덕 법칙과 이들의 의지가 크게 반하는 것으로 인간 존재를 생각하였다. 오히려 칸트의 이론은 도덕 법칙을 인간 존재 자체에 의해 그 목적에 맞게 인간들에게 주어져 있는 의지에 의해 법제화된 어떤 것으로 묘사한다. 따라서 그는 '자기 입법화'라는 이념을 도입한다. 그러나 칸트의 추론에 반하여, 입법화의 개념은 입법자 내부에 큰 힘이 요구된다고 주장하는 것도 가능하다. 그리고 칸트가 인간 존재의 지적 직관을 거부하였기 때문에 의지의 자율성은 실현될 수 없다고 주장하는 것도 가능하다. 모우종산이 주장하듯이, 칸트적인 의미에서 도덕적 존재가 되려는 인간 존재에게서 유한한 인간 존재는 또한 무한에 근접하게 된다. 인간의 마음이 이런 의미로 무한하지 않다면, 이들은 조건 없는 명령을 내릴 수 없을 것이며, 도덕의 기초로서 정언 명령은 불가능할 것이다.

더욱이 칸트는 최고의 도덕이 도덕과 행복을 동시에 가져다주는 최고선이라고 주장한다. 칸트에 따르면, 최고선의 문제를 해결하는 것은 철학 체계에서 결정적인 문제이다. 우리가 주장하듯이 칸트에게서 정언 명령은 최고의 신에 의해 만들어진 것이 아니라, 인간의 의지에서 비롯된 것이다. 절대적이고 궁극적인 목적(신)은 윤리의 조직 구조에서 그리고 도덕적 삶의 고유한 영역에서 칸트에 의해 제거되었다. 그러나 인간 존재의 지적인 직관을 거부하였기 때문에, 칸트는 최고선에 대해 분명한 설명을 제공하지 못하였다. 그리고 선험적이고 신성한 신의 존재를 최고선의 가능성의 토대로 가정해야만 했다. 결과적으로 최고선에 대한 칸트의 설명은 만족스럽지 못하다. 모우 종산이 주장하듯이, "인간의 도덕과 행복이 인간 '존재'와 관련되어 있다면, 인간 존재의 것과는 전적으로 다른 신성한 지성이나 신성한 의지가 이들을 어떻게 선험적으로 그리고 외적으로 조화롭게 만들 수 있는가? 이것은 보다 이해하기 어렵다….동등하지 않은 것들이, 이들을 창조한 신이 단지 있다는 것만으로 어떻게 동등하게 될 수 있는가?"[87] 칸트의 도덕 철학 내에서 행복의 최종적인 성취는 도덕의 고유한 영역 밖에 있는 것으로, 도덕을 언급하지 않고서도 완벽하게 구성되고 충족될 수 있는 것으로 이해될 뿐만 아니라, 칸트는 행복을 가장 인격화되고 외적인 의미에서 '보답'으로, 즉 선한 행위에 대한 보답으로 제공된 욕구 충족으로 이해한다.[88]

칸트의 지지자들이 이런 비판에 대해 그를 옹호하고자 원한다는 것은 의심할 여지가 없지만, 이것은 칸트와 비교해서 유교의 도덕 철학이 인간 존재가 무한한 마음을 가졌다는 것을 인정하기 때문에, 도덕적 주체에 대한 더 나은 이해라는 것을 말해주고 있다. 도덕에 대한 유교의 이해를 분석함으로써 우리는 유교의 도덕이 칸트에 의해 기술된 정언명령과 일치하는 것이 아니라는 것을 알고 있다. 유교의 관점에서 도덕은 직접적이고 의식적으로 주체-본성을 드러내고 발견하는 문제이며 그의 주체-본성을 실현하기 위해 자기 결정을 통해 노력하는 문제이다. 통상 동의하고 있듯이 유교에 대한 가장 중요한 통찰 중 하나가 도덕적 주체의 확립에 관한 것이다. 우리가 앞에서 주장했듯이 유교 철학은 마음을 통하여 본성에 관하여 말한다. 우리 모두는 무한한 마음을 가지고 태어났다. 하늘의 소우주로서 무한한 마음은 내재성의 영역에 있는 초월성을 상징한다. 성실하고 자신의 본성에 완전하게 진실됨으로써, 도-하늘과 땅의 원리에 대한 이해에 도달할 수 있다. 따라서 자유로운 무한한 마음은 도덕의 영역에 길을 열어주는 도덕적 실체이면서, 예지체 noumena의 영역에 길을 열어주는 형이상학적 실체이다. 존재의 영역은 예지체의 영역이다. 이것은 유교에 따르면, 모든 사람은 지적 직관을 가지고 있으며 감각적 직관을 가지고 있다는 것을 의미한다.[89] 이것이 모든 사람이 도를 이해할 수 있는 능력을 가지고 있어서 성인이 될 수 있는 이유이다.

사람의 마음은 무한한 마음이며 인간은 도를 알 수 있는 능력을 가지고 있기 때문에, 도와 덕은 성인의 마음에서 통합될 수 있다. 도와 덕이 성인의 마음 안에서 통합될 때 그의 마음이 바라는 바는 바로 덕이 요구하는 바의 것이다. 도에 따르는 것은 자신이 욕구하는 것이면서 동시에 유덕한 것으로 요구되는 것을 실천하는 것이다. 이것은 공자가 70살이 되어서 도달한 상태이다. "칠십에 내가 하고 싶은 대로 하여도 법도에서 벗어나지 않았다."(『중용』, 2:4) 결과적으로 주관적인 덕과 객관적인 도는 하나의 동일한 것이 되고 행복은 도의 영역에 속한다. 이런 완벽한 상태에서 덕과 행복은 동시에 일어나며, 덕은 행복이고 행복은 덕이다.

요약하자면 유교 철학의 특별한 성격은 인간의 마음은 무한한 마음이며 우주의 이치 그리고 하늘과 땅의 원리를 이해할 수 있는 능력을 가졌다는 것을 확증하고 있다. 이들이 무한한 마음을 가지고 있기 때문에, 인간은 천인합일-하늘과 인간의 조화로운 통일의 상태에 이를 수 있다. 이 천인합일 안에서 우주의 객관적 이치[道]와 주관적인 개인적 덕은 분리되지 않는다. 이것이 유교에서 도덕이 의미하고 있는 바이다. 유교의 도덕 철학에서 주관적인 덕은 결코 객관적인 도—우주의 이치와 하늘과 땅의 원리—와 분리된 적이 없다. 도와 덕은 성인의 마음에서 통합된다. 이것이 유교 윤리에서 덕과 규칙의 통일의 형이상학적 기초이다.

제4장

유교 윤리에서
도덕 원리의 중요성

유교 윤리에서
도덕 원리의 중요성

앞 장에서 살펴보았듯이, 도덕을 이해하는 유교의 고유한 방식은―이 안에서 우주의 객관적 이치와 주관적 덕은 분리되지 않는다―유교 윤리에서 덕과 규칙이 통일을 이루게 하는 형이상학적 기초이다. 이것은 유교 윤리와 덕 윤리의 가장 중요한 차이점 중 하나이다. 이 장에서는 유교 윤리가 예(禮) 또는 도덕 원리를 강조한다는 것이 유교 윤리와 덕 윤리를 구분시켜주는 또 다른 차이점이라고 주장할 것이다. 공자는 주나라[周]의 예에 대해 긍정적인 태도를 취하고 있었으며, 이런 태도는 도가, 법가 그리고 묵가와 같은 선진 시대의 학파와 유교를 구분해주는 것이기도 하다. 이번 장의 주요한 목적은 예에 대한 특징적인 유교의 강조가 유교 윤리가 규칙 윤리도 덕 윤리도 아니라는 주장을 지지해주고 있다고 주장하는 것이다. 그리고 예와 인이 유교 윤리에서 하나로 통합되었다는 것을 보여주려는 것이다.

4.1 예와 성인 – 도덕적 원리와 원리 제정자

예의 중요성에 대한 강조는 유교 윤리의 현저한 특징 중 하나이다. 그렇다면 예는 무엇인가? 그리고 예는 어떻게 이루어질 수 있는가? 예와 성인은 어떤 관계인가? 예의 기능은 무엇인가?

4.1.1 도덕적 원리로서 예와 성인 – 왕

예는 윤리적 – 종교적 함축을 가득 품고 있는 개념이다. 이것이 '예식', '의식', '제례', '예절', '예법', '좋은 관습', '예의', '좋은 형식' 그리고 자연 법칙을 포함한 다른 관념들로 제시되었다는 단순한 사실이 그 함축의 범위를 말해주고 있다.[1] 예(禮)는 어원상으로 신성한[示] 제례 도구를 묘사하는 성품이며 희생적인 행위를 상징한다. 그 본래 의미는 '제례 도구를 배치하는 것'으로, 따라서 '신을 보살피고 좋은 미래를 비는 것'이다.[2] 챈 윙-칫Chan, Wing-tsit은 다음과 같이 지적한다. 이것은 본래 '종교적 희생'을 의미하였다.[3] 그러나 초기의 유용한 사전에서 예의 의미는 '걷는 것' 또는 '뒤따르는 것'이다. 특히 이것은 정신적 존재가 적합하게 대우받고, 인간의 행복이 획득될 수 있게 해주는 발걸음과 행동을 나타낸다.[4] 이 특성에 대한 이해는 이후에 확장되어 발전하였다. 그리고 결과적으로 이 특성은 법의 영역을 넘어 경지에 도달한 군자의 개인 활동 규칙과 사회 활동 규칙의 범위를 망라할 수 있는 복잡한 개념이 되었다.[5] 나중에 봉건 제도가 붕괴되었을 때 예의 범위는 먼저 확장되어 일반인의 삶을 망라할 수 있을 정도가 되었고, 사회의 권위 있는 전통과 규약 그리

고 예법을 포함한 사회적 삶의 모든 부분을 망라할 정도가 되었다.[6]

우리가 희생의 본래 의미에 관심을 갖든 예절의 파생적 의미에 관심을 갖든, 예는 '타자'의 존재를 함축한다. 예를 행하며 살아가는 것은 고립되어 남아 있는 것이 아니다. 오히려 관계가 이루어지는 과정과 관계를 필연적으로 함축한다. 따라서 자신과 '타자'를 관계 짓는 것은 예의 기초적인 구조이다. '걷는 것' 또는 '뒤따르는 것'의 그 사전적 의미를 생각해본다면, 여기에서 예는 권위를 가진 관계를 향해 이끌어가는 움직임으로 이해된다. 예는 선험적 타자의 명령에 따를 수 있거나 바랄 만한 반응을 이것에서 호소할 수 있도록 어떻게 적절한 발걸음을 내디딜 수 있는가에 기본적인 관심을 가지고 있다. 그러나 기원전 551년 공자가 태어나기도 한참 전에, 예의 개념은 이미 강력한 윤리적 의미를 획득하였다. 예는 점차로 사람과 사람의 관계를 유력한 특성으로 갖게 되었다.[7] 공자가 예에 엄청나게 큰 중요성을 부여했다고 해도, 이것이 제례를 도덕과 동일시했다는 것을 함축하는 것은 결코 아니다.[8] 예에 효과적으로 순응하는 것은 부여된 삶에 헌신하는 것이다. 그 다음으로 자신의 특징적인 인간적 특성을 자각하는 것이다. 그러나 예의 희생적 측면은 유교 전통에서 계속해서 가치 있는 것으로 여겨졌다. 왜냐하면 과거에 이루어져 미래로 향하고 있는 전통의 한 부분으로 스스로를 바라볼 수 있는 사람의 삶에 예가 미치고 있는 통합적 효과 때문이다.

『예기』는 다음과 같은 말로 예를 기술하고 있다.

예의 규칙들은 그 근원을 하늘에 두고 있지만, 그 움직임은 땅에 이른다. 이 규칙들은 고루 퍼져 모든 일에 미치고 있다. 이들은 계절과 더불어 변화한다. 이들은 많은 변화와 조건에 관하여 동의한다. 사람과 관련해서는 이들은 [본성]을 양육하는 일을 담당한다. 이들은 먹고 마시고, 결혼하고, 상을 치루고, 희생하고, 활을 쏘고, 전차를 몰고, 들고 그리고 자신의 임무를 다하면서, 제물을 바치고, 굳게 행동하며 상의하고 정중한 태도를 지킨다.[9]

유학자들은 인간의 영역에서 예는 종교적·윤리적·심리학적 차원을 가지고 있다고 믿었다. 유교 윤리에서 예의 의미는 제례에서 예절로, 시민법에서 성문 관습으로, 행위를 위한 도덕 규칙에서 사유, 감정 그리고 행위를 위한 윤리적 의미로 확장되었다. 그 윤리적 차원에서 예는 "고대의 왕이 하늘의 법칙을 구현하고 인간 본성의 표현을 통제하는 원리이다."[10] 이것은 도덕 원리로서 예가 고대 성인의 산물이라는 것을 함축한다. 앞 장에서 우리가 주장했듯이 성인은 도를 획득한 사람이다. 그리고 이들은 일반 사람들이 따를 수 있는 도덕 원리를 만들 수 있다. 이것은 유교학자들이 인간 본성이 선하든 사악하든, 도덕적 가르침이나 교육에 의해 개선될 수 있다고 믿었기 때문이다. 따라서 성공적인 통치는 궁극적으로 올바른 인간의 마음을 함양하는 데 달려 있다. 따라서 옛 성현 왕들은 예의 이름으로 행위 규칙을 만들어서 사람들을 적절하게 제한하고, 마음이 이런 올바름을 성취할 수 있도록 도왔다. 그리하여 깨끗하고 효과적으로 통치하고 세계 전체에 평화를 가져오기도 하였다. 순자는 '예론(禮論)'에서 예의 기원을 다음과 같이 주장한다.

예는 어디서 생겨났는가? 사람은 나면서부터 욕망이 있는데, 바라면서도 얻지 못하면 곧 추구하지 않을 수 없고, 추구함에 일정한 기준과 한계가 없다면 곧 다투지 않을 수 없게 된다. 다투면 어지러워지고 어지러워지면 궁해진다. 옛 임금들께서는 그 어지러움을 싫어하셨기 때문에 예의를 제정해 이들의 문제를 정함으로써, 사람들의 욕망을 충족시켜주고 사람들이 원하는 것을 공급하게 하였던 것이다. 그리하여 욕망은 반드시 물건에 궁해지지 않도록 하고, 물건은 반드시 욕망에 부족함이 없도록 해, 이 두 가지가 서로 균형 있게 발전하도록 하였는데, 이것이 예가 생겨난 연유이다.(『순자』, 19장)[11]

예(禮)는 고대 성인의 산물로써 유교 학자들에 의해 강조되고 있다. 예에 따라서 행동하는 사람들은 매우 칭찬받는다. 예를 무시하는 사람들은 심하게 비난받는다. 공자와 그의 제자들은 예의 기능을 매우 강조하였으며, 그 철학적 기초를 발전시키려고 무던 애를 썼다. 그 결과로 과거 2천 년 동안 예는 중국 사회에서 사회 통제의 수단으로 자신의 기능을 수행하였다. 예의 기능과 그 중요성에 대한 상세한 논의가 이제 이루어져야만 한다.

4.1.2 예(禮)의 기원

유학자들은 예의 중요성을 각별히 강조하였다. 왜냐하면 자신들의 관점에서 예는 하늘과 인간의 통합을 확립하는 데 중요한 역할을 가지고 있기 때문이다. 하늘과 인간의 통일은 세상의 조화로운 상태 그리고 자연과 문화의 조화로운 관계를 말해줄 뿐만 아니라, 정신과 물질, 마음과 육체, 신성한 것과 세속적인 것의 지속적 관계를 말해준다. 간단히 말해서 예의 기능은 조화를 확립하는 것으로 요약될 수 있다. 『논어』에서는 다음과 같이 말한다. "예의 실용적 가치는 조화에 있다. 옛 성현 왕들의 도리는 그로 인해서 아름다웠던 것으로 대소사를 막론하고 다 그것을 지향하여 행해졌던 것이다."[12]

예의 이런 기능을 이해하기 위하여 우리는 유교의 자아 개념을 가지고 출발해야 하며, 현대 서양의 자아 개념과 비교해야 한다.

현대 서구의 사회 철학 그리고 정치 철학은, 특히 홉스Thomas Hobbes와 로크John Locke에 뿌리를 두고 있는 철학은 '자연 상태'로 고립되고 격리되어 존재하는 개별자의 상태를 가정하면서 출발하고 있다. 그리고 이런 원자적 자아가 법적인 상태를 확립하기 위하여 '사회 계약'을 통하여 서로 함께할 수 있는 방법을 주장한다. 스미스Adam Smith 그리고 리카도David Ricardo와 같은 영향력 있는 자본주의 경제학자도 분리된 자율적인 개별자의 인간 상태를 가정하였다. 그리고 이런 원자적 자아가 합리적으로 질서 있는 사회를 확립하기 위하여 상호작용할 수 있는 방법을 학설로 제시하였다.[13]

1970년대 초에 롤즈John Rawls는 계약 이론과 칸트적인 자유주의 전통에서 자신의 새로운 자유주의를 정립하였다. 롤즈의 이론은 지금까지 비중 있게 논의된 정치적 의무와 국가의 문제를 우회하여 피하면서, 분배적 정의 그리고 간접적으로는 복지 국가에 관한 논의를 제기하였다. 이것은 옳음에 관한 주제를 의제로 삼은 이론이며, 개인적인 용어로 구성된 이론이다.[14] 현대 서양 철학에 큰 영향을 받은 롤즈는 무한히 자유로운 개별자, 애초부터 개체화된 자아나 소유 주체에 지나치게 큰 비중을 두었으며, 따라서 '구성적 자아', 자기 이해의 '상호 주관적인' 형식의 가능성 그리고 '구성적 자아' 안에 구현된 공유성 개념을 무시하였다고 비판받는다.

마이클 샌들Micheal J. Sandel은 『자유주의와 정의의 한계』에서 다음과 같이 말한다. "공리주의가 우리의 독창성을 진심으로 받아들이지 못한 반면에, 공정의로서의 정의는 우리의 공유성을 진심으로 받아들이지 못하였다. 자아의 범위를 일단 모든 것에 앞서 고정된 것으로 간주하면서, 우리의 공유성을 선의 측면으로 추방하였으며, 선을 단순히 우연적인 것, '도덕적 관점과는 관련 없는' 무차별적 욕구나 요구의 산물로 분류하였다."[15] '공정으로서 정의'는 롤즈 자유주의 정치 철학의 핵심 개념이기 때문에, 이 개념에 대한 샌들의 비판은 사실상 롤즈의 새로운 자유주의 윤리의 토대에 대한 비판이다. 그가 주장하듯이 전통적인 공리주의는 우리의 독창성을 진심으로 받아들이지 못하였다. 그래서 선에 관한 이론에 '비개인적 목적론'이라는 나쁜 이름을 얻게 되었다. 반면에 개인적인 권리에 우선성을 제공하기 위하여, 롤즈의 자유주의 윤리는 공유성과 통일성을 진지하게 다루지 못했다. 그래서 그의 "의무론적 승리는 단지 상처뿐인 영광에 불과하다."[16] 롤즈의 자유주의는 개별적 행위자가 자신들의 도덕적 의무—심리학적 감정적 요소와 본래적 가치—를 함양하는 토대에 대해 통찰하지 못하였을 뿐만 아니라, 자아에 대한 이해도 일면적일 뿐이다. 달리 말하자면 롤즈의 자유주의에서 자아의 개념은 목적을 가진 자아라기보다는 소유를 위한 자아이다. 즉, 이들이 관심을 갖는 문제는 개별자의 동일성, 즉 '나는 무엇인가'라기보다는 개별자의 소유, 즉 '나의 것은 무엇인가'이다. 샌들에 따르면, 이것은 롤즈가 그의 새로운 자유주의 윤리에서 '공동체의 구성적 개념'을 제기할 수 없었던 가장 중요한 이유 중의 하나이다.[17]

다른 공동체 주의자들은 롤즈의 자아 개념과 자유주의 윤리를 다른 측면에서 공격한다. 헤겔Georg Wilhelm Friedrich Hegel의 역사 철학을 뒤따르고 있는, 테일러Charles Taylor는 자유주의 윤리를 '원자론'으로 간주한다. 원자론은 개인주의의 본성을 드러낸다. 아리스토텔레스Aristoteles와 아퀴나스Thomas Aquinas의 정치 철학과 덕 윤리를 자기 논변의 기초로 삼고 있는 맥킨타이어Alasdair MacIntyre는 자유주의가 정의의 윤리가 기초로 삼을 수 있는 토대를 본래적 덕에 제공할 수 없었다고 주장한다. '성원권membership'이라는 개념을 사용하고 있는, 왈쩌Micheal Walzer는 공동체가 개인의 도덕적 삶에 중요한 충격과 영향을 주고 있다고 주장한다.

서양의 자유주의 윤리에서 전적으로 합리적인 권리 주장을 하는 자율적인 개별자와는 달리 유교에서의 자아는 역할을 이끌어주는 상호 관련된 개별자이다. 로즈먼트Henry Rosemont JR는 다음과 같이 주장한다.

초기 유교 학자들에게는 나와 같은 많은 존재가 고립되어 있는 것으로 여겨져서도, 추상적으로 고려돼서도 안 됐을 것이다. 나는 다른 특별한 사람들과의 관계에서 살아가는 역할의 총체이다. 더욱이 이런 내가 어떤 사람들과 맺는 관계들이 내가 다른 사람들과 맺는 관계들에 직접적으로 영향을 미친다는 점에서, 이런 역할들은 내적으로 연관되어 있다. 그래서 내가 이런 역할을 수행하거나 실행한다고 말하는 것은 잘못이다. 오히려 공자에게서 나의 역할이 바로 나 자신이다. 이런 역할들은 우리 각각에 대하여 인간적 동일성의 단일한 유형을 만들어낸다. 그래서 나의 역할이 변한다면 다른 사람들도 필연적으로 변할 것이고, 나를 다른 사람으로 만들 것이다.[18]

유교에서 개인은 항상 사회 안의 인간으로, 즉 관계망 안에서 존재하는 것으로 여겨진다는 것은 앞에서 확인하였다. 유교의 두 번째 성인인 맹자는 『맹자』에서 다섯 가지 인간관계를 지적하였다. (1) 아버지와 아들, (2) 통치자와 백성, (3) 남편과 부인, (4) 형제, (5) 친구. 이런 관계를 조화시키기 위하여 예의 이름을 갖는 행동 규칙들을 받아들여 이런 관계를 정착시켰다. 그리고 부분들이 각각의 관계와 관련될 것을 요구하고, 올바른 이상이라는 개념에 기초해 있는 의무와 책무를 강조하고 있다. 따라서 이상적인 통치자는 선의를 가져야 하며, 이상적인 신하는 충성스러워야 한다고 가르치고 있다. 이상적인 아버지는 자비로워야 하고, 이상적인 아들은 효성스러워야 한다. 이상적인 형은 친절해야 하며, 이상적인 동생은 존경하는 마음을 가져야 한다. 이상적인 남편은 올곧아야 하며, 이상적인 부인은 순종적이어야 한다. 이상적인 친구는 충실해야 한다.[19] 모든 사람이 행위 규칙[禮]에 따른다면, 그리고 자신의 지위에 적합한 책무를 지킨다면, 사회는 평화로워질 것이다.

책무를 실천하도록 사람들을 돕기 위해서 공자는 그가 '정명(正名)'이라고 부른 것을 추천한다. 그는 이것으로 한 행위가 그 이름에 상응해야 한다는 것을 의미하고 있다. 아버지나 아들로서 그 이름이 함축하는 바의 관계에 따라 살아야 한다. 공자는 다음과 같이 말한다. "아버지가 아버지다울 때 아들은 아들이 되며, 형이 형다울 때 동생은 동생이 된다. 남편이 남편다울 때 아내는 아내가 된다. 친구도 적합한 질서가 있다. 모든 가족들이 적합한 질서가 있을 때, 모두는 세상과 부합할 것이다."[20] 이것은 각각의 이름이 서술된 의무를 가질 뿐만 아니라, 하나의 지위를 반영한다는 것을 의미한다. 예를 들면, 아들이 그 부모에게 효성을 다해야 한다는 것은 단지 의무에 불과한 것이 아니다. 효심을 다하는 것은 아들이 자신의 삶의 역할을 이행한다는 것을 알 수 있는 엄밀한 검사 방법이다. 달리 말한다면 아들은 이 역할을 이행하는데, 이것은 부모를 위하기 때문만이 아니라 이것이 그가 자신의 도덕적 성실성에 의무를 지고 있는 것이기 때문이다. 이런 행위로 그는 참된 인간에 대한 그의 주장이 타당성을 갖는다는 것을 자신뿐만 아니라 다른 사람에게도 증명하고 있다.[21] 이것은 또한 이렇다. "예로써 조절하지 않는다면, 역시 일이 순조롭게 이루어지지 않기 마련이다."(『논어』, 1:12) 여기 조화는 사회 속에서 타자와의 조화로운 관계에 있다는 것을 의미할 뿐만 아니라 자신 안에서의 조화로운 것을 의미한다. 그래서 마음이 평화로운 상태에서 예를 수행할 수 있다. 예의 기능은 이중적이다. 즉, 개별자의 자기실현과 인간 공동체, 즉 사회의 결과적인 조화이다. 사회 안의 모든 사람이 예에 따라 행동하는 것은 매우 중요하다.

여기서 강조되고 있는 것은 예(행위 규칙들)가 임의적인 것이 아니라는 점이다. 공자는 예가 인간 본성에 기초해 있기 때문에 그리고 우주의 질서(하늘의 이치)와 조화를 이루고 있기 때문에 예가 중요하다고 가르쳤다. 이렇기 때문에 예는 사회의 통제 수단으로써 자기 기능을 성공적으로 수행할 수 있다.

『예기』에 따르면, 성인들이 세상을 하나의 가족으로 여길 수 있고 국가를 하나의 사람(한 사람의 인간 본성이 모든 사람에게 해당된다면 사실인 것)으로 여길 수 있는 이유는, 이들이 규칙을 임의로 만든 것이 아니라 다른 한편으로 인간 본성을 이해하고, 인간의 의무들을 정의하고, 인류에게 좋은 것과 나쁜 것에 대한 분명한 자각을 가지려고 애쓰면서 만든 것이라는 점이다. 이들의 관찰에 따르면, 인간 본성은 일곱 가지, 즉 즐거움, 분노, 슬픔, 공포, 사랑, 증오, 욕망으로 구성되어 있다. 이 모든 것들은 배움을 통해 얻어질 수 있는 것이 아니다(즉, 이들은 자연스런 본능이다). 인간의 의무는 10개이다. 아버지는 친절함, 아들은 보살핌, 형은 고상함, 동생에 대한 겸손과 존중, 남편은 좋은 행위, 부인은 복종, 윗사람은 선의, 아랫사람은 복종, 통치자와 신하는 선의, 인류에게 좋은 것은 일반적인 확신과 평화에서 성립한다. 그리고 인류에게 나쁜 것은 이득을 위한 투쟁, 강도와 살인에 근거하고 있다. 따라서 성인은 예의 원리를 확립하여 7개의 감정과 10개의 의무를 함양하고, 상호 확신과 평화 그리고 공손함을 증진하며, 이익을 위한 투쟁과 강도짓을 억제한다.[22]

조화로운 도덕 질서의 이념을 성취하면서 예의 실천적 계획은 세 단계로 구성된다. 이것은 *The political philosophy of confucianism*에서 식리엔 슈 Leonard Shihlien Hsu가 요약한 것이다.[23] 첫 단계에서 예는 사람들이 우위와 하위의 구성 질서 안에서 자리를 차지할 수 있는 사회 조직을 확립하기 위한 원리를 제공한다. 다른 말로 한다면 예는 조정하기 위한 응용 원리이다. 예를 들면, 잘 규정된 가족은 그 구성원들이 관습에 따라서 행동할 것을 요구한다. 즉, 아버지는 아버지다워야 하고, 아들은 아들다워야 한다. 마찬가지로 질서 정연한 상태는 통치자가 통치자로서 행동하고 신하가 신하로서 행동할 때만 달성될 수 있다. 특정한 상황에서 자신들의 사회 상태에 따라서 개별자들에게 분명한 행위 표준을 제시함으로써, 예는 이들에게 사회 안의 그들의 지위와 관계 그리고 이들의 적합한 권리와 의무에 해당하는 분명한 지식을 제공한다. 예는 사람들의 마음 안에 강력하게 지위에 대한 의식을 남겨서 일반적인 질서에 대한 복종이 자연스럽게 일어나게 하려는 목표를 가지고 있다.

둘째 단계에서 예는 사회 통제를 위한 도덕 규칙을 제공한다. 이것은 개인의 사회적 그리고 도덕적 의무를 분명하게 규정한다. 도덕적 규약으로서 예는 정치적 강요나 법적 처벌 때문이 아니라 개인의 양심에 의해서 실행된다. 예는 인간의 마음에 선한 본성적 요소가 있다고 가정하며, 이것이 체계적인 연습에 의해 함양된다면, 의무는 자발적으로 이행될 것으로 가정한다. 예는 의무를 인위적으로 만들어내는 것이 아니라 이들이 자연적이라고 가정한다. 예를 들면, 부모가 아들에게 친절하고 아들이 부모에게 효도하는 것은 임의적으로 만들어진 것이 아니라, 아버지와 아들 사이의 자연스런 감정에 기초하고 있는 것이다. 이것은 '인간 본성의 추구'라고 불리며, 예의 도덕 규약의 기초가 된다. 예는 자연적인 선한 감정 계발과 자연 이성의 준수를 강조하며, 그리하여 최고의 사회적 조화가 획득된다.

셋째 단계로 예는 개인의 사회에 대한 책무를 강조하는 (하늘의 조화에 기초해 있는) 사회적 조화의 이념을 제공한다. 예는 사회 도덕의 관념론적 원리이며, 우리가 사는 실천적 세계에서 함양되어야 할 새로운 사회적 가치 체계를 제공한다. 따라서 이것은 도덕적 평가의 신념을 확립한다.

간단히 말해서, 도덕 원리로서 예는 개인의 행위를 이끌어주고, 사회관계를 통제하고 사회 질서를 유지하는 중요한 역할을 담당한다. 이런 논의에 비추어 예는 이상적인 조화로운 질서를 목표로 하는 유교의 행위 규약으로 해석될 수 있다. 적합한 행위 규칙에 대한 유학자들의 호소는 관습이 사회와 사람들을 서로 이어주는 중요한 역할을 수행한다는 것을 보여주려는 의도에 의한 것이다. 그렇다면 관습을 강조하기 때문에 유교 윤리를 규칙 윤리로 보아야 하는가? 예와 인의 관계, 즉 유교 윤리에서 관습 규칙과 덕의 관계를 탐구함으로써 이 물음에 대답할 수 있다.

4.2 예와 인: 규칙과 덕

예는 유교 윤리에서 중요한 요소이다. 사실상 예에 대한 유교의 긍정적 태도는 유교와 동시대의 다른 주요 학파와의 주된 차이 중의 하나이다. 그러나 유교가 예를 강조했지만 유교 윤리가 법칙 윤리로 나아간 것은 아니다. 왜냐하면 유교 윤리에서 예에 대한 강조가 인, 즉 유교의 가치 체계에서 완전한 덕에 기초해 있기 때문이다. 인(仁) 개념을 도입함으로써 예가 생명력을 갖게 된다.

4.2.1 주나라의 의식(儀式) 그리고 유교와 다른 학파의 기원

유학자에 의해 가치를 인정받고 있는 제례 규칙 체계는 본래 서쪽 주나라(1066BCE-771BCE)에서 시작된 것이며, 이후 춘추시대까지(770BCE-476BCE) 300년 동안 지속되었다. 그러나 춘추시대에, 주나라의 국력은 쇠퇴하였으며 봉건 영주의 힘이 증가하였다. 봉건 영주들은 전쟁을 일으켰고, 권위 없는 왕, 야심을 가진 영주, 탐욕스런 관료들에 의해 봉건 영주들 간의 정치적 술책은 정도를 더해갔다. 오래된 사회적 질서는 파괴되었고 이들의 제례규칙은 그 힘과 영향력을 잃었다. 이것이 바로 '주나라 의식(儀式)의 쇠퇴'라고 불리는 바의 것이다. 유교, 도교, 묵가, 법가와 같은 상이한 학파들이 이런 쇠퇴에 따라 생겨난 문제점들을 다루기 위하여 생겨나게 되었다. 다른 학파들이 주나라의 의식에 부정적인 태도를 취한 반면에 유교는 긍정적인 태도를 취했다.

묵가학파의 창시자로서 묵가는 주나라의 의식에 부정적인 태도를 취했다. 왜냐하면 그는 공리주의와 유사한 관점에서 주나라의 의식을 평가했기 때문이다. 그에 따르면, 옳은 행위는 그 행위가 이 세상과 개인들에게 이익을 가져다주는지에 관한 합리적 계산에 의해 결정된다. 그는 주나라의 의식에 있는 장례와 음악이 사람들의 힘과 재산을 낭비하게 만든다고 판단했다. 그는 따라서 유교와 반대되는 입장을 취하면서 음악에 반대하고 경제적인 장례를 옹호하였다.

도교도 또한 주나라의 의식에 부정적인 태도를 취하였다. 도교의 기초적인 정신은 최고 수준의 자유이다. 이것은 속박에서 벗어나 세계와 하나로 통합되어, 어떤 것에도 의존하지 않는 것으로 기술될 수 있다. 이런 기초적인 통찰에 의거해서 자유롭고 구속되지 않은 정신으로서, 도교는 주의 관습을 인위적이고, 그릇되고, 외적이고, 우리의 삶을 형식적으로 속박하는 것으로 생각하였다. 노자는 예(禮)가 "충실과 성실함의 피상적 표현이며, 무질서의 시작이다"라고 진술하였다.[24] 그에 따르면, 주나라의 관습은 또한 피상적이며 강요된 것이다. "훌륭한 예를 지닌 사람은 억지로 일을 하기에 아무도 이에 응하지 않는다. 따라서 소매를 걷어 붙이고 남에게 강요한다."[25]

또 다른 학파인 법가도 실천적인 관점에서 주의 관습과 반대된다. 법가가 관심을 가지는 것은 그 시대의 정치적인 문제였다. 법가의 목표는 부귀와 강력한 국가였다. 반면 유교의 목표는 평화롭고 조화로운 그리고 단순한 만족을 지닌 질서 정연한 세상이었다. 큰 권력이 전투를 준비하는 세상에서 이들은 자신을 스스로 국가를 풍요롭고 강력하게 해주는 전문 기술을 가진 사람으로 내세웠다. 그 시대의 엄청난 사회적 변화에 적응하기 위하여 법가는 고대의 계급적 구분을 파괴하는 것을 옹호하였다. 법의 이념, 개인과 국가의 관계를 조절하려는 비개인적이고 불편부당한 힘은 봉건적 요소, 즉 주나라의 관습을 유지시키려는 유교 윤리에 대한 전복을 의미했다. 법가는 주나라의 의식에 두 가지 이유를 들어 반대했다. 첫째, 법가는 과거와 낡은 것에 대한 호소를 거부했다. 이것은 심지어 진나라 이전 시대에 뿌리내린 관습이었다는 것이다. 이들은 낡은 것은 현시대의 상황과 전혀 상관이 없다는 것을 분명하게 했다. 왜냐하면 시대와 상황은 크게 변화해왔기 때문이다. 법가 학파의 가장 체계적인 이론가였던 한비자(c.280-233BCE)는 옛 방식을 아무런 생각 없이 따르는 사람들의 어리석음을 드러내기 위하여 하나의 이야기를 제시한다. 송나라에 한 농부가 있었는데, 그는 어느 날 나무에 머리를 들이받고 죽은 토끼를 주은 적이 있었기 때문에, 또 나무를 향해 죽으려고 돌진해 오는 토끼를 기다리며 헛된 시간을 보내고 있었다.[26]

둘째, 유교의 관습에 따라 행동하는 것은 공적인 이익에 손해가 되는 결과를 초래할 것이다. 유가는 가족을 기초적인 자연적인 단위로 그리고 사회의 기초로 간주했다. 이들에 따르면, 효성스런 아들이 되는 것이 충실한 시민이 되는 것보다 더 중요하다. 이것이 유교에서 '혈육을 경찰에 고발하는 것이' 통탄할 만한 죄가 되는 이유이다. 공자는 이런 '배반'을 격렬하게 반대했다.[27] 효심은 가족 구성원에게 죄지은 가족을 숨겨줄 것을 요구한다. 한비자도 적극적으로 더 많이 반대하지는 않을 것이다. 그에 따르면, 가족에 대한 의무가 국가에 대한 의무를 압도하도록 항상 허용한다면 시민의 질서는 위태로워질 것이고, 공적인 이익은 침해될 것이다.[28] 그래서 법가는 합리적인 군대와 국가기관을 만들려고 애를 썼다. 그리고 한편으로 시민을 엄격한 형법 체계를 통해 정렬시키고, 다른 한편으로는 선한 행위에 상을 주려하였다. 이들의 관점에서 예의 전체 조직은 전적으로 비합리적이며 부적절하다.[29]

네 학파들 중에서 유교가 주나라의 의식에 긍정적 태도를 취하는 유일한 학파다. 공자는 주나라의 의식에 전적으로 동조하면서 다음의 진술이 완벽한 표현이라고 믿고 있다. "주나라는 2대(하나라와 은나라)를 본받았으니, 빛나고 성대하도다! 문물이여, 나는 주나라를 따르겠다."(『논어』, 3:14) 그는 심지어 예의 이런 체계가 수백 세대가 지나도 변화되어서는 안 된다고 주장하였다. "주나라의 뒤를 이은 나라가 있다면, 백 세대 후의 예(禮)라도 알 수 있다."(2:23) 공자는 주나라의 의식이 쇠퇴하는 것을 귀족의 쇠퇴로 보았다. 귀족 계급의 활력을 잃은 삶의 양태 때문에 이들은 주나라의 관습을 더 이상 실천할 수 없다. 결과적으로 주나라의 관습은 공허한 형식주의의 하나가 되어버렸다. 비록 공자가 법령이 개정될 수 있는 가능성이 열려 있다는 것을 인정하고 있다 할지라도, 그 문제는 관습 그 자체에 있는 문제가 아니라 관습을 더 이상 따르지 않는 사람의 문제라고 주장한다. 관습 규칙의 기초로서 개인의 특성[성품]을 주목하고 있지 않다. 공자에 따르면, 주나라 의식의 타당성을 다시 회복하기 위해서는 사람들이 주나라의 의식을 일상생활에서 실천할 수 있는 능력을 가져야 한다. 따라서 공자는 새로운 개념, 즉 인을 도입함으로써 주나라의 의식에 생명력을 불어넣고 있다. 이런 방법으로 공자는 객관적인 도덕에서 도덕적 주체로 우리의 관심을 돌려놓고 있다. 모우종산이 제시하듯이, "공자는 가치의 원천을 드러내고 도덕적 주체를 확립하였다. 이런 면에서 이것은 유래가 없는 일이다."[30] 비록 공자가 제례 규칙의 중요성을 강조하고, 예에 대한 그의 강조가 유교가 다른 학파와 달라지는 특성 중 하나라할지라도, 공자가 인(仁) 개념을 도입함으로써, 중국 지성사에 질적인 구분이 생겨났다.

4.2.2 일반적 덕으로서 인

인은 공자 이전의 작품에서는 현저한 단어가 아니다. 공자의 이전 문헌과 『논어』를 비교해본다면, 가장 인상적인 것은 『논어』가 인에 부여하는 역할에서 찾을 수 있다. 인은 『논어』에서 단연 가장 빈번하게 언급된 윤리적 용어이다. 공자 이전의 문헌에서 특징적인 것은 예가 으뜸자리를 차지하고 있었다는 것이다.[31] 『논어』 499장 중 58장에서 인이 105번 나타난다. 따라서 『논어』의 10퍼센트 이상이 인에 대한 논의에 할애되어 있다. 이것은 효, 하늘 또는 예의규범에 대한 논의보다 많다. 양적인 변화는 질적인 변화와 상응한다. 챈 윙-칫은 인 개념에 대한 자신의 탐구에서 다음과 같이 지적한다.

> 가장 중요한 것은 공자가 인을 새로운 관점에서 바라보았다는 것이다. 공자 이전의 작품에서는 이 단어가 jen으로 기록되든 JEN으로 기록되든, 이것은 지혜, 너그러움 등과 같은 다른 특정한 덕과 더불어 하나의 특정한 덕, 즉 선의를 의미한다. 공자의 시대까지 중국어는 모든 특정한 덕들이 도출되어 나오는 보편적이고 기초적인 일반적 덕 개념이 개발되지 않았다. 그러나 공자는 모든 특정한 덕들의 뿌리가 되는 기초적인 덕을 가져야만 하는 포괄적인 윤리 이론을 보급하였다. 이런 측면에서 공자는 앞으로 커다란 발걸음을 내디뎠을 뿐만 아니라 굳건한 기초 위에 중국 윤리를 확립하였다.[32]

챈 윙-칫에 따르면, 여러 사례에서 공자가 여전히 인을 특별한 덕으로 다루고 있다는 것은 사실이다. 예를 들면, 『논어』, 4:2; 6:12; 9:28(14:30에서 반복); 14:5; 17:8에서 인은 지혜, 진리, 용기, 인내, 예민함, 공손함, 관대함 등과 같은 다른 성질과 대비된다. 그리고 이것은 통상 '선의'로 번역된다. 그러나 인에 관해 공자가 말한 것 대부분은 특수성의 관념을 넘어선다. 그는 이것을 레기Legge가 '완전한 덕'으로, 그리고 왈레이Waley가 '선'으로 적합하게 번역한 것으로 변환시킨다. 이것은 앞의 모든 도덕적 성질들과 다른 것들을 포함한다. 그리고 이들의 선을 결정한다. 이것은 인의 '총괄적인' 성격을 보여준다. 인을 성취한다면 동시에 다른 덕들에도 통달할 것이다. 따라서 이것의 보다 중요한 쓰임에서 인은 기초적이고 보편적이며, 모든 다른 상세한 덕들의 근원이 되는 일반적 덕이다. 그리고 도덕적인 사람의 일반적 의미를 최고로 이어주는 일반적 덕이다. 확립된 일반적 덕과 더불어 중국 윤리는 최고의 단계에 들어서게 된다. 왜냐하면 이제 전체로서 덕이 이해될 수 있으며, 특정한 덕들은 이제 기초를 갖게 되었기 때문이다.[33]

챈 윙-칫은 일반적 의미에서 도덕적 탁월성으로서 인과 특정한 덕으로서 인에 관한 통찰력 있는 구별을 하였으며, 이 구별은 대부분의 학자들이 받아들이고 있다. 리우 쑤시언Liu, Shu-hsien이 주장하듯이 유교 철학자들은 모든 다른 덕들의 기초가 되는 하나의 덕이 있다고 믿었다.[34] 공자는 "나의 도는 하나로 관철되어 있다"(『논어』, 4:15)라고 말하고 있다. 그가 비록 관철되어 있는 것이 무엇인지를 상술하고 있지는 않으나, 우리가 이것을 인이라고 확인하는 것은 어렵지 않다. 『논어』에서 공자는 다음과 같은 진술을 하고 있다. "뜻 있는 선비와 어진 사람은 삶을 구하여 어진 것을 해하는 일이 없으며, 그 몸을 죽여서 어진 것을 이루는 일은 있다."(15:8) "군자는 밥 먹는 동안이라도 인을 어기지 않으니, 급하고 구차한 때도 반드시 이에 의거하고 엎어지고 넘어지는 역경에도 반드시 이에 의거한다."(4:5) 유교의 인을 덕들의 덕으로 간주하는 것은 거의 공통된 지식이 되었다. 쿠아A.S. Cua는 유교 논의의 주제의 통일을 이루면서, '최고의 도덕적 삶' 또는 대안적으로는 '도덕적 탁월성'의 일반적 의미에서 인은 유교 윤리의 최우선 관심사라고 주장한다.[35]

인은 일반적인 덕이고 예는 도덕 규칙으로 기능하기 때문에 유교 윤리에서 덕과 규칙의 관계는 인과 예의 관계를 통해 이해되고 구체화될 수 있다.

4.2.3 인과 예: 내적인 정신과 외적인 표현

우리가 앞에서 언급했듯이, 춘추시대 동안, 예는 점차로 피상적이 되고 효력을 상실해갔다. 심지어 예가 도덕적 목적을 위해 사용되고 있는지조차 의심받았다. 예를 들면, 예를 고수하는 사람은 단지 자신의 이익만을 계산할 수 있으며, 심지어 강도가 될 수도 있다. 그럼에도 불구하고 유학자들에게 예의범절의 규칙은 필수불가결한 것이었다. 이런 규칙은 문명화된 사람을 동물과 구별할 수 있게 해줄 뿐만 아니라, 이런 규칙들을 배우지 않으면 『논어』가 강조하듯이 남 앞에 나설 수 없다.(16:13) 그러나 예의 중요성에 대한 유학자들의 강조가 일종의 형식주의로 나아간 것은 아니다. 유학자들은 완벽하게 고안된 도덕 규칙 체계가 부덕한 사람에 의해 강제될 수 있다는 것을 깨닫고 있었다. 관습적인 윤리적 삶은 내적 도덕의 새로운 토대에 기초되어야만 한다. 따라서 새로운 개념, 즉 인을 도입함으로써 유교는 예에 새로운 생명을 불어 넣었다. 인은 예의 본질이며 내적 힘이다.

공자가 비록 인이 중요하다고 말하고 있기는 하지만, 그는 결코 이에 대한 형식적 정의를 제공하려고 하지 않았다. 『논어』에서 기록된 다양한 말 중에서 인을 특징짓는 두 설명, 즉 '사람을 사랑하는 것' 그리고 '예로 돌아가는 것'이 기초적인 규정이라고 생각되고 있다.

> 번지(樊遲)가 인에 관해 물으니, 공자가 말씀하시기를 "사람을 사랑하는 것이다"라고 하셨다.(12:22)

> 안연(顏淵)이 인에 관하여 여쭈어보았다. 공자가 말씀하시기를, "자기를 극복하고 예로 돌아가는 것이 인이다. 어느 날이건 자기를 극복하고 예로 돌아가게 되면 온 천하가 인을 따르게 될 것이다. 인을 실천하는 것은 자기로부터 말미암은 것이지 어찌 남에게서 비롯된 것이겠느냐?" 안연이 말하기를 "상세하게 묻고자 합니다" 하니, 공자가 말씀하시기를, "예가 아니면 보지를 말고, 예가 아니면 듣지 말고, 예가 아니면 말하지 말고, 예가 아니면 행동하지 말라" 하였다.(12:1)

사랑으로써 인과 예로 돌아가는 것으로 인은 인의 서로 다른 두 가지 다른 측면처럼 보인다. 하나는 내적 감정, 즉 사람을 사랑하는 감정, 다른 하나는 외적 표현, 즉 관습 규칙을 지키는 것이다. 전자, 즉 내적인 인간 마음을 추구하는 것에 대한 강조는 유교 윤리를 덕의 윤리로 이끌어간다. 반면에 후자, 즉 관습 규칙에 대한 강조는 유교 윤리를 규칙 윤리로 이끌어간다. 사랑으로써 인과 예로 돌아가려는 인의 관계는 무엇인가? 인의 두 측면에 대한 적절한 이해는 유교의 예에 대한 완전한 이해를 필요로 한다. 유교 윤리에서 예로 돌아가는 것은 특정한 사회관계에 있는 사람들에게 사랑의 감정을 드러내고 함양하는 과정이다. 예에 대한 특징적인 이해 때문에, 유교 윤리는 같은 동전의 양면처럼 하나의 윤리 이론에서 덕과 규칙을 조화시킨다.

1) 예의 본질과 내용으로서 인

그렇다면 인 없는 예는 공허한 실천이 될 것이며, 유교학자에 따르면, 예를 실천하는 것은 확립된 규칙을 단지 적용하는 것 또는 의례를 수행하는 것 그 이상의 무엇을 요구한다. 예를 실천하면서, 강조되어야할 것은 올바른 태도를 가지고 예를 수행해야만 한다는 것이다. 예를 들면, 희생할 때 그 정신에 경외감을 느껴야만 한다. 상을 치루면서는 고인에 대한 슬픔을 느껴야만 한다. 그의 제자인 임방(林放)이 예의 근본이 무엇인지를 묻자, 공자는 다음과 같이 말씀하셨다. "실로 중요한 질문이다. 예는 사치스럽기보다는 차라리 검소해야 하고, 상을 치르는 일은 정연하기보다는 차라리 슬퍼야 한다."(『논어』, 3:4) 마찬가지로 군주를 섬기는 신하는 존경해야 한다. 백성을 통치하면서 통치자는 자비로워야 한다. 이런 감정적인 요소가 없다면, 관습은 무의미한 실천이 될 것이다. 공자가 주목하고 있듯이, "사람으로서 인자하지 않으면 예는 해서 무엇할 것이며, 사람으로서 인자하지 않으면 음악은 해서 무엇하랴."(3:3) 이것은 예가 인에 의거해서 실천되어야 한다는 것을 의미한다. 적절한 행위 규칙과 일치하는 행위는 그 기초를 위한 내적 차원을 요구한다. 그렇지 않다면, 관습은 사람들의 행동을 통제하는 장치에 불과한 것이 될 것이다. 이런 측면에서 유교는 형법 체계에 의해 대중을 통제할 것을 옹호하는 법가와는 대조된다. 공자가 말했듯이, "법제로 이끌고 형벌로 다스리면 백성들은 형벌을 모면하려 하지만 수치심이 없게 되고, 덕으로 이끌고 예로 다스리면 수치심을 갖게 되고 또 올바르게 된다."(2:3) 법의 규칙과 예의범절의 규칙의 가장 중요한 차이 중 하나는 인을 예의 본질과 내적 정신으로 강조하는 것이다. 중요한 점은 인의 감정을 가지고 예를 실천하는 것이다.

2) 예는 인의 구체적인 표현이다

예를 실천하는 것은 인의 덕을 함양하기 위한 가장 중요한 수단 중 하나이다. 공자가 비록 인이 없는 예에 반대했지만 그는 실질적인 의미에서 예에 높은 가치를 부여했다. 왜냐하면 예는 인의 구체적인 표현이며 예를 실천하는 것은 인을 구체화하고 인 그 자체를 발견하며, 함양할 수 있게 도와주기 때문이다. 공자는 인의 감정 없이 예의범절의 규칙에 따라 행위 하는 것, 말하자면 예를 공허한 실천으로 만드는 것을 옹호하지 않았다. 그러나 그는 예의 가치를 높이 사고 있으며 예를 진지하게 실천하고 있다. 이것은 공자가 인을 외부에서는 획득될 수 없는 성질로 여기고 있기 때문이다. 즉, 인은 생물학적·사회적 또는 정치적 권력의 산물이 아니다. 공자가 말하듯이, "인이 멀리 있는 것이냐? 내가 인을 하고자 원하면, 곧 인이 이르게 된다."(7:29) 그래서 공자는 인을 실천할 때는 스승에게조차도 사양하지 않는다고 주장했다. 주자는 이 구절에 대해, 인은 스스로 소유되는 것이며 단지 스스로 실현될 수 있다고 주석을 달고 있다.

다른 한편으로 내적인 도덕으로서 인이 비록 예의 구조에 의해 외부에서 야기된 것이 아니라 할지라도, 예를 그 자체로 표현할 필요가 있다. 뚜 웨이-밍은 예가 특정한 사회적 맥락 안에서 인의 외적 표현으로 간주될 수 있다고 주장한다. 이것이 얼마나 추상적으로 나타나든, 인은 그 정의에 의해 구체적인 표현을 요구한다.[36] 모우종산에 의해 이루어진 통찰을 사용한다면 인은 세상 밖으로 모습을 드러내기 위한 '창문'이 필요하다. 그렇지 않다면 이것은 질식하게 될 것이다. 순자가 이후에 분명하게 주장했듯이, 예는 인과 의로 가는 길이다.[37] 예의범절의 규칙은 "우리에게 모델을 보여주지만, 설명을 해주지는 않는다."[38] 이 규칙들은 인에 이르기 위한 이정표들이지 그 실체가 아니다.[39] 이를 통하여 우리는 예가 인의 구체적인 표현이라는 것을 알 수 있다. 인의 감정은 예에 일치하는 행위를 통하여 표현되며 이행된다.

더욱이 유교 윤리에서 예를 실천하는 것은 예의범절의 규칙을 따르는 과정이 아니라 자신의 감정, 의지, 정서를 구체화하고 보여주는 과정이기 때문에, 의식적으로 예를 행하는 것은 인의 감정을 자신 안에서 발견하고 조성하도록 이끌어가며, 따라서 개인적인 성품 함양에서 특별한 기능을 갖는다. 공자가 자신의 조상에게 제사 지낼 때는 자신의 조상이 실제로 앞에 있는 것처럼 느꼈고 그가 다른 존재에게 제사 지낼 때는 그 존재가 실재로 앞에 있는 것처럼 느꼈다는 것은 『논어』에 나타나 있다.(3:12) 공자가 조상에게 제사 지내는 것에서 높은 가치를 부여하고 있는 것은 예의범절의 규칙에 단지 형식적으로 일치한 것이 아니라, 사랑과 숭배의 감정, 간단히 말하자면 자신 안에서 인의 감정을 발견하거나 함양하는 삶을 살기 위하여 삶에 그것이 미치는 통일된 효과이다. 이것은 한편으로 공자가 자신의 제자인 자장(子張)에게 예는 제기(祭器)를 다루는 것으로 이루어지는 것이 아니고, 이는 음악이 종과 북을 단순히 두드리는 것으로 성립하는 것이 아니라고 경고한 이유이며, 다른 한편으로는 그가 예의범절과 음악이 마음의 상태, 예의범절을 실천하면서 신을 두려워하는 경건함의 상태 그리고 음악을 연주 속의 행복과 조화의 상태에서 나오며 이것을 만들어낸다고 생각한 이유이다.[40]

맹자에 따르면, 인간 본성은 본래 선하다. 모든 사람들은 측은(惻隱), 수오(羞惡), 사양(辭讓), 시비(是非)의 마음을 가지고 태어난다. 이것은 인, 의, 예, 지의 네 출발점이다. 모든 사람이 마치 네 개의 팔 다리를 가진 것처럼 이러한 네 출발점을 가지고 있다. 그래서 인, 의, 예, 지의 덕은 밖에서 우리를 뚫고 들어오는 것이 아니라고들 말한다. 이들은 인간 본성에 뿌리를 두고 있다. 사람이 자신의 통상적인 본성을 지킬 때 이들은 덕을 사랑할 것이다. 예나 예의범절의 원리는 이러한 자연적인 인간의 경향성을 표현하고 강화한다. 따라서 예는 사람의 외적인 행위에 작동할 뿐만 아니라 인간의 본성, 인간의 감정, 인간의 마음에 작동한다. 그러므로 예를 적절하게 실천하는 것은 성품을 함양하는 특별한 기능을 한다.

이런 점에서, '자신을 깨달아 예로 돌아가는 것이 인이다'가 의미하는 것 중 하나는, 예를 실천하는 것이 인의 의미를 자신 안에서 찾고 느낄 수 있는 가장 중요한 수단 중 하나라는 것이다. 예의 실천을 통해 행동 심리학에서 찾아볼 수 있는 이념의 선구자가 될 수 있다고 말할 수 있다. 그들의 기초적인 의미의 관념이 없이도 형식적 규제에 따를 수 있다는 것은 가능하다. 이것은 공자의 저서에서도 잘 인식되어 있다. 예를 들면, 폭넓은 희생에 관하여 논의하는 장에서, 『예기』는 "예의 실천에서 평가되고 있는 것은 그 기초적인 의미이다. 이것이 이루어지지 않았을 때도 많은 것과 많은 실천들이 여전히 이루어질 수 있다"라고 진술한다.[41] 유학자들 또한 예의범절의 이런 규칙의 기초적인 의미를 이해하지 않고서도, 성현이 사랑과 존경의 마음으로 우리를 위하여 설정해놓은 예의범절의 규칙에 따라서 계속 행동함으로써, 예의범절에 따라서 행동하려는 우리의 의지를 강화할 수 있다는 것을 깨닫고 있었다. 중요한 점은 우리가 이런 방식으로 행동한다면, 우리가 점진적으로 예의 기초적인 의미를 이해하고, 감정이나 욕망을 예와 일치시켜 이끌고 규제하는 것은 자연스럽다는 것이다. 따라서 예가 우리에 외적인 것으로 나타나 있을 때조차도 우리 스스로 예에 일치하여 행동하는 것은 중요하다. 왜냐하면 우리가 이것을 점진적으로 이해하기 시작하는 것은 바로 이런 과정 속에서 가능하기 때문이다. 우리가 이해를 하자마자 예는 더 이상 우리에 외적인 것으로 나타나지 않는다. 그리고 우리는 이것을 깨닫지 않고서도 자발적으로 예에 따라서 행동할 수 있다. 쿠아가 예와 도덕적 덕의 내재적 관계에 비추어서, 예가 개인의 성품 함양에서 특별한 기능을 한다고 주장한 것은 옳았다. 하나의 기초적인 방식에서, 함양은 개인적인 의지의 방향이나 지침에서 성립한다. 그리고 이것은 우리의 욕망과 감정의 기초적인 동기적 구조의 영역과 관련되어 있다.[42] 예의범절에 따라서 행동하는 것은 인의 덕을 함양하여 얻기 위한 가장 중요한 수단 중 하나이다. 이것이 "자신을 깨달아 예의범절로 돌아가는 것이 인이다"가 의미하는 것 중 하나이다.

3) 인과 예의 긴장감

공자는 예에 가치를 부여하고 예를 진지하게 실천한다. 그러나 이것은 예를 실천하는 것이 마음에도 없이 예의범절의 규칙을 고수하고 복종하는 것을 의미하지는 않는다. 오히려 예를 실천하는 것은 개인의 의식적인 노력이 필요하다. 개인의 예에 따른 행동의 목적은 예의범절을 엄격하게 고수하는 것이 아니라, 사랑과 존중의 감정을 함양하거나 드러내는 것이며, 사람의 마음[人心]을 발견하는 것이다. 이것은 의식적인 자아 함양의 과정이다. 공자는 예의 의미를 파악하지 못하고 그 중요성을 이해하지 못하는 예의 실천을 거부한다. 그리고 이런 실천은 실질적인 의미에서 자아 함양의 과정이 아니라고 주장한다. 이것이 공자가 유교의 규범을 따르는 것처럼 행동한다 할지라도, 실제로는 도덕 실천에서 의식적인 참여 없이 관례만을 따르고 있는 '향원(鄉愿)'을 힐난하는 이유이다.* 공자는 이런 유형의 사람을 '덕을 해치는 사람[德之賊]'이라고

---

* 향원은 '선한 시골뜨기'로 번역되기도 하며, 얼핏 군자로 보이나 자기 포장이 능

부른다.[43] 왜냐하면 예에 따라서 살아가려는 의식적 노력, 자기 함양이 없기 때문이다.[44]

인과 예의 이런 관계에 비추어서, 뚜 웨이-밍은 인과 예에는 창조적인 긴장이 존재한다고 주장한다.[45] 그에 따르면, 유교에서 인과 예의 관계는 기독교에서 법칙과 가스펠(복음)의 관계에 의해 잘 조명될 수 있다. 콕스^{Harvey Cox}의 유비에 의하면, 예는 이 세상의 표준을 의미한다. 반면에 인은 선택과 대답 가능성의 소환을 의미한다. 예는 인간이 사회 속에서 살아간다는 사실을 나타내준다. 인은 사람이 사회적 힘의 교차점 그 이상이라는 중요한 사실을 지적한다. 그는 스스로 선택하도록 소환받았으며, 유전자의 총합 그 이상의 가능성을 가진 자아를 깨달아야 한다고 느낀다. 사람은 예 없이는 살아갈 수 없다. 그러나 예가 전적으로 결정적이게 되었을 때 그는 더 이상 실질적인 사람이 아니다.[46] 결과적으로 유교 철학자들은 사회의 강제적 본성을 수동적으로 주어진 조건으로 인식했을 뿐만 아니라 적극적으로 창조적 수단으로 인식했다. 예는 인이 없다면 공허한 형식주의가 되어버린다. 인 없는 예는 의식적 개선을 이룰 수 없고 참된 인간의 감정을 파괴하기 쉬운 사회적 강제로 쉽게 퇴락해버린다. 5·4 신문화 운동* 기간 동안 특히 노신(魯迅)과 같은 문학가에게 격렬한 비판을 받은 '예의 이론[禮敎]'이 좋은 예이다. 이점을 해명하기 위해서는 하나의 예시만으로도 충분하다. 명−청시대에 많은 과부들이

한 위선자를 의미한다.
* 제1차 세계대전이 끝난 후 일본이 점유하고 있던 산둥지역의 권리 반환을 요구하며, 1919년 5월 4일 학생들이 일으킨 투쟁운동.

자살을 감행했는데, 이들은 자신들의 행위가 제례의 예에 일치한다는 것을 증명하려는 소망을 가지고 있었다. 이런 어리석은 일들을 논의하면서, 노신은 이런 유형의 예를 '식인(食人)'이라고 부르고 있다.[47]

4) 예는 인의 필수적인 부분이다

예에 따라서 행동하는 것은 인의 감정을 함양하기 위한 도구일 뿐만 아니라, 그 자체로 일반적 덕으로서 인에 필수적인 부분이기도 하다. 공자에 따르면, 예에 따라서 행동하는 것은 단지 인의 덕을 함양할 수 있는 가장 중요한 수단 중 하나일 뿐만 아니라 그 자체로 인의 덕의 한 부분이기도 하다. 하나의 의미에서 예에 따르는 것은 인을 소유하기 위한 기준이다. 예를 들면, 공자에 따르면 사랑으로서 인은 자기 부모와 형을 향하여 갖는 감정에 기초해 있다. "효성과 우애는 인을 실천하는 근본이다."(『논어』, 1:2) 따라서 부모가 돌아가신 후에 장례의 예를 다하는 것은 개인이 부모에 대한 감사와 애정을 보이는 기본적인 방법이다. 따라서 장례를 치루는 태도를 보고서, 우리는 그가 인을 가진 사람인지 그렇지 않은지를 말할 수 있다. 『논어』는 다음과 같이 기록하고 있다.

제아(宰我가) 3년 상에 관해 물으면서, 1년이면 족하다고 말하였다.

공자가 "쌀밥을 먹고 비단옷을 입으면 마음이 편하겠느냐?"라고 물으니, 그는 "편안할 것입니다"라고 대답하였다.

공자께서 말씀하였다. "네가 편하다면 그대로 하여라. 군자는 상중에는 좋은 음식을 먹어도 맛이 없고, 음악을 들어도 즐겁지 않고, 거처하는 것이 불안하기 때문에 그렇게 하지 않는 것이다. 이제 네가 편하다면 그대로 하여라."

제아가 밖으로 나가자. 공자께서 말씀하시기를 "제아는 인자하지 않은 것이다. 자식은 태어난 지 3년이 지난 후에야 부모의 품에서 벗어나는 것이니, 3년상은 온 천하에 통용되는 상례(喪禮)이다. 제아도 자기 부모한테서 3년 동안의 사랑을 받지 않았는가?"(『논어』, 17:21)

공자는 부모에 대한 가장 중요한 예(禮) 중 하나인, 3년상을 제아가 바꾸려고 했기 때문에 그를 인이 결여된 사람으로 여겼다. 이것은 공자에게서 예를 실행하는 태도가 인의 덕을 가지고 있는지 그렇지 않은지를 보여준다는 것을 의미한다. 그의 시대에 예를 실천하고 지키는 것은 인의 소유와 결여를 구분하기 위한 기준이 될 수 있다. 따라서 예에 부합하는 행위는 인에 필수적인 부분이다. 이것은 "자기를 이기고 예로 돌아가는 것이 인이다"라는 주장의 또 다른 의미로 간주될 수 있다. 공자는 사람에게 '심오한 차원'이 있다는 것을 함축하고 있는 듯이 보인다. 한 사람을 완전한 인간으로 만드는 것은 자기 내부에 있는 이런 차원의 실현을 통해서 이루어진다. 계명된 사람은 사회 규약에 의해 강요된 행동 양태를 답습하려는 욕망 때문이 아니라 자신의 본래적인 요구 때문에 예의범절의 규칙에 따른다. 일단 삶의 본래적 가치가 실현되었다면 사람들은 생명의 원천, 즉 가족과 자신에게 생명을 부여한 조상 그리고 우주에 모든 것을 있게 한 궁극적인 형이상학적 원리인 하늘에 대해 깊은 의미의 경건함을 자연스럽게 느낄 것이다.[48] 제사는 자신의 내부에 깊게 자리한 이런 감정을 표현할 기회를 제공할 뿐만 아니라 대중을 교육할 기회를 제공한다. 공자는 이런 방식으로 새로운 삶을 전통적인 제례의식의 실천에 스며들게 하였고, 따라서 예에 따른 실천은 인에 필수적인 부분이 된다.

예는 인의 일반적 덕에 필수적인 부분이다. 이것은 또한 예에 대한 분석을 통하여 이해될 수 있다. 이것은 예의범절의 규칙을 의미할 뿐만 아니라 예의범절의 덕을 의미한다. 공자와 맹자는 둘 다 예를 덕으로 받아들였다. 예를 들면, 『논어』에서 공자가 다음과 같이 말한 것으로 전해진다. "공손하지만 예가 없으면 수고롭고, 신중하지만 예가 없으면 두려워하게 되고, 용맹하지만 예가 없으면 난동을 부리게 되고, 강직하지만 예가 없으면 가혹하게 된다."(8:2) 비록 이 구절에서 예를 해석하고 이해하는 다른 방식이 있다 할지라도, 이것을 덕으로 이해하는 것이 합당하며, 그래서 이 구절은 덕의 통합을 강조하는 것으로 이해될 수 있다. 예가 덕으로 간주된다는 것은 맹자가 자신의 책에서 예를 인, 의, 지와 더불어 가장 중요한 네 개의 덕 중 하나로 받아들이고 있다는 점에서 분명하다. 예의 행위를 실천하는 사람 그리고 공손과 사랑의 감정을 표현하는 사람을 예절바름의 덕을 가진 사람으로 여기는 것은 공자에게는 자연스럽다. 예의 덕은 인의 일반적 덕에 필수적인 부분이기 때문에 이것은 예에 따라서 행동한다는 것이 인을 지시하는 것이며 인에 필수적인 부분이라는 것을 의미한다. '예로 돌아간다'는 것은 적합한 행동 규칙에 순종하여 행동해야 한다는 것을 함축하는 것이 아니라, 제사 규칙과 규범에 따라서 행동함으로써 잘 함양된 본성이나 성품, 즉 인을 표현한다는 것을 함축한다.

인과 예의 관계에서 우리는 '사랑으로서 인'과 '자신을 깨닫고 예로 돌아가는 것으로서 인'의 내용이 하나이며 동일한 것이라는 것을 알 수 있다. 예를 실천하고 인을 예의 본질로 받아들이면서 감정적 요소를 강조함으로써, 그리고 예를 인의 구체적이고 분명한 형식으로 강조하고 예를 인의 감정을 획득할 수 있는 가장 중요한 수단 중 하나로 여기고, 또한 다른 한편에서 인의 일반적 덕에 필수적인 부분으로 여김으로써, 유교 윤리는 각각의 개념의 우선성을 주장하지 않으면서도, 예에 대한 인의 중요성과 인에 대한 예의 중요성 모두를 강조한다. 여러 학자들은 예와 인의 관계가 아마도 서양 철학에서 형식과 실체의 관계와 유사한 것으로 기술될 수 있을 것이라고 주장하고 있다.[49] 인과 예의 상호 의존적인 관계는 유교 윤리를 덕 윤리나 의무 윤리로 나아가게 하는 것이 아니라, 동일한 윤리 이론에서 덕과 규칙의 통합으로 나아가게 한다. 결과적으로 덕과 규칙의 구별은 결코 뚜렷한 것이 아니며,[50] 서양 윤리에서의 덕 윤리와 규칙 윤리의 갈등은 유교 윤리에서는 결코 나타나지 않는다. 우리와 같은 시대에 살면서 이런 상충을 알게 되었다면 유학자들이 이런 상충은 효과 없는 짓이며, 실재나 도덕적 실천과도 크게 동떨어져 있다고 생각할 것이다. 이들에게 도덕적 행위나 성품 함양은 분리되어서 이해될 수 있다고는 상상할 수조차 없다. 그렇지만 적어도 덕의 윤리와 규칙의 윤리가 서로 상쇄시키는 것이 아니라 보완적인 것으로 여기는 서양의 도덕 철학자들에 동의할 수는 있다.[51]

4.3 인, 예 그리고 도: 덕, 규칙 그리고 이들의 공통 원천

우리가 앞에서 주장했듯이 유교 윤리에서 인은 예의 본질이다. 그리고 예는 인의 구체적인 표현이다. 즉, 유교에 따르면 일반적 의미에서 제례의 본질은 인의 덕이다. 규칙에 합치하여 행동하는 것은 인을 표현하는 것이다. 이러한 점을 통해서 유교 윤리에서는 인과 예, 덕과 규칙이 상호 관련되어 있으며 상호 의존적이라는 것을 알 수 있다. 이것은 유교 윤리를 가장 극단적인 의미의, 즉 의무론적 개념을 철저하게 배제해야 한다고 주장하는 덕 윤리로 여길 수 있는 가능성을 배제한다.

그러나 예가 인을 함양할 수 있는 가장 중요한 수단 중 하나라고 주장했기 때문에, 그리고 심지어 인의 일반적 덕에 필수적인 부분이라고 주장했기 때문에, 유교 윤리가 환원주의적 의미에서 덕 윤리로 간주될 수 있는 가능성이 남아 있다는 문제가 제기될 수 있다. 환원주의적 관점은 옳음 그리고 의무와 같은 의무론적 개념을, 이들이 아레테적 개념에서 파생되었다는 것을 인정하는 한에서 사용해야 한다고 주장한다. 따라서 나는 유교 윤리에서는 예가 인에서 파생된 것이 아니라고 주장할 것이다. 인과 마찬가지로 예도 또한 보다 높은 개념, 즉 도에서 파생되었다. 도는 인과 예 모두의 공통 원천이다. 유교 윤리는 이런 방식으로 윤리의 동일 구조 내에서 규칙의 중요성을 인정할 뿐만 아니라, 덕은 물론 규칙들에 대해서도 성공적으로 설명하는 방법을 발견한다. 더욱이 비록 예가 도에서 파생되었다 할지라도 예는 여러 이유에서 도와 다르다. 이것이 예가 이론적 보편성과 실천적 특수성이라는 특성 모두를 가지고 있는 이유를 설명해준다.

4.3.1 도: 인과 예의 공통 원천

도가 인의 원천이라는 것은 이해하기 쉽다. 3장에서 우리는 도가 덕의 기초라고 주장하였다. 유덕한 사람은 또한 도에 대한 이해를 획득한 사람이다. 유학자들은 유덕한 사람의 특성을 묘사하고 요약하기 위하여 인의 개념을 사용한다. 유교 윤리의 일반적 덕으로서 인은 도에서 도출되어야만 한다. 따라서 우리는 예가 또한 도에서 도출되었다는 것을 주장할 필요가 있다.

우리가 이미 언급했듯이 예의 가장 중요한 기능 중 하나는 조화를 확립하는 것이다. 이것은 예가 임의적으로 이루어진 것이 아니며, 하늘의 이치에 따라서 성왕에 의해서 이루어진 것이기 때문이다. 유교에 따르면 하늘의 이치는 조화이다. 『중용』은 다음과 같이 가르친다. "중(中)은 천하의 큰 근본이고 화(和)는 천하가 도에 달한 것이다. 중과 화[中和]에 이르면 천지가 자리를 잡고 만물이 여기서 자라나는 것이다."[52] 공자는 하늘의 말 없음을 통하여 다음과 같이 지적한다. 하늘이 비록 문자적 의미에서 사람에게 말하지 않는다 할지라도, 우리는 하늘의 활동을 통하여 객관적 질서가 존재한다는 것을 알 수 있다.[53] 하늘의 이치는 우주의 패턴을 구체화한다. 이 패턴은 유기체 전체이며 이 안에서 모든 것들이 그 밖의 모든 것들과 관계한다. 그 관계에서 벗어나는 것은 비-실재 no-entity가 된다.

사람의 이치와 하늘의 이치는 서로 상호 관련되어 있다. 인간의 이치는 하늘의 이치에 따라야만 한다. 그래서 예는 행위를 이끌어내고 사회 관계를 조정하기 위하여 성왕에 의해 만들어졌다. 이것을 통하여 사람들은 사회를 완전하게 통치하고, 따라서 우주와 적절하게 일치시킬 수 있다. 『예기』는 다음과 같이 말한다. "고대 왕들이 하늘의 이치를 드러내고 사람의 감정을 조절하려고 했던 것은 이러한 규칙들을 통해서이다."[54] 예는 우리가 하늘의 법에 따를 수 있는, 그리고 인간 마음의 표현을 적절하게 흐르게 하는 최고의 통로이다. 그래서 하늘의 이치(道)가 예의 원천이다. 『좌전』은 다음과 같이 말한다. "예는 하늘의 규칙적 운행, 땅과 인간 행위의 올바른 현상 중에서 찾을 수 있다. 하늘과 땅은 자신들의 규칙적인 방식을 가지고 있으며 사람들은 이것을 자신들의 모범으로 받아들여서, 하늘의 빛나는 모습을 모방하고 땅의 자연적인 다양성에 따른다…"[55]

예의 위대함에 관하여 말하면서, 순자는 또한 예가 하늘에 그 근원을 두고 있으며 하늘의 이치를 구체화한다고 언급한다.

> 그것으로 하여 하늘과 땅이 합치하고, 그것으로 하여 태양과 달이 빛나고, 그것으로 하여 네 계절이 질서를 이루고, 그것으로 하여 별이 제 궤도를 운행하고, 그것으로 하여 강이 흘러가고, 그것으로 하여 만물이 번영하며, 그것으로 하여 사랑과 증오가 진정되고, 그것으로 하여 즐거움과 분노가 적합한 자리를 지킨다. 아랫자리에 있으면 순종하고 윗자리에 있으면 밝게 다스려 만물이 변화해도 혼란스럽지 않게 된다. 예를 어기면 곧 망하게 된다. 예가 어찌 최고의 것이 아니겠는가![56]

예는 하늘의 이치에서 파생된 것이기 때문에 우리가 하늘의 법칙에 따르게 되는 최고의 통로이다. 이런 사유는 후기 유교 철학자인 정이(程頤)에 의해 크게 발전되었다. 그의 견해에 의하면, "[도]를 배우는 자는 책에 관하여 말하면서 도를 논의할 필요가 없다. 자신의 행동, 마음의 평정 그리고 타인과의 조우를 통하여 예의범절에 자신을 순응시킴으로써 사람들은 도를 얻을 수 있다."[57] 이것이 바로 '적절한 방식으로 인간사를 다루고 결정함'을 통하여, 즉 예의범절의 규칙에 따라서 도에 접근함으로 그가 의미하고 있는 것이다. 정이는 인간사에 관하여 아버지와 아들, 통치자와 피통치자, 남편과 아내, 형과 동생, 친구와 친구 간의 기초적인 다섯 관계를 염두에 두고 있다. 우리는 이런 다섯 관계에서 예의범절의 규칙에 따라 스스로 행동함으로써 도를 이해할 수 있다. 왜냐하면 예는 우리에게 행위를 강제하여 부가하는 외적인 규칙이 아니기 때문이다.

따라서 예와 도의 관계는 분명하다. 도는 예의 근원이고 원천이며 기초이다. 도에서 파생된 예는 하늘의 이치를 나타낸다. 하늘의 이치가 객관적이고 보편적이기 때문에 예도 또한 보편성과 객관성의 성격을 갖는다. 리K.K. Lee가 주장하듯이 사회 조직과 행위에서 추상된 원리들은 자연의 뜻으로 해석되었고, 그것에 의해 이들에게 부여된 우주적인 중요성은 이들의 필연성과 보편성을 강조하는, 사회적 원리를 부가적으로 강화하여 지지해주는 것으로 사용되고 있다.[58] 도덕 원리로서 예는 하늘의 도 안에 근원을 두고 있다. 그래서 절대적이면서 동시에 보편적으로 적용될 수 있는 예에는 상당히 중요한 것이 들어있다. 이것이 예의 특성 중 하나이다.

도는 규칙과 덕에 대한 공통 원천이기 때문에, 우리가 유교 윤리를 관습 규범들을 덕에서 파생된 것으로 여기는 덕 윤리로 간주하는 입장에 따르더라도, 유교 윤리를 피라미드 구조를 함축하는 이론으로 여겨야만 할 것이다. 따라서 비록 유교 윤리에서 규칙과 덕이 상호 의존적일지라도, 모든 관습 규범이 인에서 파생되었다거나 그 역이라는 것은 도출되지 않는다고 이해될 수 있을 것이다. 어떤 규칙은 덕과 직접적으로 관련되어 있지 않은 것처럼 보인다. 그러나 이들은 분명히 도에 기초되어 있다. 많은 덕들은 규칙들의 요구를 넘어서 있다. 예를 들면, 관대함의 덕들이 그러하다. 그러나 이들은 여전히 도를 구체화한다. 간단히 말해서 유교 윤리에서 비록 예와 인이 서로 분리될 수 없게 연결되어 있다 할지라도, 두 개념 각각이 다른 개념보다 더 기초적이며, 앞서 있다는 어떤 주장도 없다는 것에 주목할 필요가 있다. 결과적으로 유교 윤리이론은 덕의 윤리와 규칙 윤리 사이의 소모적인 논쟁에 휩쓸릴 필요가 없다. 왜냐하면 덕과 규칙은 동일한 궁극적 원천, 즉 도에서 도출되기 때문이다.

4.3.2 도와 예: 그 차이점

비록 예가 도에서 파생되고, 이론적으로 예는 보편성의 특성을 갖는다 할지라도, 예는 많은 측면에서 도와는 다르다. 도는 예의 형태로 우리에게 다가올 수 있다. 그리고 우리는 예에서 도를 직관할 수 있다. 그러나 예는 도와 동일하지 않다. 도가 보편적인 한편으로 예는 보편적이고 구체적이다. 예가 내적 정신, 즉 보편적인 도의 구체화라는 의미에서 예는 보편적이다. 내적 정신을 구체화하는 다른 상황에서는 다른 형식을 취한다는 의미에서 예는 구체적이다. 다음과 같은 이야기는 비록 서양적인 것이기는 하지만, 예의 이중적 특성을 조명하는 데 사용될 수 있다.

> 고대 페르시아 왕인 다리우스는 여행하면서 마주했던 문화의 다양성에 흥미를 느꼈다. 그는 칼라티안(인도의 한 부족)이 죽은 자신의 아버지의 시신을 먹은 관습이 있다는 것을 알았다. 물론 그리스 인들은 이런 짓을 하지 않는다. 그들은 화장을 하는 관습이 있다. 그리스인들은 죽은 자를 대하는 가장 자연스럽고 적합한 방식이 장작더미로 불태우는 것이라고 여기고 있다. 다리우스는 생각하였다. 세상에 대한 세련된 이해는 문화의 차이에 대한 이해를 포함해야만 한다고 생각하였다. 어느 날 이런 생각을 가르쳐주기 위해서, 그는 그리스 인을 법정에 출두하도록 소환하였다. 그리고 이들에게 죽은 아버지의 시신을 먹는 것이 어떻겠는지를 물었다. 다리우스가 짐작했던 것과 마찬가지로, 그들은 충격을 받고는 아무리 많은 돈도 그렇게 하도록 자신을 설득하지 못할 것이라고 대답하였다. 그러자 다리우스는 칼라티안 몇 명을 불러서, 그리스인이 들리도록 이들에게 죽은 아버지의 시신을 불태우는 것이 어떻겠는지를 물었다. 칼라티안들은 두려움에 떨며 그렇게 끔찍한 짓은 말하지도 말라고 말했다.[59]

레이첼스James Rachels가 자신의 '도덕 철학의 원리'에서 말하고 있듯이, "헤로도토스의 책인 『역사』에 포함된 이 이야기는 사회과학 문헌에서 반복적으로 제기되는 주제, 즉 다른 문화는 다른 도덕규범을 가진다는 주제를 해명하고 있다. 한 집단에서 옳다고 생각되는 것이 다른 집단 구성원에게는 너무도 증오스러운 일이 될 수 있다."[60] 그러나 도덕 규약 형식들 간의 표면적인 차이점들 이외에도 다른 도덕규범에 구체화되어 있는 공통된 정신들이 있다. 예를 들면, 앞의 이야기에서 레이첼스가 주장하듯이, "칼라티안들은, 헤로도토스에 따르면, '자기 아버지의 육체를 먹는 사람들'이다. 이것은 적어도 우리에게는 충격적이다. 그러나 시체를 먹는 것은 존경의 상징으로 이해될 수 있다. 다음과 같은 생각을 상징하는 행동으로 간주될 수 있다. 우리는 이 사람의 영혼이 우리 안에 담겨 있기를 바란다. 아마도 이것이 칼라티안들의 이해일 것이다."[61] 이것이 사실이라면, 이들이 얼마나 달라 보이는지와는 무관하게, 장례식의 내적 정신이 시신에 대한 존경이나 효성을 나타내고 있다는 것을 알기는 어렵지 않다. 이들이 이런 존경을 보여주기 위하여 채택한 형식들은 매우 다를 수 있다. 그러나 내적 정신은 보편적이다.

비록 고대 중국이 지형적 배경 때문에 다른 세계와 분리되어 있었다 할지라도,[62] 그리고 다른 문화의 다른 도덕적 규약들 간의 큰 차이를 알지 못했다 할지라도, 이들은 자기 사회에서 예의 실천 형식과 내용들이 다른 상황에서 변할 수 있다는 것을 인식하였다. 리우 쑤시언이 주장했듯이, 유교 학자들은 인간 사회에서 시간과 변화라는 요인에 큰 관심을 보였다. 어떤 체계도 이것이 얼마나 완벽하든 관계없이, 상이한 구체적인 상황에 대한 설명을 하지 않고서는 실천될 수 없다.[63] 크릴H.G. Creel은 또한 공자의 예가 사회의 전통적인 관습에 대한 지식과 관련되어 있을 뿐만 아니라 '상황과 상식이 요구할 수도 있는 바대로 이들을 수정할 수 있는 능력'과 관련되어 있다고 주장한다.[64] 크릴의 견해에 대한 증거는

『논어』 전반에 걸쳐서 공자가 일반적으로 즉각적인 대답을 피하려 했던 것에서 찾아볼 수 있다. 그리고 학생의 개성에 맞춰 그 학생에게 말하려고 하는 바를 조절했다는 것에서 찾아볼 수 있다.[65] 대부분의 사람들은 도를 의식하지 못한 채 예를 획득하고 실천할 수 있지만, 도를 획득한 성인은 특정한 상황에서 도덕적 규칙에 따르지 않을 수 있다. 이것이 공자가 자신의 유연성에 스스로 긍지를 가진 이유이다. "나는 이와는 달라서, 꼭 그래야만 한다는 것도 없고, 그래서는 안 된다는 것도 없다."[66] 예의 형식과 내용이 사회 상황에 부합해야 한다는 것은 공자에 의해 승인되었으며 장려되었다. 우리가 앞에서 주장했듯이, 공자가 주나라의 예법에 깊이 개입했다는 것은 잘 알려져 있다. 그러나 그가 실제로 인정하려고 했던 것은 주나라 예법의 정신과 본질이다. 그가 주나라 예법이 수백 세대 동안 변하지 않을 것이라고 말했을 때,(『논어』, 2:23과 3:14) 주나라 예법의 세세한 형식들이 변하지 않을 것이라고 말한 것이 아니다. 사실상 그는 어느 정도의 변화를 인정했다. 예를 들면, 격식(格式)에서는 사치보다는 검소함이 우선하는 것이고,(3:4) 경제적 이유로 삼실로 만든 의관 대신에 명주실로 만든 의관으로 대체할 수 있다.(9:3) 그에 따르면, 예에 보편적인 것은 그 형식과 세세한 내용들이 아니라 그 내적 정신, 즉 예 안에 구현되어 있는 도이다.

도와 예의 관계가 가장 잘 설명될 수 있는 말은 이것이다. "원리는 하나이지만, 그 표현들은 여럿이다." 인의 도는 예의 내적 정신이며, 예는 도의 구체적인 표현이다. 도는 보편적이어서 가장 기초적이고 기본적인 원리로 결코 변하거나 거부될 수 없는 반면, 예는 구체적이어서 다른 관계나 상황에서 도의 상이한 표현 양태들을 인정하며, 이것은 특정한 사회와 문화적 환경에 의해 결정되거나 밀접한 연관을 갖는다.

도가 자신을 나타내기 위하여 여러 상이한 표현들－예의 여러 형식들－을 필요로 하는 이유는 이해하기 어렵지 않다. 이것은 도덕적 상황과 도덕적 문화들이 상이하고 복잡하기 때문이다. 이것은 우리가 앞에서 이미 알아본 바와 같다. 예는 도의 하나의 표현이기 때문에 이것은 도와는 다르다. 예를 들면, 통상 우리는 예를 실천하면서 도를 의식한다. 그러나 어떤 상황에서는 특정한 도덕 규칙에 따르지 않는 방식으로 행동하면서 도를 의식하기도 한다. 그 주된 이유는 언어의 한계 때문이며 성인의 지혜와 통상적인 사람들의 지혜의 차이 때문이다.

도가 성인의 산물인 예의 형식으로 우리에게 다가오기 때문에, 성인은 예 안에 표현되어 있는 도를 만들기 위한 매개체로써 언어의 사용에 호소해야만 한다. 성인의 관점에 의하면, 인간의 의사소통에 사용된 어휘들은 그의 활동에 대한 전달 수단이다. 그러나 의사소통 활동에서 어휘들이 항상 그들의 역할에서 성공적일 것이라는 확신은 없다. 이런 점에 대하여, 뉴라쓰Otto Neurath의 허구적 인물인 쿠-쿠-링Ku-Ku-Ling은 말한다.

> 여러 학파와 여러 이론들이 있다. 이론의 길은 상이한 사람에게는 상이한 것을 의미하지만, 모두에게 보이는 구름 제방과 같은 하늘을 관통해간다. 이론은 이론을 제공하는 사람과 이 이론을 받아들이는 사람에게는 별개의 것이다.[67]

도가 예의 형태로 우리에게 다가오는 과정에서 언어를 사용하기 때문에 생겨나는 오해나 부적절한 이해를 피하는 것이 불가피한 것처럼 보인다. 그 이유는 언어의 한계 때문이다. 이것으로 내가 의미하는 바는 성인이 깨달은 도를 언어가 항상 정확하게 표현할 수는 없다는 것이다. 이것은 도가학자들에 의해 잘 인식되고 있는 듯이 보인다. 『장자』에 있는 한 일화는 언어 사용에 관한 장자의 태도를 잘 조명해주고 있다.

제나라 환공이 어느 날 당상(堂上)에서 책을 읽고 있었다. 윤편(輪扁)이 당하(當下)에서 수레바퀴를 깎고 있다가 망치와 끌을 놓고 올라가 환공에게 물었다. 감히 묻겠습니다만, "전하께서 읽으시는 건 무슨 말입니까?" 환공이 대답하였다. "성인의 말씀이시다." "성인이 지금 살아 계십니까?" 환공이 대답하였다. "벌써 돌아가셨다네." "그럼 전하께서 읽고 계신 것은 옛사람의 찌꺼기이군요." 환공이 화가 나서 말하였다. "내가 책을 읽고 있는데, 바퀴 만드는 목수 따위가 어찌 시비를 건단 말이냐. 이치에 닿는 설명을 하면 괜찮을 것이로되, 그렇지 못하면 죽어 마땅할 것이다." 윤편이 대답하였다. "저는 제일로 미루어 말씀드린 것입니다. 수레를 만들 때 너무 깎으면 헐거워서 튼튼하지 못하고 덜 깎으면 빡빡하여 들어가지 않습니다. 더 깎지도 덜 깎지도 않는 것은 손짐작으로 터득하여 마음으로 수긍할 뿐이지 입으로 말할 수가 없습니다. 거기에 비결이 있는 것입니다. 제가 제 자식에게 깨우쳐줄 수 없고 제 자식 역시 제게서 이어받을 수 없습니다. 그래서 70이 넘도록 늘그막까지 수레바퀴를 깎고 있는 것입니다. 옛사람도 그 전해줄 수 없는 것과 함께 죽어버렸습니다. 그러니 전하께서 읽고 계신 것도 옛사람들의 찌꺼기일 뿐입니다."[68]

도가 학자들에 따르면, 고전들은 비록 성인의 말씀과 행실을 기록한 권위 있는 책이라 할지라도, 언어로 기록할 수 없는 가장 중요하고 미묘한 많은 것을 놓치고 있다. 이에 관하여 노자가 공자에게 말했다는 기록이 있다. "이 여섯 개의 경전은 고대 왕들의 희미한 족적이다. 이들은 그들의 발걸음을 이끌었던 힘에 관해 아무런 말도 하고 있지 않다. 당신 강의의 모든 것은 먼지 위의 족적보다 더 나을 것이 없다. 족적은 신발에 의해 만들어졌지만 이들은 신발과는 거리가 멀다."[69]

이런 이해에 의거해서 도가학자들은 자신들이 '언어로 표현할 수 없는 가르침'이라고 부르는 것을 옹호하였다. 이 가르침은 언어를 사용하지 않는 가르침이다. 『도덕경』 43장에서 우리는 다음과 같은 구절을 찾아볼 수 있다. "무언의 가르침, 무위의 이익, 이런 것들을 깨우친 사람은 극히 드물다." 도가 학자들에 따르면, 도는 느낄 수 있을 뿐 언어로 표현될 수 없다. 이것이 노자가 『도덕경』 첫머리에서 다음과 같이 말한 이유이다. "언어로 표현될 수 있는 도는 항구적인 도[常道]가 아니다." 성인왕에 의해 제시된 예를 실천함으로써 도에 대한 이해를 얻는다는 것은 도가학자들에게는 받아들일 수 없는 것이다. 이들에게 예는 언어를 수단으로 표현된 제사 원리를 모아놓은 것에 불과할 뿐이다.

비록 도가의 견해가 지금과 시대적으로 너무 동떨어져 있을지라도, 언어와 원리의 한계를 이해하는 데 자극을 줄 수 있다. 비록 예가 고대의 성인왕에 의해 제시된 것이라 할지라도, 성인왕에 의해 감지된 도는 예를 통해서는 완전하게 표현될 수 없다. 후대의 학자들이 이 책을 읽고 배울 때 이들의 다양한 배경, 요구, 욕망 그리고 포부에 의해 상이한 이해와 반응이 있을 수 있다. 또한 언어가 이들의 목적에 잘 이바지할 때조차도, 성인에 의해 의미된 도가 그들이 의도했던 바대로 이해될 것이라는 어떤 보장도 없다. 따라서 비록 고전들 속에 기록되어 있는 예가 도의 상세한 예라 할지라도, 도 그 자체와는 거리가 있다. 비록 예를 이상적으로 실천하는 것이 도에 따른 행동일지라도 또는 특정한 상황에서 도를 획득하는 데 도움을 줄지라도, 사람들이 도에 대한 이해 없이 특정한 예를 실천할 수 있거나 특정한 예에 복종하지 않고서 도에 따라서 행동할 수 있다는 것도 불가능하지는 않다.

가능한 한 오해를 피하기 위하여, 『중용』과 『맹자』 같은 유교의 경전은 도덕 규칙이나 도덕 준칙뿐만 아니라 성인이 이런 금언들을 가르친 상황도 기록하고 있다. 단지 이런 방식으로만 이것은 도덕적 성품의 토대가 되는, 일종의 도덕적 의미를 함양하는 데 도움을 줄 수 있다. 그래서 유교 윤리를 이해하기 위한 핵심은 친숙한 서양적 관점, 즉 '옳다는 이유 때문에' 또는 '옳은 태도이기 때문에' 우리는 도덕적 행위를 하여야만 한다는 관점이 아니다. 우리는 예나 도의 올바른 이해와 실천을 안전하게 보장하기 위하여 특정한 도덕적 성품이나 덕을 요구한다. 당신의 마음[心]이 완전히 실현되었을 때만 그리고 당신이 성인의 마음과 동일한 마음을 가졌을 때만 그의 언어를 이해할 수 있다. 그렇지 않다면 오해는 불가피하다.

간단히 말해서, 예가 하늘의 도에 근원을 두고 있다 할지라도 이것은 도 그 자체와는 다르다. 도는 절대적이고 보편적이지만, 예는 도(道)의 표현 양태이며 특정한 상황에 한정되어 있다. 더욱이 내적인 정신—예

안에 구현된 도一은 보편적이고, 예의 거의 모든 형식들은 이런 내적인 정신을 표현하기 위하여 사용되기 때문에 예가 이중적 특성, 즉 보편성과 특수성을 가진다고 말하는 것이 적절할 것이다. 리우 쑤시언이 주장했듯이, 유교 학자들은 원리는 하나이고 그 표현들은 여럿이라고 주장한다. 이들이 보편적인 도덕 원리를 주장하는 윤리와 상황 윤리를 결합할 수 있었던 것은 바로 이런 방법을 통해서다.[70] 한편으로 공자는 "예가 아니면 보지 말며, 예가 아니면 듣지 말며, 예가 아니면 말하지 말며, 예가 아니면 움직이지 말라"(12:1)라고 강조한다. 그리고 이런 예법을 통해서 사람들은 근원적인 원리에 대한 통찰력을 함양할 수 있다. 다른 한편으로 그는 근원적인 원리를 알지 못하기 때문에 항상 완고하게 예를 실천하는 것처럼 보이는 '향원(鄉愿)'을 비난하였다. 사람들에 의해 실제로 실천된 예가 그때그때마다 변하는 것이 확실할 때조차도 이 근원적인 원리는 변하지 않는다. 이상과 같은 설명이 옳다면, "유교 철학자들이 윤리학에서 절대주의와 상대주의 사이의 중간 길로 향하려고 애쓰고 있다는 것에는 거의 의심할 바가 없다."[71]

간단히 말해서, 도와 예의 관계를 아는 것은 실천적으로도 이론적으로도 중요하다. 특히 유교의 도덕 철학을 현대 사회에 호소하는 것을 이해하는 데 중요하다. 공자를 종종 보수주의자라고 비판하는 것은 도와 예의 차이에 대한 무지에서 기인한 것이다. 동시에 소위 5개의 관계가 오늘날 거의 의미가 없어졌으며, 군주제가 사라졌다는 근거에서 유교는 그 제도의 맥락을 상실하였다고 말해지고 있으며, 여러 학자들에 의해 '박물관의 전통' 또는 '역사적 유물'로 여겨지고 있다. 역사학이나 고고학에 관심을 갖는 사람들이나 흥미를 갖는 것으로 인식되고 있다.[72] 유교를 이러한 관점에서 바라보는 것은 단지 문자에만 관심을 기울이는 것일 뿐 유교의 도덕 철학의 정신에 관심을 기울이는 것이 아니다. 하안(何晏)(d.249*)이 통상적인 학자들을 비판하기 위해 사용한 용어를 사용한다면, 이런 학자들은 '옛 사람들이 남긴 발자취(跡)'에만 관심을 기울이고 '발자취를 남기게 만든 이런 유물들 안에 들어 있는 것(所以跡)'을 이해하지 못한다. 결과적으로 '원리는 하나이고 그 표현 양태들은 여럿'이라는 통찰은 무시되고 있으며 상실되었다.

4.3.3 유교 윤리, 규칙 윤리, 덕 윤리

우리가 앞에서 언급했듯이, 규칙 윤리와 덕 윤리의 대립은 윤리학에서 덕의 지위에 대한 상이한 견해에 의거하고 있다. 덕 윤리는 덕에 독립적인 행위 판단은 없으며, 옳은 행위는 덕을 통하여 정의된다고 주장하며, 규칙 윤리는 덕은 도덕적 원리에 상응하는 행위를 하려는 감정이나 욕망이라고 주장한다. 예에 대한 이해 그리고 예와 인 그리고 도의 관계에 대한 분명한 이해에 의하면, 유교 윤리는 규칙 윤리도 덕 윤리도 아니며 이 둘을 하나로 통합한 윤리 이론인 듯이 보인다.

1) 유교 윤리와 규칙 윤리

유교 윤리는 현대 서양 철학에서 통상적으로 비판받고 있는 규칙 윤

---

* 위나라 재상.

리가 아니다. 규칙 윤리에서 도덕적 규칙이나 원리는 비개인적이며 보편적인 것으로 간주되며, 모든 관련된 경우와 모든 사람에게 적용될 수 있다. 예를 들면, 칸트Immanuel Kan의 도덕 철학에서 도덕 법칙은 무조건적이고 개인의 바람과 경향성과는 무관하기 때문에 정언 명령의 형식을 취한다. 즉, "보편적 법칙이 될 수 있도록 동시에 의욕할 수 있는 준칙에 따라서 오로지 행위하라."[73] 도덕적 준칙, 즉 행위를 통제하는 주관적 원리가 승인될 수 있는 것인지에 대한 시험은 보편 가능성에 달려 있다. 이 시험은 모든 사람이 그 원리에 따라 항상 행동해야 한다고 일관되게 의욕할 수 있는가(또는 다른 형식화로는, 이것이 보편 법칙이 될 수 있다는 것을 의욕할 수 있는가)에 달려 있다.[74]

유교 윤리와 규칙 윤리, 특히 칸트의 도덕 철학과의 차이는 도덕 법칙의 보편성에 달려 있는 것이 아니라, 보편 법칙이 도덕적 실천에 적용되는 방식에 달려 있다. 유교에서 도는 하늘과 땅뿐만 아니라 인간 존재의 보편적 길이다. 이것은 시간적 변화나 주체의 변화에 따라 변화하지 않는 항구적인 길[常道]이다. 이것은 보편성과 객관성의 특성을 가진 도이다. 단지 우리가 도를 이해하고 이에 따라 행동할 때만이 이것은 또한 주관적이 된다. 그러나 우리가 이에 따라 행동하든 행동하지 않든 이것은 계속해서 객관적이다. 그렇다고 도는 보편적 원리로서, '거짓말 하지 마라', '약속을 지켜라' 등과 같이 형식화될 수 있는 도덕적 규칙과 동일한 것은 아니다. 도가 무엇인가와 관련하여, 공자는 앞 장에서 제시했던 이유 때문에 이에 대해 거의 말하지 않았다. 대신에 공자는 도의 대체물로 인을 선택하였다. 그러나 그는 인에 대한 형식적 정의를 제공하려고 시도하지 않았다. 그의 제자들이 인에 관하여 그에게 물었지만, 그는 제자들이 가진 상이한 성품에 따라 상이한 대답을 하였다. 이런 상황에서는 이렇게 하는 것이 인이며, 다른 상황에서는 다른 것을 하는 것이 인이다. 인의 형식적 정의를 제공하는 방법은 없다. 왜냐하면 일상적 삶의 다양성과 복잡함 때문에 생길 수 있는 과오를 저지르지 않고서, 우리의 사회적 실천에서 모든 상황을 포함할 수 있는 정의는 없기 때문이다. 이 것은 영국과 같은 여러 나라가 법체계로 성문헌법이 아니라 불문헌법을 선택하고 있는 이유 중 하나이다. 대부분의 선진국에서도 역시 피고가 죄가 있는지 없는지는 특정한 법적 규칙에 의해서 결정되는 것이 아니라, 구체적인 상황을 고려할 수 있는 배심원에 의해서 결정된다. 기본적인 통찰은 바로 존재하는 엄밀한 규칙들이 현재의 사례에 적용될 수 없을 수도 있다는 것이다.

유교에서 개념적 구조만을 통해서는 도(道)의 이해를 얻을 수 있는 방법은 없는 것처럼 보인다. 오히려 일상생활에서 덕을 함양하는 과정에서 얻을 수 있는 듯이 보인다. 유학자들은 인간 이성을 통해서는 물자체가 이해될 수 없다는 의미에서 '물자체는 지성계'라는 칸트의 주장에 동의한다. 그러나 유학자와 칸트의 중요한 차이점은 바로 유학자는 덕의 함양이나 도덕적 직관을 통해 도에 대한 이해를 획득할 수 있다고 주장한다는 점이다. 덕의 함양을 통해 도에 대한 이해를 획득할 수 있는 근거는, 우리가 주장했듯이 유학자에게서 인간의 마음[心]은 무한하며 인간의 본성은 본래 선하다는 점이다. 우리는 도를 이해할 수 있는 능력을 가지고 태어났다. 그리고 하늘과 땅과 관련하여 동일한 입장에 있을 수 있는 능력을 가지고 태어났다. 우리가 덕을 함양할 수 있는 근거는 구체적인 상황과 무관하게 엄격하게 도덕적 규칙에 따라서 행동해야 한다는 것에 있지 않다. 반대로 우리는 도를 얻기 위하여 덕을 함양한다. 그래서 우리는 특별한 상황에서 도덕 규칙에 따라서 행동해야 하는지 행동하지 않아도 되는지, 그리고 왜 그렇게 행동해야 하는지 또는 왜 그렇지 행동하지 않아도 되는지를 알 수 있을 것이다.

유교 윤리는 이것이 통상적으로 이해되고 있는 의미에서 그리고 도덕 규칙이 어느 상황에서 누구에게든 보편적이고 비개인적으로 적용되어야 한다는 칸트의 견해를 받아들이지 않는다는 의미에서 도덕 규칙 또는 원리의 윤리가 아니다. 칸트의 도덕 철학은 순수한 이성에서 나온 것이다. 자유로운 도덕적 주체는 시공간을 넘어선 지성계의 세계에 자리하고 있다. 한편으로 도덕 교육과 도덕적 실천은 대부분 현상 세계에서 이루어진다. 설명되지 않는 방식으로 지성계의 질서는 현상의 질서를 생기게 하고 현상의 질서 안에서 표현되지만, 여전히 감각할 수 없고 감각되지 않은 채 남아 있다. 현상에서 지성계로의 이동은 없다. 도덕 규칙의 형식적 보편성이 강조된다. 반대로 유교 학자는 이 세계의 도덕적 실천에 초점을 두고 있다. 그리고 도덕 규칙의 내적 정신의 보편성을 강조한다. 즉, 도는 자신의 본성을 완전히 계발한 모든 사람에 의해 획득될 수 있다. 이 세계의 도덕적 함양과 실천을 통하여 지성계에 속하는 도에 대한 이해를 획득할 수 있다. 더욱이 도덕적 덕을 도덕 규칙에 따라 행위하려는 획득된 습관이나 경향으로 여기는 대신에, 유교학자들은 도의 올바른 실천을 허용하기 위해서는 우리에게 덕이 필요하다고 생각하였다. 이 도의 올바른 실천은 예에 따르는 행위를 포함할 뿐만 아니라 특정한 상황에서는 특정한 제사 규칙을 필연적으로 위반하는 것도 포함한다. 이것이 유교학자들이 적합한 (예에 적합한, 즉 상황에 적합한) 것이 무엇인가를 의미하는 의(義)의 덕을 강조하는 이유이며, 예를 실천하기 위한 본질적 조건으로 의의 덕을 내세우는 이유이다. 의에 대한 사례들과 상세한 논변은 도덕 행위의 유교적 이해를 다루는 다음 장에서 제공될 것이다.

2) 유교 윤리와 덕 윤리

그렇지만 유교 윤리를 일반적인 의미에서 덕 윤리로 해석하는 것도 또한 가능하지 않다. 우리가 서론에서 주장했듯이 윤리 이론 내에는 덕과 덕의 기능과 위치에 관하여 상이한 견해들이 있다. 덕 윤리의 대체 이론에 따르면, 행위의 옳음, 그름, 책무와 같은 의무론적 개념들은 정합적이지 않거나 해로운 것으로, 윤리 이론에 의해 철저하게 무시되어야 한다. 덕 윤리의 환원주의 견해가 옳음과 책무와 같은 의무론적 개념들이 아레테적 개념에서 도출되었다는 것을 기억하는 한 이들을 사용할 수 있으며 사용해야 한다고 주장한다.

이 두 덕 윤리 이론 중 어떤 것도 도덕적 성품의 평가와 도덕적 행위 평가의 차이를 잘 설명할 수 없다. 특히 한 사람의 [일회적인] 우연적 행위를 어떻게 평가해야 하는지에 관해서 좋은 설명을 제공할 수 없다. 예를 들면, 돈 때문에 살인을 한 잔혹한 사람이 불난 집에 있는 어린이를 구출하려고 할 수 있다. 그 살인자를 그의 [일회적인]우연적 행위 때문에 선한 사람이라고 말하기는 어려울 것이다. 그리고 이 행위가 잔혹한 살인자에 의해 이루어졌기 때문에 이 행위가 선하지 않다고 말하는 것도 마찬가지로 어려울 것이다. 이것을 평가하는 데 어려움은 덕 윤리의 중심 문제, 즉 그 자체로 매우 복잡한 성품에서 기인한다. 이중적인 인격을 가진 사람들이 관련되는 경우에 평가의 문제는 보다 더 복잡할 수 있다. 이 문제는 행위를 평가하는 것과 성품을 평가하는 것을 구분함으로써 다루어질 수 있다. 덕 윤리의 이 두 견해, 즉 의무론적 개념에서 벗어나야 한다는 견해와 의무론적 개념이 아레테적 개념에서 도출되었다고 주장하는 견해 모두에 따르면, 그 살인자는 잔혹하지만 아이를 구출하는 행위는 선하다고 말할 수 있다. 그러나 잔혹한 사람이 선한 행위를 수행한다고 말하는 것은 모순처럼 보인다.

유교 윤리는 덕 윤리의 대체 견해도 환원적 견해도 아니다. 왜냐하면 유교 윤리는 도덕 실천에서 예의 중요성을 강조하기 때문이다. 우리가 주장했듯이, 첫째, 유교는 예를 도덕적 행위의 옳음을 평가하기 위한 가장 중요한 표준으로 삼고 있다. 둘째, 유교는 예가 인에서 도출된 것도 인이 예에서 도출된 것도 아니라고 주장한다. 인과 예 모두는 공통된 근원, 즉 도에서 도출되었다. 이런 의미에서 유교 윤리는 덕 윤리의 온건한 견해가 아니다. 온건한 견해에 따르면 윤리 이론은 (적어도) 서로 환원될 수 없는 두 부분을 가지고 있다. 한 부분은 행위의 도덕성을 다루고 다른 부분은 성품의 도덕성을 다룬다.[75] 그러나 덕에 대한 설명을 옳은 행위에 대한 설명을 보완하는 것으로 간주하는 대신에, 온건한 입장은 동일한 행위들이 덕의 문제와는 독립적으로 평가될 수 있다 할지라도,

대부분의 도덕성은 성품과 관련되어 있다고 주장한다. 이것은 유교 윤리와 매우 유사하게 들린다. 그러나 핵심은 덕에 대한 설명과 규칙에 대한 설명을 서로 환원할 수 없는 두 부분으로 여기는 대신에, 유교 윤리는 두 부분이 독립적이면서 서로 관련되고 그리고 동일한 근원, 즉 도에서 도출되었다고 주장한다. 유교 윤리가 인과 예의 상호 의존과 밀접한 관련성을 강조한 덕분에, 유학자들이 덕 윤리와 규칙 윤리를 서로 상쇄시키는 것이기보다는 상호 보완하는 것으로 여겼다는 것은 어렵지 않게 찾아볼 수 있다.

더욱이 유교의 덕은 도에서 도출되었기 때문에 덕에 대한 유교의 설명은 실천적 맥락에서 이루어진 것일 뿐만 아니라 초월적 개념에 근거하여 이루어진 것이기도 하다. 덕에 대한 유교의 설명은 한편으로는 문화에 크게 의존하며 문맥 상관성이 크며, 다른 한편으로는 근대와 관련되어서 보편적으로 받아들여질 수 있는 것이다. 이런 이유 때문에 동아시아 국가의 근대화 과정에서 유교의 덕의 성공적인 실천은 근대적 호소력이 반영된 유교 윤리의 새로운 탐구 방향을 촉발하였다.

간단히 말해서 예와 군자, 예와 인, 예와 도의 관계에 대한 고유한 이해와 예의 중요성을 강조하기 때문에, 유교 윤리는 규칙 윤리도 덕 윤리도 아니며, 두 윤리를 하나의 동일한 윤리 이론으로 통합한 윤리이다. 그렇다면 이 통합은 어떻게 도덕적 실천에서 실현될 수 있으며, 도덕 교육에서 구체화될 수 있는가? 이것이 대답되어야 할 문제이다.

제 5 장

사회의 도덕적
실천(관행)에서
예(禮)와 인(仁)의 통합

사회의 도덕적 실천(관행)에서 예(禮)와 인(仁)의 통합

앞의 두 장에서 유교 윤리가 덕 윤리도 아니고 규칙 윤리도 아니며, 오히려 이 둘을 통합한 윤리라고 주장하였다. 유교에 따르면, 윤리학은 실천학이다. 이것으로 내가 의미하고 있는 바는 다음과 같다. 다른 축구 선수들이 적어놓은 기술과 규칙을 읽는 것만으로는 탁월한 축구 선수가 될 수 없는 것처럼(축구경기에 참가하지 않고서는 축구 기술과 규칙이 의미하는 바를 이해할 수조차 없다), 고전을 읽는 것으로는 인에 대한 이해를 얻을 수 없으며 인자한 사람[仁人]이 될 수 없다. 사회의 도덕적 실천 안에서라야 우리는 예와 인의 의미를 이해할 수 있고 인자한 사람이 될 수 있다. 유교 윤리는 도덕적 실천을 강조하고 있는 윤리 이론이기 때문에, 이런 통일이 사회의 도덕적 실천 안에서 어떻게 실현될 수 있는가에 대한 물음이 자연스럽게 도출되어 나온다. 이 장에서 나는 도덕적 행동과 도덕적 평가에 대한 유교의 이해를 개진하면서, 그리하여 유교 윤리에서 예와 인을 통합하는 방식을 요약하면서, 이 문제에 대답하게 될 것이다.

5.1 도덕 행동에 대한 유교의 이해

도덕 행동에 대한 유교적 개념의 고유한 특징은, 맥락 안에서 올바른 것을 행하기 위하여 올바른 감정을 가지고 올바른 것을 행해야 할 뿐만 아니라, 적절한 맥락에서 올바른 사람에 대하여 이러한 감정을 올바르게 표현하여야 한다는 것이다. 이런 이유 때문에 유교 학자들은 의(올바름 또는 옳은 것)의 중요성을 강조한다. 바로 의를 통해서 유교 철학자들이 도덕 행동과 도덕 규칙, 특별한 상황 그리고 도덕적 성품의 관계에 대한 이해를 제공한다. 도덕 행동을 이해하는 이런 특징적인 유교적 방법을 통해서만이 예와 인의 통일이 가능하다.

5.1.1 의(義)의 중요성

의(義)에 대한 고대 중국어는 어근 분류로는 '양', 즉 '羊'을, 그 음성표기로는 일인칭 대명사인 '아', 즉 我(나, 우리, 나를, 우리를)*를 포함한다. 『설문해자』는 의가 사람의 기품과 위엄(義者·己之威義也)을 의미한다고 설명한다. 초기의 철학적 문헌 전반에 걸쳐서 의(義)는 지속적으로 동음이의어인 의(宜)를 빌려서 정의되었다. 이 宜는 종종 올바른, 적절한,

---

* 我는 중국어에서 '우'로 발음한다.

적합한 또는 적당한 등으로 번역된다.[1] 할David L. Hall과 에이미스Roger T. Ames 는 유용한 제안을 하고 있다. 즉, 이 두 문자의 동음 관계 그리고 의미적 관계에서 볼 때 이 두 문자의 출처는 본래 하나의 뿌리를 갖는 개념에서 나온 것이며, 그 의미가 진화하고 세련되어 가면서 상이한 두 개의 문자 가 충분히 가능할 정도의 차이가 생겨나게 되었다고 말하고 있다. 매우 기초적인 수준에서, 이 두 문자는 이들의 '적합성, 올바름, 예의바름'의 의미에서 일치하고 있다. 그러나 이들은 의(義)가 그 자신의 인격에서 적 절함을 나타내는 반면에, 의(宜)는 그 사람이 처한 상황에서 적절함을 언 급하는 것이라는 점에서 달라진다.[2] 비록 대부분의 경우에 의(義)가 자신 의 인격을 지칭한다 할지라도, 자신이 처한 상황에서 적절함으로써 의 의 본래 의미는 여전히 유지되고 있다. 따라서 우리는 어떤 경우에는 의 가 또한 자신의 구체적인 상황에 대한 적절함을 지칭하고 있다는 것을 알 수 있을 것이다.

의는 고대 중국 철학에서 가장 중요한 개념 중 하나이다. 한비자가 주장하듯이, "올바름은 통치자와 관료, 양반과 평민, 아버지와 아들, 상 하 고위, 친밀한 사이와 먼 사이의 교류, 내적이고 외적인 것들의 예절을 포괄한다." 간단히 말해서, '올바름'은 바르고 정확하게 행해진 모든 것 을 함축한다. 어떤 올바른 것은 바르고 정확하게 행해져야만 한다. 따라 서 "우월한 올바름[義]은 활동하면서 허위를 만들어낸다."[3] 이것은 의가 행위의 도덕적 가치를 평가하는 척도로 기능한다는 것을 의미한다. 유 교 윤리에서 의가 규범 판단을 다루는 여러 결정적인 구문에서 사용되 었다는 사실을 고려해보면, 의가 도덕적 행위를 평가하고 판단하기 위한 표준이나 원리인 것처럼 보인다. 쳉 청-잉Cheng, Chung-ying이 주장하듯이, 의는 한 사람의 활동을 다른 사람들이 도덕적으로 받아들일 만한 것으로 만들어주고, 인간 행위의 도덕성을 정당화해주는 것으로 만들어주는 원리이다. 달리 말한다면 의가 인간 행위의 옳고 그름의 질을 부여해주는 도덕의 기초 원리이며, 도덕 행위자로서 우리를 본래적으로 만족시켜주는 상황을 만들어내는 도덕의 기초원리라고 할 수 있다.[4] (한 사람이 된다는 것이 무엇을 의미하는지를 결정하는 것이 예이기 때문에) 한 행위가 예에 적절하거나 구체적인 상황에 적합하다면 그 행위는 의로운[義] 행위이다.

5.1.2 의와 예: 도덕 행위, 도덕 규칙 그리고 인간의 관계들

의(義)의 초기 표현은 매우 개인적인 것이었다. 묵자는 이런 상황을 생생하게 기술하고 있다.(11:14)

> 옛적에, 인간이 존재한 지 얼마 되지 않아 정부도 법률도 없을 때는 사람들마다 의가 달랐다고 한다. 따라서 한 명의 사람이 있었을 때 거기에는 하나의 의가 있었고, 두 명이 있었을 때는 두 개의 의가 있었으며, 열 명일 때는 열 개의 의가 있었다. 사실상 사람 수만큼의 의가 있었으며, 모든 사람의 자신의 의를 승인하고 모든 다른 사람의 의에 동의하지 않았다. 따라서 사람들 속에서 불일치가 생겨났다.

이것을 시작으로 사회화의 과정을 거쳐서 도덕적 행위에 대한 이런 개별적인 표현은 예로 조직화되었다. 이런 예(禮), 즉 명확하게 표현된 문화 전통의 합의를 통해 보존된 적절한 사회적 행동은 과거 세대가 이 세계에 공헌했던 의(義)의 보관소이다. 대부분의 경우에 의로운 행동은 또한 예에 따른 행동이기도 하다.

우리가 앞 장에서 주장했듯이 유학자들은 의의 중요성을 강조하였다. 왜냐하면 의가 인간의 고유한 삶을 사는 데 본질적이기 때문이다. 유학자들에게 삶을 산다는 것은 사회적 관계 안에서 산다는 것이며 다섯 가지 인간관계(오륜) 안에서 산다는 것이다. 이것은 『맹자』에 다음과 같이 진술되어 있다. (1) 아버지와 아들, (2) 통치자와 피통치자, (3) 남편과 부인, (4) 형제들 그리고 (5) 친구들. 인간 고유의 삶을 산다는 것은 다른 사람과 위엄을 갖춘 조화를 이루며 산다는 것을 의미한다. 인간으로서 고유한 역할은 다른 사람과 우리의 관계를 통해 규정된다. 더욱이 이런 역할은 '인격'을 그 또는 그녀 자신으로 정의한다. 예를 들면, 어머니가 되기 위해서는 아이를 가져야만 한다. 선생님이 되기 위해서는 학생이 있어야만 하고, 친구가 되기 위해서는 친구가 있어야만 한다. 어머니, 선생님, 친구인 한에서는 자신들에 맞는 행동을 해야 하는 특정한 방식들이 있다. 이 방식들은 '예에 의해 규정'된다.[5]

본래 예는 '도덕적' 또는 적절한 인간 활동을 정의할 뿐만 아니라, 한 인간이 된다는 것이 의미하는 바를 유교적 관점을 통하여 규정한다.[6] 의로운 행위들은 이들의 사회적 역할과 다른 사람들과 이들의 관계에 적합한 행위들이다. 이것은 통상적으로 예에 의해 규정된다. 예의 내용은 특정한 인간관계에서 특정한 역할의 적합한 사회적 활동에 관한 것이기 때문에, 통상적으로 의(義)의 행동은 자신의 사회적 역할이나 지위에 적합한 행동이다. 이것이 공자가 다음과 같이 말하는 이유이다. "군자는 의로 바탕을 삼고 예로 행하며 겸손한 태도를 보이며 믿음으로 이룬다."(『논어』, 15:17) 순자는 다음과 같이 말한다. "의를 바탕으로 의를 실천한 후에야 의롭게 된다."(『순자』, 27장, 16) 이런 의미에서 의의 중요성에 대한 유학자들의 강조는 '정명' 이론과 상응하며, 이와 밀접한 관계를 갖는다. 가령 행정가가 행정가의 지위에 적합한 방식으로 행동한다면, 그는 의로운 행정가이다. 그리고 그가 행정가의 지위에 적합한 방식으로 행동하지 않는다면, 그는 의로운 행정가가 아니며 비난받을 것이다. 『좌전』에서는 자신의 지위에 적합하지 않은 방식으로 행동한 군주의 형제의 행위를 기록하면서, "바르지 못한 행동을 함으로써 그는 자신을 망치게 될 것이다"라는 결론을 내린다.[7]

의에 대한 공자의 설명은 종종 적합한 역할이나 지위와 관련되어 있다. 『좌전』 성공(成公) 2년에 다음과 같은 기록이 있다. 제나라가 노나라를 침범하였다. 그리고 위나라 무공(武公)은 손량부(孫桓子)를 시켜 노나라를 도우라고 군대를 보냈다. 그러나 군대가 제나라로 가는 길에 패배하였다. 손량부를 구해서 탈출시켜준 사람은 신축의 사령관인 중숙우해(仲叔于奚)였다. 그 결과로 위나라 사람들은 우－해에게 영지 하나를 하사하였다. 그러나 그는 그것을 사양하였다. 그리고 그는 (왕자의 것과 같이) 악기를 불완전하게 배치하여 비스듬하게 매달 수 있도록 허용해 달라고 요청하였다.* 그리고 왕자의 등 허리띠와 굴레 장식을 하고서 조정에 나올 수 있게 허락해달라고 요청하였다.** 공자가 이 이야기를 듣고서, "애석하도다. 그에게 많은 영지를 하사하는 것이 나을 뻔했다. 이 것은 오직 [그것이 속한 사람 이외에] 다른 사람에게는 인정될 수 없는 이름이며, 사용할 수 없는 물품이다. 이것은 통치자가 특별히 관심을 가지는 사람들에 해당하는 물품이며 이름[器名]이다. 그가 [백성들의] 신뢰를 얻게 되는 것은 바로 이름[을 사용할 권리] 덕분이다. 그 신뢰에 의해서 [신분에 해당하는] 물품을 지닐 수 있다. 이런 물품 안에 신분의 예법상의 차이점이 숨겨져 있다. 이런 예법상의 차이점들은 실천의 옳음에 본질적이다. 옳음은 [국가의] 이익에 이바지한다. 그 이익으로 백성들을 다스린다. 이런 것들에 관심을 가지는 것은 선한 정부의 조건이다…"[8] 공자에게 정당성은 그 사람의 사회적 지위나 위치에 맞는 적절한 것과 통상 관련되어 있다.

간단히 말해서 유교 윤리에서 도덕적 행위는 개인적인 세세한 삶과 독립해 있는 불편부당한 개인이 수행한 행위가 아니다. 우리가 지난 장에서 주장했듯이 예의 가장 중요한 기능 중 하나는 인간의 관계들을 구별하고 조정하는 것이다. 특정한 사회관계에서 행동의 적절한 방식은 예에 의해 명령된다. 이것은 일반적으로 도덕적 행위가 대부분의 시간에 예에 따라서 사회적 관계를 실행하는 행위라는 것을 의미한다.

---

* 곡현(曲縣)을 의미한다. 천자의 악기는 4면에 걸었으며, 제후는 남쪽 면을 치워 3면에 걸었다.

** 번영(繁纓)을 의미한다. 말갈기 앞의 장식으로 제후의 예법에 속한다.

5.1.3 의와 특별한 상황

비록 통상적으로는 의에 의한 행위가 한 사람의 사회적 지위나 사회적 역할에 적합한 행위이며, 그리하여 예에 합치하는 행위이지만, 또한 예의 형식과 합치하지 않는 특정한 상황에 있는 여러 행위들이 유교 학자들에 의해 의의 행위로 간주된다. 이런 행위들은, 구체적인 맥락과 특정한 상황에 적절하다는 의미에서, 즉 의(義)의 한 의미와 합치한다는 점에서 옳거나 적절하다. 규칙 윤리학은 한 행위가 옳을 충분조건은 그것이 도덕적 규칙에 따르는 경우라고 주장한다. 첫째, 이 논변은 무엇보다도 옳기는 하지만 도덕적 규칙의 영역에 포함되지 않는 행위에 대한 문제를 해결하지 않은 채 남겨 놓는다. 둘째, 이 논변은 특정한 상황에서 상이한 도덕적 규칙들 간의 상충의 가능성을 무시한다. 한 사람의 맥락과 권변(權變*) 이론에 적절한 것으로서 의(義)의 의미를 강조함으로써, 유학자들은 특정한 상황에서 도덕적 행위를 이해하는 고유한 시각을, 즉 보편성을 특정한 개별적인 것에 적응시킬 뿐만 아니라 주관적인 것을 객관적인 것에 적응시키는 것에서 성립하는 시각을 제공하였다.

유교 학자들은 윤리적 실천과 윤리적 삶의 복잡성의 분명한 개념을 가지고 있다. 실제로 윤리적 삶에서, 모든 사람들은 다양한 인간관계 속에서 살아가며, 따라서 다양한 사회적 역할과 책무를 갖는다. 때때로 상이한 사회적 역할들과 도덕적 책무들의 상충이 있다. 그런 상충들은 중국의 윤리적 사유에서, 특히 통치자에 대한 충성심과 부모에 대한 효도

---

* 일을 형편에 따라 융통성 있게 처리하는 수단.

사이에서 자주 발견된다. 이런 상충들에 대한 단순한 해결책은 없다. 즉, 이런 상충들을 해결할 수 있는 확실한 일반 규칙은 없다.[9]

이런 상충들의 전통적인 사례는 『논어』에서 찾아볼 수 있다.

> 섭공이 공자에게 말하였다. "우리 고을에 정직하게 행동하는 자가 있습니다. 그의 아버지가 양을 가로채자 아들이 그것을 증언하였습니다." 공자께서 말씀하셨다. "우리 고을의 정직한 자는 이와 다르다. 아버지는 자식을 위해 숨겨주고 자식은 아버지를 위해 숨겨주니, 정직함은 그 가운데 있는 것이다."(13:18)

슈 췌융Hsu, Hsei-Yung이 주장하듯이, 이것은 공자의 시대에 상충하는 역할의 전형적인 예이다. 여기에서 공자는 이 상황에서 어떻게 행동하는가에 대한 판단은 규칙이나 법칙에 맹목적으로 따라서는 안 된다고 주장한다. 그 아들이 아버지가 양을 훔치는 것을 목격하고서 고발한다면, 그는 자신의 본성인 인간성을 위배하였거나 무시한 것이다. 효는 인간성의 근본이다. 따라서 공자에 따르면 그 아들이 이 상황에서 어떻게 행동해야 하는가의 문제는 그가 세 가지 요소들, 즉 아들로서 자신의 역할, (아버지가 양을 훔친) 현재 상황 그리고 자신의 행위의 목적을 설명할 수 있는가의 문제이다. 『대학』에 따르면, 아들로서 그는 효도를 해야 하기 때문에 가족으로서의 책무와 사회적 책무 사이의 상충이 있을 때, 공자는 의사 결정에서 가족의 책무가 사회적 책무보다 우선해야만 한다고 주장한다. 아버지의 잘못을 덮어주는 것은 효를 실천하는 것이며, 효를 실천하는 것은 자신 안에서 인간애를 재발견하는 자기-계발의 과정을 이루는 것이다. 따라서 적절한 행동 규칙에 따라서 행동하는 것은 자신의 구체적 상황에 따라서 적절하게 행동하는 옳음의 원리에 기초해야만한다.[10]

맹자는 공자를 '상황에 맞게 행동하는 성인[聖之時者]'으로 존중했다.[11] 그가 그 상황에 이바지한 것 그리고 그가 그의 맥락에서 승인하고있는 것 두 가지 모두에서 그는 시의 적절했다. 공자는 또한 절대적 긍정도 절대적 부정도 인정하지[無可無不可] 않았다. 이것은 그가 스스로를행위에 대한 엄격한 원리에 절대적으로 집착한다고 생각하지 않았다는것을 의미한다. 그는 실제적인 삶의 상황들의 다양성을 인정했으며 나아가 선이 구체적 상황에서 내재적으로 생겨난다는 것을 인정하였다.따라서 그는 다음과 같이 말하였다. "군자는 천하에 오로지 주장함도 없으며 오로지 부정함도 없어서 의(義)를 좇을 뿐이다."(『논어』, 4:10) 순자는또한 공자처럼 상황의 적절함에 대한 고려를 강조하였다. 그는 다음과같이 주장한다. "도량형기나 법칙 같은 것은 나라를 다스리는 방법[流]일뿐으로, 다스림의 근원은 아니다."(『순자』, 12장, 2)

규칙 체계에 대한 내적인 상충의 문제 이외에도 그 규칙들에는 예외가 있을 가능성이 지속된다. 어떤 행동들이 어떤 확립된 규칙에 반대되는 것처럼 보인다 할지라도, 이들은 또한 의(義, 옳음, 적절함)로 간주된다. 이것은 맹자의 논변에서 가능한 것처럼 보인다.

순우곤이 "남자와 여자가 (물건을) 주고받는 것을 직접 하지 아니하는 것이 예입니까?" 하고 묻자, 맹자께서 말씀하셨다. "예이다."

"자매가 물에 빠지면 손으로 끌어냅니까?" "자매가 물에 빠졌는데도 끌어내지 아니하면 승냥이나 이리이다. 남자와 여자가 (물건을) 주고받는 것을 직접 하지 아니하는 것은 예이고 자매가 물에 빠지면 손으로 끌어내는 것은 권(權*)이다."[12]

이것은 유교의 권(權)에 관한 이론의 전통적인 예이다. 권(權)의 본래 의미는 오른쪽 왼쪽으로 움직여서 사물의 무게를 재는 저울의 무게이다. 여기에서 권의 의미는 완고하고 엄격한 것을 의미하는 것이 아니라 유연성을 의미하는 것으로 확장되었다. 유교 철학자들 중에서 맹자는 특별한 상황을 허용하지 않고서 중간을 고수하는 자막(子莫**)을 비판할 때 처음으로 권(權)이라는 용어를 사용하였다.[13] 맹자에 따르면, 권(權)없이 하나를 고수하는 것은 하나를 붙들지만 백 개의 다른 것을 폐기하는 것이며, 따라서 중용에 도달할 수 없기 때문에 이것은 도(道)를 파괴한다. 예를 들면, 미생(尾生)은 아가씨와 다리 밑에서 만나 데이트하기로 약속하였다. 그 아가씨는 나오지 않았고 홍수가 났다. 그는 약속을 지키기 위하여 그곳을 떠나지 않았고 기둥을 붙들고 있다가 결국에는 죽었다.*** 이것은 유연성 없이 하나만 고수한 결과이다. 맹자는 이런 종류의

---

* 저울추로, 고정된 것이 아니라 무게에 따라 이동하는 것을 의미한다. 상황에 따라 달리 대처해야 하는 행동 원리를 의미한다.
** 노나라의 성현.
*** 『사기』의 소진열전에 나오는 일화이다. 장자는 盜跖, 8에서 미생을 비꼬아 비판하였다. 이와 유사한 내용이 논어에도 등장한다. 공자는 "누가 미생고(微生高)를 곧다고 말하였는가? 그는 어떤 사람이 초를 빌리러 오자, 옆집에서 빌려다 주었다."(『논어』, 5장 23)

현학적인 행동에 반대하였다. 이것은 다음과 같은 그의 논의를 통하여 알 수 있다. "대인(大人)은 자신의 말이 반드시 타인에게 신뢰받기를 기대하지 않으며, 행위가 반드시 결실을 맺어야 한다고 기대하지도 않고, 오직 의(義)를 살필 뿐이다."(『맹자』, 8권 11장)

오직 의(義)에 따르는 행위의 유사한 예는 『맹자』를 통하여 찾아볼 수 있다. 맹자는 제(齊)나라에서 준 상금은 거절했지만 송(宋)나라와 설(薛)나라에서 준 상금은 받았다. 왜냐하면 제나라에서 준 상금을 받는 것은 뇌물을 받는 것과 같은 것이기 때문이다.[14] 맹자는 또한 순(舜) 왕조의 행위를 정당화하였다. 『시경』에 기록된 예(禮)에 의하면, 아내를 얻으려는 남자는 부모에게 아뢰어야 한다. 그러나 순 임금은 부모에게 알리지 않고서 결혼하였다. 맹자가 설명하듯이 순 임금은 그가 부모에게 알린다면 결혼 허락을 부모로부터 받지 못했을 것이다. 그래서 그가 부모에게 복종했더라면, 그는 가족의 대를 이를 후손을 얻지 못하였을 것이다. 이것은 결혼 허락을 받지 않는 것보다 그의 부모에 대한 더 적은 효에 해당했을 것이다. 따라서 비록 결혼 허락을 받지 않은 순 임금의 행동이 예에 반하는 것이라 할지라도 이것은 맹자에 의해 정당화되었다.[15]

여기에서 지배적인 고려는 특정한 상황의 시간과 장소에 대한 적절성의 의미에서 의(義)의 사리에 맞는 훈련이다. 보다 일반적으로 변화하는 상황에 대처하기 위하여 의를 사용해야만 한다. 이것은 예나 '약속을 지켜라', '거짓말을 하지 마라'와 같은 도덕 규칙들이 전혀 중요하지 않다는 것을 의미하는 것은 아니다. 그러나 당신이 특정한 도덕 규칙이 명령하는 것을 행할 필요가 없는 어떤 상황들이 있다. 때때로 특정한 상황에서 모든 규칙들에 따라서 행동하는 것은 중요하다. 예의 규칙들을 변함 없이 속박하는 것으로 지속적으로 간주되어야만 하는 것으로 뿐만 아니라 이런 특정한 상황들을 고려하는 것으로 만들기 위하여, 맹자는 정명 (正名) 이론을 사용한다.

예를 들면, 왕자를 살해하는 것을 매우 비난하는 규약이 있다. 그러나 유교의 정치 이론은 일반적으로 타락한 왕조의 사악한 왕을 살해하는 것을 허용한다. 맹자가 이런 명확한 비일관성과 마주했을 때 그는 이것을 정명(正名)으로 해결하였다. 그러한 통치자에게 왕이라는 용어를 적용하는 것을 거부하고 대신에 '평범한 사람'이나 '도적'으로 간주하였다. 제선왕(齊宣王)이 말하였다. "신하가 왕을 살해하는 것이 옳습니까?" 맹자는 대답하였다. "의를 해치는 자는 잔인한 도적[殘賊]이다. 그런 사람을 평범한 사람[一夫]라고 부른다. 나는 평범한 사람인 주(紂)를 죽였다는 말을 들었지 임금을 죽였다는 말은 듣지 못하였습니다."[16]

정명 이론에 따르면, 왕답게 행동하는 왕만이 참된 왕이다. 의(義)에 반하여 행동하는 잔인한 왕은 참된 왕이 아니다. 맹자는 그런 사악한 왕을 살해하는 것은 왕을 죽인 것이 아니라 단지 평범한 사람을 죽인 것이라고 말한다. 정명 이론을 통해 맹자는 예의 규칙들의 상충을 해소하고 예외를 제거하려고 노력하였다. 맹자가 정명 이론을 마음에 품은 것은 그가 다음과 같이 말했을 때이다. "임금이 신하를 손이나 발처럼 보면 신하는 임금을 배나 심장처럼 보고, 임금이 신하를 개나 말처럼 보면 신하는 임금을 나라의 백성처럼 보고, 임금이 신하를 흙이나 지푸라기처럼 보면 신하는 임금을 도적이나 원수처럼 볼 것입니다."[17] 통상적으로 신하는 임금에게 충성해야 하는 것이 예이지만, 임금이 임금답게 행동하지 않는다면 그는 더 이상 참된 임금이 아니다. 그리하여 신하가 임금을 폐할 때조차도 그의 행위는 여전히 정당하다. 정명 이론은 중국의 도덕적 실천에서 폭넓게 사용되었다. 예(禮)에서 벗어나는 것처럼 보이는 행위는 정명 이론을 통하여 예의 권위를 훼손하지 않고서도 도덕적으로 정당화될 수 있다.

예에서 벗어난 행위 이외에도 존재하는 규칙들에 들어맞지 않는 행위들이 있다. 도덕 규칙에 따르는 행위들만이 도덕적 행위라고 주장하는 규칙 윤리학자와는 달리, 유교 학자들은 특정한 상황에 있는 어떤 행위들도 비록 이런 행위들이 확립된 도덕 규칙들 안에 포함되지 않을지라도, 또한 적절하거나 옳다는 것을 인정한다. 그 이유는 확립된 도덕 규칙들이 완고하고 죽어 있지만, 반면에 윤리적 실천이나 윤리적 삶은 살아서 변화한다는 것이다. 확립된 규칙들에 포함되지 않는 새로운 상황들과 새로운 조건들이 항상 있다. 순자는 이런 종류의 상황이 실제로 존재한다고 인정하였다. 이것은 다음에서 드러난다. "법이 있는 일들은 법에 따라 행하고, 법이 없는 일들은 유거(類擧*)에 비추어서 처리한다."[18]

유교 철학자들은 사회적 상황과 변화하는 윤리적 실천의 다양성과 복잡성을 깊게 이해하고 있었다. 이것은 『주역』에서 더 잘 드러나 있다. 존재하는 도덕 규칙들이 일상생활 속에서 발생하는 모든 상황들을 포괄하는 것은 불가능하다. 한편으로 유학자들은 도덕적 행위의 중요한 기

---

* 이전의 여러 가지 일들을 참고하여 일을 처리하는 것, 유추를 의미한다.

준들로써 예와 존재하는 도덕 규칙들을 강조하였다. 다른 한편으로 이들은 특정한 상황의 도덕적 행위를 고려하기 위하여 권변(權變*) 이론을 발전시켰으며 결코 형식적인 도덕 규칙에 속박되지 않았다. 유교 윤리는 따라서 유연하면서도 완고하다. 즉, 적용에서 유연하며 기준에서 완고하다. 유교의 원리인 경권(經權)**의 기본 이념이 여기에서 성립하며, 표준과 예외, 절대와 상대 또는 영원과 순간의 기본 이념이 여기에서 성립한다.

간단히 말해서 도덕 규칙을 모든 상황에서 모든 사람들에게 보편적으로 적용되는 것으로 간주하는 칸트Immanuel Kant와 달리, 유학자들은 도덕적 행위의 규약을 지나치게 엄격하게 고수하는 것이 도덕성 자체를 보지 못하게 만든다는 것을 깨달았다. 옳은 것[義]에 대한 하나의 발전된 의미를 빠르게 주장하고, 주어진 상황들에 유연하게 대응하는 것이 더 나을 것이다.[19] 의(義)가 무엇인지에 대한 의미를 발전시키는 과정은 정확하게 도덕적 덕을 함양하는 과정이다. 결과적으로 도덕적 덕과 도덕적 성품의 이론은 자연스럽고 필연적으로 도출된다.

5.1.4 의, 예 그리고 인: 도덕적 행위, 도덕적 규칙 그리고 도덕적 감정

유교는 도덕적 규칙이 명령하는 것을 행하지 못하게 되는 상황들이 있다는 것을 인정하기 때문에, 그리고 어떤 상황들은 존재하는 도덕 규

---

*   유연성 또는 임기응변.
** 규칙과 법칙에 얽매이지 않고 사정과 상황에 따라 적절히 대처한다.

칙들에 의해 포괄되지 않는다는 것을 인정하기 때문에, 이들은 특정한 상황에서 도덕적 행위를 다루기 위해서 권변(權變, 유연성)과 유거(類擧, 유추) 이론을 제공한다. 그렇다고 권변이나 유거가 임의적이며 근거 없는 이론일까? 그렇지 않다면 권변과 유거의 기초나 토대는 무엇인가? 모든 사람이 권변과 유거 이론을 성공적으로 사용할 수 있는가? 그렇지 않다면, 어떤 종류의 사람이 의(義)를 이해하고 있으며, 권변과 유거 이론을 성공적으로 적용할 수 있는가?

공자는 이 물음에 다음과 같이 대답하고 있다.

> 군자는 중용하지만 소인은 중용에 반한다. 군자가 중용을 행하는 것은 군자로서 시의 적절하기[時中]*, 때문이며, 소인이 중용에 반하는 것은 소인으로서 무기탄(無忌憚**)하기 때문이다.[20]

여기에서 중용(中庸)은 한편에 치우치거나 극단적인 것을 의미하지 않는다. 도덕 규칙들을 적용할 때 사람들은 구체적인 상황에서 실천적 필요에 따라서 이 규칙들을 유연하게 적용할 수 있다. 그러나 이 '유연함'은 '임의성'과 동일한 것이 아니다. 소인은 도덕 규칙들을 존중하지 않기 때문에 신중하지 않으며, 따라서 그는 예나 도덕 규칙들을 고려하지 않고서 [거리낌 없이] 임의적인 선택을 한다. 이것이 예가 없는 사람들이 다른 의(義)를 갖는 이유이다. 따라서 한 사람이 있는 곳에 하나의 의

---

*   변화하는 상황에 적극 대응해 가장 타당한 선택을 하는 것.
**   꺼리낌이 없다.

(義)가 있으며, 두 사람이 있는 곳에 두 개의 의가 있고, 열 사람이 있는 곳에는 열 개의 의가 있다. 예가 확립된 이후에 존재하는 예는 하나의 행위가 의인지 그렇지 않은지를 결정할 수 있는 가장 중요한 표준이 된다. 그러나 존재하는 예는 제한되어 있으며, 도덕적 삶의 모든 상황을 포괄할 수 없기 때문에, 의는 또한 존재하는 예의 예외에 해당하는 행동들에로 확대된다. 이런 확장은 임의적인 것이 아니다. 의에 해당하는 행위로 여겨지는 행위가 비록 예의 형식에 반대되는 것처럼 보인다 할지라도, 이 행위는 예의 정신과 부합하는 것이 틀림없다. 특정한 상황에서 존재하는 규칙이 없거나 존재하는 규칙이 적절하지 않을 때, 이것의 내적 정신은 유거와 권변 이론을 적용하기 위한 기초와 토대이다.

예의 내적 정신은 무엇인가? 우리가 앞 장에서 주장하였듯이, 예의 형식 이외에도 예의 내적 정신도 또한 있다. 이것이 유교에 따르면 하나의 도덕적 행위는 예의 형식에 따를 뿐만 아니라 예의 내적 정신, 즉 인(仁)에도 따르는 하나의 행위인 이유이다. 핑가렛Herbert Fingarette은 자신의 책, *Confucius: the Secular as Sacred*에서 예는 옳은 정신이 스며 있는 행위의 형식을 지칭하며, 인은 이런 정신이―정중하게 타인에 접근하는 문제 그리고 이들을 그들이 받아 마땅한 존중으로 대우하는 문제가―무엇인지를 우리에게 말해준다는 것을 설명한다. 핑가렛은 다음과 같이 말한다.

> 따라서 예와 인은 동일한 것의 두 측면이다. 각각은 그에게 특정한 인간으로서 역할에서 인간 행위의 한 측면을 지적한다. 예는 행위와 관계에 대한 전통적인 사회적 유형에 우리가 관심을 기울이라고 명령한다. 인은 그 행위 유형을 추구하는, 그리하여 이런

관계를 유지하는 사람들에 관심을 기울이라고 명령한다. 예는 또한 그 지위에 맞는 특정한 행위를 불변하는 규범의 예시로 나타낸다. 인은 그 행위를 그 사람의 성향을 표현하는 것으로, 즉 행동하려는 그의 결심을 표현하는 것으로 나타낸다. 예는 그 행위를 명백하고 분명한 일련의 행위 유형으로 나타낸다. 인은 그 행위를 행위자의 단일하고 분할할 수 없는 태도로 나타낸다.[21]

예와 인은 따라서 분리될 수 없는 개념들이다. 이들은 도덕 행위에서 통일된다. 인은 의(義)의 본질로 간주될 수 있다. 이것은 행위와 관습 자체의 내적 정신이며 예를 통하여 표현되어야만 한다. 그래서 유교 윤리에서 도덕적 행위들은 인의 감정의 존재에 의해 동반되어야만 한다. 이것은 규범적으로 잘 함양된 성품이다. 소인이 의(義)의 형식에 부합하는 행위를 우연히 행하는 경우조차도, 도덕적 감정과 동기의 결핍 때문에 그의 행위는 여전히 도덕적으로 칭찬받을 수 없다. 맹자는 다음과 같이 말한다. "예가 아닌 예와 의가 아닌 의를 대인(大人)은 행하지 않는다."(『맹자』, 8권 6장) 이것이 의미하는 바는 비록 그 행위가 의(義)의 형식에 부합한다 할지라도, 대인은 예의 정신에 반하는 행위를 하지 않는다는 것이다. 유교의 의미에서 하나의 도덕적 행위는 예의 형식들(도덕 규칙들)에 부합하며 인의 감정이 스며 있는 행위이다. 의(義)의 행위와 유교 윤리에서 도덕적 행위는 옳은 행위일 뿐만 아니라 도덕적 감정이나 동기가 스며 있는 옳은 행위이다.

달리 말하자면, 유학자들은 자신의 동료를 존중하는 고귀한 방식으로 적절하게 행동하는 능력을 예의 본질로 보고 있다. 그리고 인을 가진 잘 함양된 사람만이 지속적으로 예(禮)에 따라서 도덕적 감정이 스며 있는 행동을 할 수 있다고 생각한다. 이것은 일생동안의 결심을 포함하며, 자기 교육의 지속적인 과정을 포함한다. 공자에게 '도덕적' 행위는 결코 우연이나 습관의 단순한 문제일 수 없다. 오히려 이것은 관련된 사람에 대한 성실하고 헌신적인 성향을 포함한다. 사람들은 예를 존중하고 예를 진지하고 지속적으로 실천함으로써 점진적으로 예의 정신을 파악할 수 있게 되며, 그 사람의 행위들은 자연스럽게 인의 감정이 스며들게 될 것이다. 모든 사람이 의(義)의 의미를 가지는 것은 아니다. 단지 잘 함양된 사람만이 의(義)의 의미를 가진다. 그는 자연스럽게 예에 따르고 특정한 상황에서 의(義)의 의미에 부합하는 행위를 한다. 결과적으로 그의 도덕적 행위는 그의 잘 함양된 성품의 자연스러운 결실이다. 이것이 공자가 다른 상황에서 도덕 규칙을 유연하게 적용하는 것이 쉽지 않다고 주장하는 이유이다. 왜냐하면 이것은 근거 없는 임의적인 선택과 동일한 것이 아니기 때문이다. 오직 군자만이 항상 중용을 예시할 수 있으며, 한편에 치우치거나 극단적인 방식으로 행동하지 않는다. 공자는 다음과 같이 말한다. "중용은 최고의 완전함이다. 이것을 오랜 시간 따를 수 있는 자는 드물다."[22]

간단히 말해서 유교 윤리에서 도덕적 행위는 예의 형식에 부합하는 행위일 뿐만 아니라, 예의 내적인 정신, 즉 인에 부합하는 행위이다. 따라서 한편으로 오직 잘 함양된 사람, 즉 인을 가진 사람만이 예를 자연스럽게 따를 수 있으며, 그것의 내적 정신을 파악할 수 있고, 그래서 특정한 상황에 마주했을 때 의(義)의 의미를 알 수 있다. 그러나 다른 한편으로 잘 함양된 성품과 의(義)에 대한 이해는 진지하고 지속적으로 예를 실천하는 것에서 나온다. 도덕적 규칙에 따라서 도덕적 행위를 계속해서 실천함으로써 도덕적 행위자는 옳은 것의 의미를 점진적으로 함양할 수 있으며 견고한 도덕적 성품을 형성할 수 있다. 유교에 따르면, 윤리 이론이 도덕적 행위를 강조하든 도덕적 행위자를 강조하든 관계없이, 도덕적 행위에 대한 강조는 또한 도덕적 행위자에 대한 강조를 이끌어 와야만 한다. 그렇지 않으면 도덕적 행위를 강조하는 것은 근거나 토대를 상실하게 될 것이며, [도덕적 행위는] 전혀 달성될 수 없을 것이다. 도덕적 행위와 도덕적 성품은 분리되어 강조되거나 존재하는 것이 아니다. 결과적으로 완전한 윤리 이론은 이 둘을 상호 의존적인 것으로 그리고 상호 보완하고 상호 장려하는 것으로 간주해야만 한다.

5.2 도덕 평가에서 예(禮)와 인(仁)의 통합

규칙 윤리에서 도덕적 평가는 주로 도덕적 행위 평가에 관한 것이다. 반면에, 덕 윤리에서, 도덕적 평가는 도덕적 성품에 대한 평가에 집중되며, 도덕적 동기에 대한 평가를 강조한다. 따라서 나는 규칙 윤리와 덕 윤리 모두 도덕적 평가를 이해하는 데 장단점을 가지고 있다고 주장할 것이다. 유교 윤리에서 도덕적 평가는 도덕적 행위와 도덕적 성품 모두에 대한 평가를 포함하며, 행위와 동기 모두에 대한 평가를 포함한다.

5.2.1 규칙 윤리와 덕 윤리에서 도덕적 평가

앞에서 주장하였듯이 공리주의와 의무론 모두에서 가장 기초적인 개념 중 하나는 도덕적 의무 개념이다. "주어진 행위가 의무라고 말하는 것은 … 어떤 규칙, 법칙 또는 원리가 이것이 이루어져야 한다고 요구한다고 말하는 것이다."[23] 따라서 도덕적으로 옳은 행위는 도덕적 원리나 도덕적 규칙에 따르는 것이다. 규칙 윤리가 행위의 의무론적 지위를 결정하는 원리에 초점을 맞추는 것은 도덕성을 법적 체계의 일종으로 바라보는 것에 힘을 부여한다. 원리의 포악성 아래서 툴민Stephen Toulmin의 표현을 빌려온다면, 사람은 사라져버릴 것처럼 보인다.[24] 공리주의와 의무론에 따라서 사는 것은 실제 인간 존재가 아니라, 원리, 규칙 그리고 의무를 마음 쓰며 사는 삶을 의미할 것이다. 결과적으로 도덕 평가는, 관련된 사람, 동기 그리고 상황에 대한 요소를 고려할 필요가 없이, 한 행위가 특정한 원리나 규칙에 따르는지와 관련되어 있다. 규칙 윤리에서 도덕적 평가는 행위 자체에 대한 평가가 최우선이다.

규칙 윤리가 의무와 원리에 초점을 두는 것은 또 다른 원치 않는 결과를 가져온다. 이것은 도덕적 관점에서 단지 중요한 것은 옳은 것을 행하고 우리의 의무를 수행하는 것이라고 말한다. 그러나 어떤 의무도 위반하지 않는 사람이 그럼에도 불구하고 비인간적이며 혐오스러운 방식으로 행동하는 것은 확실히 가능하며 실제로 종종 사실이다.[25] 유사한 문제가 옳음의 개념과 관련해서도 제기될 수 있다. 그래서 현대 서양의 도덕적 정치적 사유에 전형적인 권리에 초점을 맞추는 것은, 타인의 권리를 침해하지 않는다면 그들이 원하는 것은 무엇이든 할 수 있도록 허용되어 있다고 생각하도록 만든다. 말할 필요도 없이 이것은 도덕적 관점에서 사유하는 것이 오히려 해가되는 방식이다.[26] 이것이 해가되는 방법인 이유는 규칙 윤리의 도덕적 평가가 행위 평가이며, 도덕적 성품 평가가 공리주의와 의무론에서 결여되어 있기 때문이다.

덕 윤리가 이정도로 호소력이 있는 이유는 도덕적 동기에 대한 자연스럽고 매력적인 설명을 제공하기 때문이다. 행위 중심이기보다는 행위자 중심 윤리로서 덕 윤리는 행해진 것에 관심을 가질 뿐만 아니라, 행해진 것에서 결과하거나 드러나는 동기, 욕구 그리고 의도의 문제를 더 잘 다룰 수 있다. 예를 들면, 오로지 자신의 행위에 대한 평판과 환호를 위해서 물에 빠진 어린이를 구하는 사람은 옳은 것을 행한 것이 아니다. 그는 선한 동기를 가지고서 그렇게 행한 것이 아니다. 또 다른 예를 고려해보자.

당신은 오랜 병에서 회복을 위하여 병원에 입원해 있다. 당신은 잠을 이루지 못하며 지루해하고 있다. 그래서 당신은 스미스가 병문안을 왔을 때 무척 반가웠다. 당신은 그와 이야기하며 즐거운 시간을 보냈다. 그의 방문은 당신에게 필요한 활력소를 제공하였다. 잠시 후에 당신은 스미스에게 그의 방문에 대해 매우 감사한다는 말을 전했다. 즉, 그는 실제로 좋은 동료이며 좋은 친구이다. 그는 당신을 보기 위하여 시내 한복판을 가로지르는 어려운 발걸음을 했다. 그러나 스미스는 반대했다. 그는 단지 자신의 의무를 했을 뿐이라고 단언하였다. 먼저 당신은 그가 단지 겸손하다고 생각하였다. 그러나 당신이 말하면 말할수록 그가 명백한 사실을 말하고 있다는 것이 더욱 분명해졌다. 그는 원했기 때문에 또는 그가 당신을 좋아했기 때문에 당신을 방문한 것이 아니다. 그는 단지 '옳은 것을 행하는' 것이 자신의 의무라고 생각했기 때문이다. 그리고 이 경우에 그는 당신을 방문하는 것이 그의 의무라고 결정했기 때문이다. 아마도 위로해줄 그 밖의 어떤 사람도 없거나 쉽게 병문안을 올 수 있는 어떤 사람도 없다는 것을 그가 알았기 때문이다.

이 예는 스토커Michael Stocker에 의해 1976년 *Journal of Philosophy*에 실린 논문에서 제시되었다.[27] 스토커는 스미스의 동기를 알고서 당신이 분명히 실망했을 것이라고 논평한다. 그의 방문은 냉정하면서 계산적인 것이었다. 이것은 당신이 생각하는 모든 가치를 상실시킨다. 당신은 그가 당신의 친구라고 생각하였다. 그러나 이제 당신은 그렇지 않다는 것을 배웠다. 앞의 예가 보여주듯이 여기에 무언가 결여되어 있는 것이 있다는 것은 확실하다. 즉, 도덕적 가치와 진가가 결여되어 있다. 우리는 우정, 사랑 그리고 존경에 가치를 부여한다. 우리는 사람들과 상호 존중에 기초한 관계를 원한다. 그것 때문에 사랑과 동정의 감정과 같은 동기의 역할을 강조하고, 윤리적 삶에 대한 충실함, 우정 그리고 사랑과 같은 개인적 성질(인성)을 강조하며, 성품 평가를 고려하는 덕 윤리를 필요로 한다.

덕 윤리는 행위나 행위의 종류의 옳음이나 그름에 중심을 두기보다는 행위자와 그들의 성품의 선함과 나쁨에 중심을 둔다. 따라서 덕 윤리에서 행위자와 이들의 성품에 대한 아레테적 판단이 기초적인 것으로 간주되며, 반면에 행위나 행위의 종류에 대한 평가는 이들이 아레테적

이든 의무론적이든 무관하게 파생적인 것으로 간주된다.[28] 덕 윤리는 성품 평가의 문제를 자신의 중심 관심사로 받아들임으로써, 성품 평가를 무시하기 때문에 불완전해 보이는 규칙 윤리의 문제를 개선한다. 그러나 성품 평가에 대한 강조는 옳은 행위 기준을 무시한다. 결과적으로 덕 윤리는 반대편에서 불완전할 수 있는 위험이 있다. 대부분의 덕 윤리 견해에 따르면, 행위 평가는 행위자 평가로 환원되거나 대체될 수 있다. 이것은 행위가 성품의 표현으로만 평가된다는 것을 의미한다.[29] 행위 평가를 앞선 성품 평가에서 도출할 수 있는 가능성은 많은 철학자들에 의해 의심받아왔다. 예를 들면, 라우던Robert B. Louden은 덕 윤리에 따르면 유덕한 사람이 되는 것은 옳은 행위를 행할 수 있는 (필요조건일 뿐만 아니라) 충분조건이다. 그러나 이것은 도덕적 비극의 가능성, 즉 탁월한 성품을 가진 사람들이 그럼에도 불구하고 특정한 상황에서 그르게 행동하는 상황의 가능성을 무시하거나 거부한다. 덕 윤리는 영웅이 하나의 탁월하고 안정된 성품을 가지고 있는 한에서 그의 행위는 그를 수 없다고 말하도록 만든다. 우리가 덕 윤리의 입장이 불합리하다고 생각하는 이유는 행위자의 동기나 성품과는 무관하게, 어떤 행위들은 나쁠 뿐만 아니라 견딜 수 없을 만큼 절대적으로 금지되어 있다는 우리의 믿음 때문이다. 이 믿음은 간통, 도둑질 그리고 살인과 같은 어떤 행동들은 "그 자체로 나쁘며, 단지 이것들을 행하는 것만으로도 그른 행위를 하는 것이다"라고 주장하는 아리스토텔레스Aristoteles로 되돌아간다.[30] 이런 의무들은 행위자의 동기나 인간성과는 무관하게 모든 행위자와 관련되어 있다.

그렇다면 덕 윤리와 규칙 윤리 모두는 도덕적 평가의 문제에서 각각 자신들의 장점과 어려움을 갖게 되는 것처럼 보인다. 덕 윤리가 도덕 평가의 적절한 이론이 동기와 성품의 요소들을 설명해야만 한다고 주장한 점에서는 옳다. 그리고 어떤 규칙 윤리도 이 일을 해내지 못하였다. 그러나 앞의 분석은 덕 윤리의 도덕적 평가가 만족스럽지 않다는 것을 말해주고 있다. 유교 윤리는 규칙과 덕이 통합되어 있으며 동일한 근원, 즉 도(道)에서 도출되기 때문에, 행위와 동기 평가 그리고 도덕적 행위와 성품 평가 모두를 포함하는 도덕적 평가 이론을 제공한다.

5.2.2 유교 윤리에서 도덕적 평가

유교 윤리의 도덕적 평가에서 인(仁)과 예의 통합은 도덕 평가에서 이들의 상이하지만 관련 있는 기능에 달려 있다. 예가 행위를 평가하기 위한 행위 표준의 체계로 통상 사용되는 반면에, 다른 덕과 마찬가지로 인은 성품을 평가하기 위해서 사용된다. 그래서 하나의 우연적 행위가 자신의 성품과 일치하지 않을 때 행위와 성품 평가는 분리될 수 있다. 그러나 도덕적 행위와 성품의 평가는 무관하지 않다. 공자에 따르면, 한 사람이 오랜 시간에 걸쳐 함양된 뒤에 어떤 탁월하고 안정된 특성을 가졌다면, 그는 자신의 성품에 따라서 통상 행동할 것이다. 여기에 성품 함양의 중요성과 의미가 놓여 있다. 이것은 또한 유학자들이 이상적인 성품의 함양을 강조하는 가장 중요한 이유 중 하나이기도 하다. 이것은 『논어』의 군자에 대한 설명으로부터 알 수 있다.

더욱이 유학자들에 따르면, 도덕적 행위자의 성품은 그가 수행한 일련의 행위에 의해 통상 드러날 수 있다. 결과적으로 한 사람이 예에 따라서 행위했는지를 살펴봄으로써 우리는 또한 사람의 성품에 대한 기초적인 평가를 얻을 수 있다. 이것은 유교의 도덕적 평가에서 널리 행해지고 있다. 공자가 젊은이의 성품을 그의 행위를 살펴봄으로써 평가한다는 것이 『논어』에 기록되어 있다.

> 궐 고을의 동자가 공자의 명령을 전달하는 일을 맡아보자. 어떤 사람이 "학문이 진전된 자이기 때문입니까?"라고 물었다. 공자께서 말씀하셨다. "내 그가 자리에 앉아 있는 것을 보았으며 선생과 나란히 걸어 다니는 것을 보았으니, 학문에 진전을 구하는 자가 아니라 빨리 이루고자 하는 자이다."[31]

예법에 따르면, 젊은이는 구석에 앉아야 한다. 방의 중심은 완전한 성인을 위한 자리이다.(『예기』, II. Sect. I, i, 18) 윗사람과 같이 걸을 때는 젊은이는 약간 뒤에서 걸어야 한다.(II. Sect. I, ii, 4, 7) 그러나 젊은이는 어른을 위해 준비된 자리에 앉았다. 그리고 윗사람과 어깨를 나란히 하고 걸었다. 예의 요구에 반하는 이런 행동으로부터, 공자는 젊은이가 예를 배우고 성품을 함양하여 진전을 이루는 것을 추구하는 사람이 아니라, 빨리 어른이 되어서 인정받기를 바라는 사람이라고 말하였다.

행위 평가와 성품 평가의 관계는 순자에 의해 더 발전하였다. 또한 그는 한 사람의 성품은 그의 행동이 예에 따르는지를 고찰함으로써 평가될 수 있다고 말한다. 순자는 다음과 같이 말한다.

> 본디 옛날 사람들은 나라를 다스리는 방법이 그렇지 않았다. 그들

은 사람을 고르는 데 도가 있었고, 사람을 등용하는 데 법이 있었다. 사람을 고르는 도는 예로써 그를 따져 보는 것이고, 사람을 등용하는 법은 사회 계급으로써 그의 직위를 한정하는 것이다. 그들이 의로움을 행하는 거동을 예를 바탕으로 헤아리고, 그들의 지혜와 생각으로 일을 처리하는 능력을 이루어 좋은 성과를 참조하여 평가하고, 그들이 오랜 세월 쌓아놓은 업적은 공적을 근거로 하여 평가한다….

그러므로 쓸 사람을 예로써 평가하여 그가 공경한 몸가짐으로 편안할 수 있는가를 살펴보며, 그와 더불어 여러 가지 일을 해보고 행동을 해보아 그가 여러 가지 변화에 잘 대응할 수 있는가를 살펴보며, 그와 더불어 함께 놀고 잔치를 벌이면서 그가 지나친 향락에 빠지지 않는가를 살펴보며, 그를 음악과 여자, 권세와 이익, 분한 일과 노여운 일, 환난과 위험 등을 체험하게 하여 그가 지켜야 할 절조를 잃지 않는가 살펴보는 것이다. 그들이 진실로 그러한 것들을 몸에 지니고 있는가와 그들이 진실로 그러한 것들을 지니고 있지 않은가를 흰 것과 검은 것을 구별하듯 알 수 있는 것이니, 잘못 판단할 수가 있겠는가? 그러므로 백락은[32] 말에 관한 일로 속일 수가 없고, 군자는 사람을 판단하는 일로 속일 수가 없는 것이다. 이것이 명철한 임금의 도(道)이다.(12편 군도, 9)[33]

유학자에 따르면, 사람의 성품은 그의 행위가 예에 따르는지를 고찰함으로써 알려질 수 있고 평가될 수 있다. 우리가 주장했듯이 이것은 예의 내적 정신이 인(仁)이기 때문이다. 예의 행위는 예의 형식에 따르는 행위일 뿐만 아니라 예의 내적 정신에 따르는 행위이기도 하다. 이것은 그 사람의 내적인 존중과 사랑의 감정, 즉 인의 감정의 구체화이다. 한 행위가 예의 행위로 평가된다면, 그 평가는 행위 그 자체와 행위의 동기 모두에 대한 평가를 포함한다는 것을 의미한다. 그것은 공자가 다음과 같이 말하는 이유이다. "사람으로서 인하지 않으면 예는 무엇하며, 사람으로서 인하지 않으면 악(樂)은 무엇하겠는가?"(『중용』, 3:3) 한 사람이 사랑과 존경을 가지고서 예에 따라서 행동한다면, 그의 행위를 고찰하고서 우리는 그 사람의 성품을 평가할 수 있다. 규칙 윤리에서 도덕 평가가 단지 도덕적 행위 평가일 뿐이라는 점에서 규칙 윤리에서 행위 평가는 그 이상으로 확장될 수 없으며, 성품 평가와 관련될 수 없다. 오직 행위와 동기가 모두 고려된 후에 우리는 한 사람의 성품에 대한 올바른 평가를 얻을 수 있다.

중국의 역사에서 완전한 도덕 평가가 행위의 동기와 행위의 결과를 모두 포함해야만 한다는 문제를 제기한 사람은 묵자이다. 이것은 묵자의 책에 기록되어 있다.

> 노나라의 왕이 묵자에게 자문을 구하면서 말하였다. "지금 나는 두 아들이 있다. 하나는 배움을 좋아하고 다른 아이는 사람들에게 재산을 나눠주기를 좋아한다. 누가 왕자가 되어야 하겠는가?" 묵자가 대답하였다. "말할 수 없습니다. 이들은 단지 칭찬받거나 상을 받기 위해서 그렇게 했을 수 있습니다. 어부의 미끼는 물고기를 먹여 살리려는 의도가 없습니다. 벌레로 쥐를 잡는 덫은 쥐를 사랑해서가 아닙니다. 왕께서 그들의 의도와 결과를 모두 살피기를 바랍니다."[34]

유학자들이 이 문제를 직접적으로 제기하지는 않았지만, 도덕적 평가가 행위와 동기 모두를 고려해야 한다는 유사한 입장을 취한다. 이것은 이들의 논변을 통해서 알 수 있다. 예를 들면, 공자는 다음과 같이 말한다. "그가 하는 것을 보고, 그의 동기를 파악하고, 그가 편안히 여기는 것을 살피면 그 사람이 자신을 어디에 숨길 수 있겠는가?"[35]

간단히 말해서 유교 윤리에서 도덕적 평가는 행위 평가와 성품 평가 모두를 포함한다. 행위 평가와 성품 평가는 상호 관련되어 있다. 이것은 행위 평가가 성품 평가에서 파생되었으며, 행위 평가는 성품 평가에 기초되어야만 한다고 주장하는 덕 윤리와는 다르다. 이것은 한 사람의 우연적 행위를 평가하는 데 어려움을 겪는다. 동일한 어려움이 우리가 앞에서 언급했던 것과 같은 도덕적 비극의 사례에 존재한다. 도덕적 실천과 도덕적 성품이 모두 매우 복잡하기 때문에, 이런 상황은 우리의 도덕적 삶 안에 존재한다. 유교 윤리는 도덕적 평가 이론에서 이런 특별한 문제를 진술하지 않는다. 그러나 덕과 규칙이 서로에서 파생되지 않았고, 도(道)에서 파생되었다는 기초적인 견해를 통해서 유학자들이 행위 평가와 성품 평가가 한편으로는 서로 관련되어 있으며, 다른 한편으로는 특정한 상황에서 구별될 수 있거나 구별되어야 한다는 것에 불일치를 보이지 않는다는 것을 알 수 있다.

제6장

도덕 교육에서
예(禮)와 인(仁)의 통합

제6장

도덕 교육에서
예(禮)와 인(仁)의 통합

유교는 교육에 대한 포괄적인 이해를 담고 있다. 이야오 신쫑Yao, Xinzhong이 주장하듯이, 유교의 지성주의는 본질적으로 학습과 교육에 기초한 하나의 전통이다. 공자는 중국에서 사적이고 '평등한 교육'을 시작하였다. 그리고 그의 제자들은 공자의 가르침을 사회적 제도로 확립하였다.[1] 이것 이외에 유교 교육의 가장 중요한 특징 중 하나는, 현대 서양의 도덕 교육과 비교해서 도덕 교육의 중요성을 강조한다는 점이다. 교육을 도덕 훈련과 동일시하는 것은 고대 중국 문헌들의 공통점이다. 『사기』와 『맹자』에서 전설의 성인이며 황제인 순 임금은 사람들이 다섯 가지 관계를 알지 못하기 때문에 이들을 교육하도록 명령했다는 기록이 있다.[2]

유교의 도덕 교육에서 예와 인에 대한 강조, 즉 행동을 강제하기 위한 외적 표준으로서 예와 확고한 성품을 형성하기 위한 내적인 도덕적 감정으로서 인에 대한 강조는 유교의 도덕 교육을 어른들뿐만 아니라 아이들도 이해할 만한 것으로 만들어주고, 학자들뿐만 아니라 전통적인 중국 사회에서 평민들도 받아들일 만한 것으로 만들어준다. 내가 주장했듯이, 유교는 우리가 도덕 교육의 두 가지 본질적이며 상보적인 측면이라고 폭넓게 말하고 있는 것에 대해 충분한 주의를 기울이고 있다. 첫째, 다른 중요한 도덕성들과 마찬가지로, 도덕적인 개인 상호 간의 기초적인 원리를 고양하고 가르친다. 둘째, 이들과 마찬가지로 이런 원리들을 실천하기 위해 필수적인 성품의 덕을 칭찬한다.[3]

6.1 예(禮)와 도덕 교육

예는 유교의 도덕 교육에서 중요한 역할을 수행한다. 이것은 인간의 본성에 관한 유교의 이해를 살펴본다면 쉽게 이해될 것이다. 우리가 주장했듯이 인간의 본성은 공자에 따르면, 자신의 환경과 훈련에 따라서 변화될 수 있다. "본성에서 닮아 있지만, 실천에 따라 서로 멀어지게 된다"(『논어』, 17:2)라는 그의 지적은 교육에 필요한 것을 함축하고 있다. 맹자에 따르면, 인간의 본성은 본래 선하다. 그러나 외적인 영향과 오염 때문에, 인간의 선한 본성은 보호되어야 하며 교육을 통하여 계몽되어야 한다. 순자는, 맹자와 정 반대되는 방향에서, 인간 본성이 사악한 것이라고 주장하면서, 성인이 되기 위해서는 예를 통한 훈련의 필요성을 확고하게 옹호한다.[4] 도덕 교육에서 예의 중요성에 대한 유학자들의 강조는 잘 알려져 있다.

6.1.1 도덕 행위의 분명한 표준으로서 예(禮)

　유교에 따르면, 예는 도덕 교육에서 중요한 역할을 수행한다. 규범 원리는 분명하고 명확한 내용을 가지고 있기 때문에, 이들은 그 사회에 속한 사람들에게 분명한 행위 표준을 제공하며, 다른 사회적 맥락에서 행해야 할 옳은 것이 무엇인지를 제공해준다. 예에 따라서 배우고 행동하는 것이야 말로 사람을 특정한 사람으로 만든다. 순자는 다음과 같이 주장한다.

　　임금 노릇은 어떻게 하면 되는가? 임금은 예에 따라 신하에게 나누어 베풀고, 고르게 베풀어 한쪽으로 치우치지 않도록 해야 한다.

　　신하 노릇은 어떻게 하면 되는가? 신하는 예로써 임금에게 봉사하고 충성되고 순종하여 게을리하는 일이 없어야 한다.

　　아버지 노릇은 어떻게 하면 되는가? 아버지는 자식에게 너그러우면서도 그들을 사랑하고 예의를 지켜야 한다.

　　아들 노릇은 어떻게 하면 되는가? 부모를 공경하고 사랑하며 예법을 잘 지켜야 한다.

　　형 노릇은 어떻게 하면 되는가? 아우들에게 자애로우면서도 우애 있어야 한다.

　　아우 노릇은 어떻게 하면 되는가? 형을 공경하고 형에게 복종하되 구차하지 않도록 해야 한다.

남편 노릇은 어떻게 하면 되는가? 부인과 화합하되 아무렇게나 행동하지 않으며, 위엄을 가지고 부인을 대하되 분별이 있어야 한다.

부인 노릇은 어떻게 하면 되는가? 남편이 예의를 잘 지키면 부드럽게 따르면서 시중을 들고, 남편이 무례하다 하더라도 자신에게 잘못이 있을까 두려워하면서 스스로를 삼가야 한다.

이러한 도리들은 한편으로만 지키면 어지러워지고, 양편 모두가 지켜야만 잘 다스려진다. 이 점은 충분히 생각해야만 한다.

그러면 이런 도리들을 아울러 잘 지키려면 어떻게 하면 되는가?

예의를 잘 살펴야만 한다. 옛 임금들은 예의를 잘 살핌으로써 온 천하에 두루 퍼지게 하여, 그들의 행동에는 합당하지 않은 것이 없었다.[5]

규범 원리에 담겨있는 내용은 상이한 사회적 관계에서 사람들의 적절한 행위에 대한 상세한 표준이다. 유교적 전통에서 이 관계들의 본성을 정확하고 분명하게 나타내기 위해서, 상이한 관계들이 발생시키는 특별한 도덕적 책무는 특별하게 인식되고, 도덕 교육에서 예의 역할은 매우 강조되었다. 도슨Raymond Dawson이 주장하듯이, "예에 몰두하는 것이 중국인의 유일한 관심사가 아니다. 우리는 우리 사회에 있는 유사한 개념에 익숙하다. … 그러나 예는 우리를 항목의 극단까지 이끌어가지 않는다. 또한 모든 것을 포괄하는 체계로 간주되지도 성문화되지도 않는다."[6] 예의 표준이 확고하게 확립되었을 때 유학자들에 따르면, 이것은 사람들이 적절한 행동을 승인하고 부적절한 행동을 비난하는 반응을 할 수 있도록 도와준다. 순자에게서 '예의를 잘 살핀' 탓으로, 군자는 어떤 상황에서도 적절하게 행동할 수 있다. 가난하고 궁핍한 상황에도 군자는 괴로워하지 않는다. 부유하고 명예를 가진 상황에서도 군자는 주제넘는 짓을 하지 않는다. 군자가 상황의 변화에 직면했을 때도 그는 극단까지 떨어지지 않는다.[7] 이것은 예의 내용이 사람들의 행동을 지도하고 강제하는 중요한 역할을 수행하면서, 모든 사회적 활동들과 모든 인간관계들에 스며들어 있다는 것을 의미한다.

6.1.2 예를 배우는 것과 도덕적 발달의 국면

도덕 행위의 지침으로써 예는 다양한 사회적 관계에 적합한 방식의 행위를 구체적이고 분명하게 규정한다. 이런 예는 서로를 어떻게 대우하고 어떻게 행동해야 하는지에 관한 훈련을 목표로 삼고 있어서, 분명하고 단순하여 파악하기 쉽다. 따라서 예가 특별한 상황과 관련되어 있다고 생각되었을 때 또는 특별한 상황이 하나의 관련된 원리의 한 예시(例示)일 때, 사람들은 단순히 이 원리에 따르고 복종한다. 행위의 분명한 표준으로써 예는 어린이들이 예를 배움으로써 도덕 교육을 시작하는 데 도움을 준다. 따라서 공자는 사회 안에 서 있기 위해서는 예를 배워야만 한다고 제자들에게 여러 차례 일깨웠다.(『논어』, 8:8, 16:13, 20:3) 유교 윤리에서 비록 도덕 교육의 일차적 목적이 성품을 함양하기 위한 것이며, 군자가 되기 위한 것이라 할지라도 도덕 교육의 출발점은 예를 배우는 것이다.

도덕 교육에서 예의 기능에 대한 공자의 강조는 도덕성 발달에 관한 현대 이론에 의해 다른 방식으로 승인되었다. 도덕성의 역사적 탐구에 따르면, 인간 사회의 초기 단계에는 관습과 도덕성은 차이가 없었다고 말할 수 있다. 부족의 관습은 개별적 행위를 규제하는 역할을 수행하였다. 쏠레이W. R. Sorley가 주장했듯이 초기의 도덕성은 관습을 고수하는 것이었다. 결과적으로 이것은 성품보다는 행위에 관심을 집중하는 것이다. 내면의 본성보다는 외적인 표현에 관심을 집중하는 것이다. 도덕성의 참된 본성을 발휘하기 위해서는 이런 강조는 변화되어야 한다. 즉, 공공연한 행위보다는 동기와 의도가 강조되어야 한다. 도덕성의 진보는 관습의 외적인 규칙에서 점진적으로 해방되는 것을 함축한다. 그리고 동시에 반성적 요인들을 증가시키고 깊게 하는 것을 함축한다.[8] 이것은 인간 도덕성 발달의 역사에서, 원시적인 도덕성이 부족의 관습에서 존재한다는 것을 의미한다. 그리고 이것은 도덕성 발달의 시작이 이런 관습, 원리 그리고 규칙들에 복종하고 존중하는 것에서 존재한다는 것을 의미한다.

도덕 규칙을 고수하는 것에서 성품 실현으로의 진행은 또한 개별자의 도덕적 발달 속에서 발견될 수 있다. 어린이의 도덕 발달에 관한 피아제Jean Piaget의 심리학적 탐구에 따라서, 규칙에 대한 자각과 관련하여 발달은 세 단계를 포함한다. 첫째 단계는 개인주의적 단계로, 이들의 의무론적 본성에 대한 의식적인 이해 없이 규칙을 도구적으로 사용하는 것으로 규정된다. 둘째 단계는 타율성의 단계로, 규칙의 의무론적 본성이 인식되지만 그 근원은 어린이에게 외적인 것으로 지각되며 권위를 일방적으로 존중하는 것에 기초를 두고 있는 단계이다. 이 단계에서 어린이는 규칙을 외적으로 구체화하며, 규칙에 따라서 행동하는 외적 세계의 성질로 간주한다. 그리고 규칙을 완고하고 변화하지 않는 것으로 인식한다. 셋째 단계는 자율성 단계로, 규칙들은 내적으로 의무된 것으로 여겨지며, 상호 동의와 협동에서 생겨나는 것으로 여겨진다.[9] 피아제의 연구는 어린이의 도덕성 발달에는 다른 국면과 단계들이 있다는 것을 말해주고 있다. 그리고 이 발달은 타율성 차원에서 시작하여 자율성 차원에 걸쳐서 일어난다는 것을 말해주고 있다.

타율성에서 자율성으로 도덕성이 발달하는 국면은 대안적으로 성품이 실현되는 국면으로 간주될 수 있다. 이것은 또한 도덕성 발달에서 도덕 원리가 덕의 실현에 필수불가결한 것이라는 것을 말해준다. 브레이브룩David Braybrooke은 우리 대부분에게 규칙은 덕의 학교라고 주장한다. 설명하기 까다롭기는 하지만, 우리는 제시된 규칙을 받아들이고 강제되거나 위협적인 처벌을 인정함으로써 점진적으로 조화를 이룬다. 어느 정도 후에 배움에 대해 특별한 신뢰가 있지 않을지라도, 반발하기보다는 동조하여 따르는 것이 더 쉽기 때문에, 규칙에 단지 복종하는 것을 넘어서 그 규칙을 내면화한다. 우리는 이 규칙에서 벗어나려고 생각하는 것은 불편하다고 생각하며, 이것을 실행에 옮기는 것은 더욱 불편하게 생각한다. 더욱 습관이 든 후에 어떤 규칙에서 아마도 완벽하게는 아닐지라도, 그리고 전체에 대해서는 보다 덜 완벽할지라도, 일탈된 어떤 것을 행하는 것은 우리에게 결코 발생하지 않는다.[10] 도덕 규칙을 배우고 고수함으로써, 우리는 일탈된 충동이 규칙에 따르려는 확고한 경향성의 방법을 갖게 해주는 동기나 전망을 획득한다. 바로 이런 의미에서 롤즈의 다음과 같은 주장은 옳다. 즉, "다른 한편으로 덕은 우리를 옳은 원리에 근거하여 행위하게 이끌어가는 감정이며 습관적 태도이다."[11] 이것은 도덕발달의 관점에서 우리가 도덕 규칙이나 원리를 배우고 복종함으로써 덕을 획득하기 때문이다. 우리가 덕을 획득한 후에는 덕들은 통상적으로 확실한 도덕 원리와 도덕 규칙에 따라서 행동하도록 우리를 이끌어간다.

유교 윤리에서 도덕 교육의 시작점은 예를 배우는 것이다. 예의 중요성에 대한 유교식의 이해는 도덕 발달에서 다른 국면의 존재에 대한 이들의 인식과 관련되어 있는 듯이 보인다. 그리고 도덕 교육은 이런 국면들의 특성에 따라서 이루어져야 한다. 공자가 자신의 삶의 단계들을 요약했을 때 그는 다음과 같이 말한다.

> 나는 열다섯 살에 학문에 뜻을 두었고 서른 살에 자립했으며 마흔 살에 의혹하지 않았고 쉰 살에 천명을 알았고 예순에 귀로 들으면 그대로 이해가 되었고 일흔 살에 마음이 하고자하는 바를 좇아도 법도를 넘지 않았다.(『논어』, 2:4)

비록 이 구절이 공자 자신의 삶의 경험을 요약한 것에 불과하더라도, 이것은 개별자의 도덕 발달에 일련의 단계가 있다는 것을 말하기 위하여 사용된 것이다.[12] 이 구절로부터 도덕 발달에 적어도 세 단계가 있다는 것은 어렵지 않게 파악할 수 있다. "나는 열다섯 살에 학문에 뜻을 두었다"라는 예를 배우는 첫 단계이다. 우리가 2장에서 주장했듯이 유교에서 배움의 내용은 사회적 삶의 모든 측면과 개별적 삶의 모든 단계를 포괄하는 복합적 차원으로 이루어져 있다. 이들 중에서, 예와 음악을 배우는 것은 도덕 함양과 가장 관련되어 있다. '완성된 사람(成人)'이 되기 위하여 사람들은 예와 음악으로 정련해야 한다.(『논어』, 14:12/그러나 14:13) 그러나 배움은 예를 배우는 것으로 시작하여야 한다. 이것이 "예를 배우지 않으면 설 수 없다"(16:13)라고 말한 이유이다. '서른 살에 자립했다'라는 것은 둘째 단계의 시작을 나타낸다. 이 단계에서 예를 배움으로써 확고한 성품이 형성된다. 그래서 예를 위반하지 않고서도 행동할 수 있다. 즉, 예가 아닌 것은 보지 않고, 예가 아닌 것은 듣지 않으며, 예가 아닌 것은 말하지도 않고, 예가 아닌 것은 행하지 않았다.(16:13) 공자가 말하였듯이, "군자가 문(文)을 널리 배우고 예로써 단속하면 또한 어긋나지 않을 수 있다."(6:25) "일흔 살에 마음이 하고자 하는 바를 좇아도 법도를 넘지 않았다"라는 최고의 단계, 즉 높은 자율성이나 자유의 단계에 도달했다는 징표이다. 이 단계에서 도덕적 원리는 더 이상 구속이 아니다. 한 사람이 욕구하는 바는 단지 그 원리가 요구하는 바이다. 이 단계에 도달한 사람은 군자다. 그가 행동하는 방식은 다른 사람을 위한 원리, 사례들 또는 양태들일 수 있다.

이로부터 우리는 공자가 규범 원리를 배우는 것을 개인의 성품 함양의 출발점으로 생각했다는 것을 알 수 있다. 그는 또한 성품 함양의 다른 단계에 주목한다. 이것은 "사람은 시(詩)에서 흥기하여* 예에서 입하고 악(樂)에서 이루어진다"(8:8)라는 그의 말에서 알 수 있다. 도덕 발달에서 상이한 단계들이 존재한다는 것과 원리들을 배우는 것에 대한 공자의 강조는 그의 제자들에 의해 발전되었다. 순자는 다음과 같이 말한다. "무릇 혈기와 의지와 지려(知慮)를 활용하는 데 예에 따르면 잘 다스려지고 잘 통하지만, 예에 따르지 않으면 문란하고 산만해진다. 먹고 마시고 옷을 입고 생활하고 활동하는 데도 예를 따르면 조화가 되고 절도가 있게 되지만, 예를 따르지 않으면 뜻대로 되지 않고 병폐가 생긴다. 겉모양과 몸가짐과 나아가고 물러나는 것과 일을 행하는 데도 예를 따르면 우아해지지만, 예를 따르지 않으면 오만하고 편벽되고 저속하고 뒤떨어진다."13

초기의 스승들의 뒤를 따르는, 신-유학자들은 도덕 교육방법론을 탐구하고 개발하여 개인, 가족 그리고 사회적 관점을 포함하는, 그리고 아동 교육, 성년 교육 그리고 공교육과 같은 여러 단계로 구성되어 있는 프로그램으로 발전시켰다. 예를 들면, 주자(朱子)는 일생 동안의 교육을 두 개의 주요한 단계, 즉 아동 교육과 고등 교육으로 구분하였다. 이 두 단계는 성품 함양을 목표로 하지만, 각 단계마다 강조점을 각각 달리 하였다. 『소학』의 서문에서, 주자는 실천적이며 예에 맞는 특별히 구체적인 행동의 양태로 구성된 어린이를 위한 훈련 프로그램을 고안하였다. 이 프로그램은 유학의 덕을 어린이들에게 훈련시키고, 어떻게 행동하고 어떻게 다른 사람을 대우해야 하는지를 어린이들에게 가르치는 것을 목

---

* 힘을 얻는다는 의미.

표로 삼고 있다. 이런 훈련을 마친 후에, 의식적으로 자기를 함양하고, 가족을 단속하고, 국가를 통치하고, 세계의 평화를 이루는 대학(大學)의 목적을 추구하면서 더 높은 단계로 발전해간다.[14]

요약하자면 유학자들은 덕을 배움과 교육을 통하여 발전되는 성품으로 여겼다. 이들은 도덕 발달과 성품 함양에는 여러 단계가 있다는 것을 인식하고 있었다. 그리고 예를 배우는 것은 출발점이며, 도덕 교육의 첫 단계의 주요 성품이나 목적 중 하나라는 것을 인식하고 있었다.

덕 윤리학자들은 덕이 배움과 교육을 통해 발전되는 성품이라는 것에 동의한다. 덕은 절대적으로 소유되는 것이 아니라는 것을 상기하는 것이 중요하다. 즉, 한 사람은 자애를 가진 것도 가지지 않은 것도 아니다. 오히려 덕은 교육, 실천, 습관을 통하여 계발된다. 한 사람은 유덕한 사람이 될 수 있다. 사실상 유덕한 사람은 누구나 유덕하게 되었던 적이 있음에 틀림없다. 왜냐하면 덕 윤리 옹호자들은 덕이 교육, 실천, 습관을 통하여 단지 생겨날 수 있는 획득된 성품이라고 말하기 때문이다.

덕이 획득된 성품이라면 덕은 어떻게 획득될 수 있는가? 도덕 교육에서 특정한 덕을 배우기 위하여, 우리는 덕이 무엇인지를 알고 이해할 필요가 있다. 즉, 특별한 덕 개념을 이해할 필요가 있다. 예를 들면, 용기의 덕을 획득하기 위해서는 용기의 개념을 알 필요가 있다. 그렇다면 개념은 무엇인가? 보네백Daniel Bonevac은 다음과 같이 주장한다.

칸트는 개념을 이미지나 단순한 논리적 총합으로 다루지 않고 규칙으로, 특히 잡다한 직관들의 종합을 위한 규칙으로 다룸으로써 철학적으로 엄청난 발전을 이루었다. 많은 현대의 철학자뿐만 아니라 인지과학과 인공 지능 연구자 대부분도 개념이 규칙들이라는 것에 동의한다. 즉, 하나의 규칙을 갖게 되면 특정한 규칙을 적용할 수 있게 된다. 개념에 대한 이런 견해가 옳다면, 우리가 원리적으로 완벽하게 배울 수 있는 모든 개념은 '통제하는 규칙rule-governed'임에 틀림없다. 그래서 사람들이 원리적으로 용기에 대한 완전히 적절한 개념을 형성할 수 있다면,—사람들이 이 개념을 생각할 때 용기를 인식할 수 있다는 의미에서(즉, 이들이 이전에 마주친 적이 없는 사례에서 조차도 용기 그 자체의 사례만이 아니라 모든 것을 인식한다는 의미에서)—그렇다면 용기는 통제하는 규칙임에 틀림없다. 그러나 이것이 사실이라면 용기의 개념을 갖는 것은 규칙을 이해하는 것과 동등한 것이다.[15]

물론 이 구절은 유사 문법적 의미 또는 논리적 의미에서 '규칙'의 이념을 강조하고 있는 것처럼 보인다. 그러나 이런 규칙들은 '용기'와 같은 개념을 위한 함축을 가진다. 이것은 도덕 발달에서 우리가 도덕적 원리와 규칙을 배움으로써 우리의 도덕 교육을 시작하는 이유이다. 도덕 규칙을 배우지 않으면 우리는 특정한 덕에 대한 분명한 개념을 가질 수 없다. 그리고 도덕 교육을 위한 합리적인 출발점을 제공할 수 없다.

덕 윤리학자들은 우리가 유덕한 사람으로부터 충고를 받아들이고 그 사례들을 배움으로써 유덕해질 수 있다고 말할 수 있다. 이것은 때때로 도덕적 삶에서 사실이다. 토마스 아퀴나스조차도 규칙들을 적용하거나 규칙들 간의 상충을 해결하지 않은 채로 모든 관련된 고려 사항들의 균형을 직접적으로 유지하는, 옳은 판단을 하는 지혜를 가진 사람이 각각의 특별한 사례에서 제시한 판단에 의해 사회가 작동되는 것이 더 나을 것이라고 시인하였다. 그는 또한 성인은 규칙에 의해 통제될 필요가 없다는 것을 승인한다. 왜냐하면 성인은 옳은 것을 자발적으로 하는 경향이 있기 때문이다.[16] 그러나 브레이브룩이 주장했듯이, 성 토마스는 실천적으로 규칙은 덕의 실현에 독립적이라고 주장한다. 사례마다 판단을 달리하는 것은 지혜가 충분하지 않다는 것을 의미한다. 그래서 우리는 한 사례에서 행한 옳은 일을 이후의 다른 사례에서도 확신할 수 있는 규칙이 필요하다. 더욱이 사람들은 성인이 되기에는 충분하지 않고 너무 멀다. 우리들에게 규칙은 덕의 학교이다.[17]

도덕적 규칙을 배우는 것을 개인의 도덕적 발달의 첫 단계의 주된 특징으로 강조하는 것은, 적어도 몇몇 덕에서 도덕 교육이 규칙을 형성하고 소통하기보다는 사례들을 설정함으로써 진행될 수 있다는 것을 필연적으로 거부하는 것은 아니다.[18] 그러나 브레이브룩이 주장하듯이, 이것은 교육이 단지 제한된 사례에서만 규칙에 독립적으로 진행될 수 있다는 것을 의미한다. 반대로 사례를 통한 배움은 사례로부터 규칙을 얻는다는 것을 통상 의미한다.[19] 사례들은 유사한 상황에서 사람들의 행위와 행동을 지도하는 규칙을 일반화할 것으로 기대된다. 이런 일반화 없이는 사람들, 특히 사례를 통해 배우는 어린이들은 사례로부터 매우 다른 관념을 얻을 수 있다. 그리고 어린이들이 사례의 목적을 잘못 설정하는 것도 불가능하지 않다. 공자는 도덕 교육에 사례들을 사용한 것으로 유명하다. 그러나 공자가 규범 원리와 무관한 사례들을 사용하는 경우는 거의 없다. 반대로 그는 원리나 개념을 가르치기 위해서 사례들을 사용한다. 우리가 사례로부터 배우는 것은 개념과 원리를 일반화하는 것을 배우는 것이며, 관련된 상황에서 이들을 적용하는 것을 배우는 것이다. 사례를 통해 배우는 것과 규범 원리를 통해 배우는 것을 도덕 교육의 두 경쟁하는 방법으로 받아들이는 대신에, 유학자들은 이 두 방법이 서로 상호 지지해주는 것으로 생각한다. 후자를 강조하기 위해서 전자에 눈 감을 필요가 없다. 이 둘은 도덕 교육과 덕 함양에서 중요하며 필연적이다. 이렇게 이해하는 것이, 규범 원리를 배우는 것이 보다 중요하다고 주장하는 사람들의 의견보다, 또는 사례를 통해 배우는 것이 보다 기초적이라고 주장하는 사람들의 의견보다, 또는 도덕 교육에서 보다 실천적이고 효과적인 듯이 보인다.

6.2 도덕적 감정과 도덕적 성품의 함양

예에 따라서 행동하는 것은 인간 본성의 조화를 실현하는 데 도움이 된다. 그러나 이상적인 결과를 얻는 것은 내적인 도덕적 감정과 도덕적 의지를 함양함으로써 지지되어야만 한다. 비록 유학자들이 예를 배우는 것을 도덕 교육의 첫 단계의 가장 중요한 특성으로 간주한다 할지라도, 이들의 도덕 교육은 예만을 배우는 데 머무는 것도 아니며, 인간 행위의 표면적 조정에 머무는 것도 아니다. 이런 관점에서 유교식 교육에 대한 베버Max Weber의 이해는 이에 해당하지 않는다. 베버는 유교식 교육의 목표는 조화를 위해 요구되는 정도까지만 합리적으로 행위하는 잘 조화를 갖춘 사람을 함양하는 것이라고 지적한다. 즉, 유교는 '이 세계의 긴장을

아주 최소한으로 줄이는 합리적 윤리'이거나 또는 '이 세계에 대한 무조
건적인 확정과 조화'의 윤리이다.[20] 앞에서 주장되었듯이 유교 학생들이
예를 배우는 것 그리고 자신의 환경을 스스로 받아들이고 잘 조화를 이
루는 것은 중요하다. 그러나 이것은 단지 한쪽 면에 불과한 것이다. 내가
앞으로 주장하겠지만 유교식 도덕 교육은 관찰에 의한 외적인 행동의
조화를 강조할 뿐만 아니라, 내적인 도덕적 본성과 도덕적 감성을 함양
함으로써 배우는 사람의 내적인 세계를 관통할 수 있도록 고안되어 있다.

6.2.1 도덕적 동기와 도덕적 감정에 대한 강조

유교식 도덕 교육에서 올바른 도덕적 동기와 도덕 감정에 대한 강조
는 유교 고전들에서 잘 알려져 있는 주제이다. 올바른 동기의 중요성은
『논어』의 시작부터 공자가 강조하였다. 『논어』의 첫 구절은 그를 분명
하게 나타내준다. 즉, "배우고 때때로 익히면 또한 기쁘지 않겠는가. 벗
이 먼 곳으로부터 오면 또한 즐겁지 않겠는가. 남이 알아주지 않더라도
성내지 않는다면 또한 군자가 아니겠는가?"[1:1] 공자에 따르면, 처음부터
유학자가 생각하는 배움은 도덕적 배움과 분리되지 않는다. 그리고 (멀
리에서 온 친구와 만나게 되는 것처럼 다른 사람들과의 따뜻하고 밀접
한 관계를 포함할 수 있는) 그 실천은 즐겁고, 스스로 목적으로서 즐거
운 것이어야만 한다. 둘째, 도덕적 배움의 동기는 스스로를 함양하고 군
자가 되기 위한 것이지, 사적인 이익을 추구하거나 드려내려는 것은 아
니다. 자기 계발을 위해 배우는 옛 학자들과는 달리, '다른 사람들에게
뽐내기 위해 배우는 학자들'(『논어』, 14:25)을 애석해하면서, 공자는 오직 도

덕적이 되려는 의지만을 가지고 성실하기보다는 도덕과는 무관한 칭찬을 받기 위한 동기에서 도덕을 배우는 사람들에 만족하지 않는 것이 분명하다. 또한 『대학』의 첫 부분에서 개인적 삶의 함양은 사회적 질서의 기초나 뿌리라고 말해진다. 그러나 자신의 개인적 삶을 함양하는 것은 처음에는 마음을 바르게 하는 것[정심(正心)] 그리고 신중한 의지[誠意]에 기초해야 한다. 『대학』은 신중한 의지를 "자신을 속이지 않는 것이다. 마치 나쁜 냄새를 싫어하고 아름다운 색깔을 사랑할 때와 같다"라고 설명한다.[21] 유교식 도덕 교육을 단순히 외적인 것으로 생각하는 것이 옳지 않다는 것은 분명하다. 도덕성의 내면은 공자가 행위에 대한 동기로서 부끄러운 감정과 처벌의 두려움을 구별했을 때 충분히 인식되고 강조되었다. 공자는 다음과 같이 말했다. "법제로 이끌고 형벌로 질서를 유지하면 백성이 면하려고만 하고 부끄러워하지 않는다. 덕으로 이끌고 예로 질서를 잡으면 부끄러움을 알 것이고 품성을 갖추게 된다."(『논어』, 2:3) 공자에 따르면, 의지가 덕에 기초되어 있다면 사악한 실천은 이루어지지 않을 것이다. 사람들이 어떻게 의지를 성실하게 만들고 부정한 동기로부터 자유롭게 만드는지에 관하여, 『대학』은 신독(愼獨), 즉 '혼자 있을 때 스스로를 경계하는' 자기 성찰의 방법을 추천한다.[22]

마음을 바르게 하는 것[正心]은 『대학』에서 다음과 같이 표현되었다. "몸(身)에 분노하는 바가 있으면, 정도에서 어긋나게 된다. 두려워하는 바가 있으면, 정도에서 어긋나게 된다. 좋아하고 즐기는 바가 있으면, 정도에서 어긋나게 된다. 근심하는 바가 있으면, 정도에서 어긋나게 된다. 마음이 부재하면 보려고 하나 보이지 않고, 들으려고 하나 들리지 않고,

맛보려고 하나 맛을 알지 못하게 된다."[23] 공자에 따르면, 인류애[仁]는 성취되기 쉬운 것이 아니다. 왜냐하면 정념에 의해 방해받기 때문이다. 공자는 다음과 같이 말한다. "감각적 쾌락을 사랑하는 사람처럼 덕을 사랑하는 이를 알지 못한다." 그리고 그의 제자 증자는 "선비는 넓고 굳세지 않을 수 없다. 임무가 중하고 갈 길은 멀기 때문이다. 인으로 자기의 임무를 삼으니 또한 중하지 아니한가? 죽은 뒤에야 끝나니 또한 멀지 아니한가?"(『논어』, 8:7) 인을 성취하기 위해서는 모든 종류의 감각적 쾌락과 유혹에 흔들이지 않고 목표를 고수해야만 한다.

유사한 방식으로, 비록 맹자가 인간의 본성이 선하다고 주장했다 할지라도, 그는 나쁜 환경의 영향이나 외적인 감각적 쾌락의 유혹 때문에 우리 사회의 인간성 상실을 충분히 극복할 정도까지 인간성을 확장하지 못할 수 있다는 것을 인정한다. 즉, 우리의 강력한 인간성이 '악'을 억제시키는 것으로 작용하지 않을 수 있다.[24] 그는 또한 인간이 되는 것이 힘들고 긴 시간의 교육이 필요하다는 것을 강조한다. 예를 들면, 극단적으로 어려운 상황에서 발생한 인간들의 경탄할 만한 모습을 여러 역사적 사건들을 통해 살피면서 맹자는 다음과 같이 설명한다.

하늘이 큰 임무를 그 사람에게 내리려 하실 적에 반드시 먼저 그 심지를 괴롭히며, 그 근골을 수고롭게 하고, 그 몸과 살을 굶주리게 하여 그 몸을 궁핍하게 하며, 그의 하는 것이 어그러지고 어지럽게 하여, 마음을 분발시키고 성질을 참게 함으로써, 그 능하지 못한 부분을 보태고 키우기 위한 것이다.[25]

인간적이 되기 위한 배움의 목표는 매우 어렵다. 사람들이 여전히 이것을 향해 가고 있는 이유는 무엇인가? 맹자에 따르면, 이것은 우리가 다른 사람의 고통을 못견뎌하기 때문이거나 인간적 불행을 차마 볼 수 없는 마음 때문이다. 이런 마음은 그가 동정심이라고 부르는 감정이다. 실제로 뚜 웨이-밍이 주장하였듯이, "맹자는 이런 동정심을 가진 마음을 인류애의 분명한 특성으로 생각하였다. 타인의 고통에 대한 이런 인간적인 반응의 한 결과는 자신을 기꺼이 희생하는 것, 즉 이타주의의 근본이다⋯. 그는 우리가 동정의 마음을 진지하게 받아들이고서 서두르지 않고서 점진적으로 이루어간다. 이것이 우리를 아주 멀리 이끌어갈 수는 없지만, 이것은 시작의 신호, 즉 전환점을 의미한다."[26] 다음과 같은 사건에 대해 제나라의 선왕에게 공자가 주지시킨 것은 여기에서 타당하다.

> 왕께서 당상에 앉아 계시는데, 소를 끌고 당하를 지나가는 자가 있었습니다. 왕께서 이를 보시고 "소가 어디로 가는가?"라고 물으시자, 대답하기를 "새로운 종의 틈을 바르려고 합니다."* 왕께서 "놓아주어라. 나는 그것이 벌벌 떨며 죄 없이 사지로 나아가는 것을 차마 볼 수 없다" 하시니, 대답하기를 "그렇다면 종의 의식을 폐지하오리까?" 하자, "어찌 폐지할 수 있겠는가? 양으로 바꾸어 쓰라" 하셨다.[27]

이 사건을 설명하면서, 맹자는 다음과 같이 말하고 있다.

---

* 종을 처음 만들 때 동물을 죽여 그 피를 바르고 제사 지내는 의식이 있었다.

달리 말한다면, 이 마음을 들어서 저쪽으로 더해갈 뿐임을 말한 것입니다. 그러므로 은혜를 미루어 가면 족히 사해를 보존할 수 있고, 은혜를 미루어 가지 못하면 처자도 보호할 수 없을 것입니다. 옛 사람이 남들보다 크게 뛰어난 까닭은 다른 것이 없습니다. 그 해야 할 것을 잘 미루어 갔을 뿐입니다. 지금 은혜가 족히 금수에게 까지 미치었으되 효과가 백성에게 이르지 아니한 것은 유독 무엇 때문입니까?[28]

맹자는 유비적으로 타인의 고통을 바라보고만 있을 수 없는 마음을 함양하는 것이 중요하다고 강조한다. 맹자에게 어떤 사람들은 이런 마음을 계발하고 나타낼 수 있다. 반면에 다른 사람들은 그렇게 할 수 없다. 여기에 유교식 군자와 도덕적으로 열등한 사람의 차이가 있다. "사람이 금수와 차이점이 아주 적은데, 서민(庶民)은 그것을 버리고 군자는 그것을 보존한다."[29] 고대의 성왕들은 인간애의 수호자가 되었다. 왜냐하면 이들은 총력을 기울여 이런 마음을 확장했기 때문이다. 사람들은 타인의 고통을 차마 바라볼 수 없는 감정과 마음을 계발해야 한다. 왜냐하면 이들을 통하여 사람이 인간이 되기 때문이다. 2장에서 주장했듯이, 이것이 맹자가 본래 타고난 선한 마음을 보존하고 기르는 것을 도덕적 자기 함양과 도덕 교육에서 가장 중요한 방법으로 여기는 이유이다.

도덕 교육에서 도덕적 동기와 도덕적 감정의 중요성에 대한 유학자들의 강조는 또한 유교 윤리에서 자식으로서의 도리에 대한 교육을 통하여 이해될 수 있다. 첫째, 유학자들은 자식으로서 효에서 경의와 사랑의 태도의 중요성을 강조한다. 공자는 자식으로서 효는 부모를 물질적으로 돌보고 편안하게 하는 것 이상을 의미한다. 이것은 부모의 감정적 그리고 정신적 복리를 향한 경의의 태도이다. 공자는 다음과 같이 말한다. "지금의 효라고 하는 것은 잘 봉양하는 것을 말한다. 개와 말도 모두 길러주는 데 공경하지 아니하면 무엇으로 구별하겠는가?"(『논어』, 2:7) 둘째, 공자는 효와 형제애를 인류애의 근원으로 여긴다. 유교의 도덕 교육은 집에서 시작한다. 어린이는 보상이나 처벌과 관계없이 옳은 것을 행하기를 원하는 것이 이들의 본성이며, 이들은 도덕적 존재라는 것을 가족과 상호 작용하면서 배운다. 비록 효가 가족 안에서 기원한다 할지라도, 이것은 단지 한 가족의 덕 그 이상이다. 이것은 모든 덕을 성장시키는 줄기이다. 한 사람이 자신의 부모에 대해 감사함과 애정의 의미를 가지고 있지 않다면, 그는 다른 사람을 위한 사랑과 관심을 품고 있을 것이라고 기대될 수 없다. 공자가 강조하고자 원했던 것은 효가 부모에 대한 감사함과 참된 사랑에서 자발적으로 흘러나와야 한다는 것이다. 효의 덕을 함양함으로써 사랑과 동정의 감정을 함양할 수 있다. 사랑과 동정의 감정을 이 세상의 다른 사람과 사물에게 확장시킴으로써 참된 인간적인 사람이 된다. 신−유학 철학자인 왕양명(1472-1529)은 사랑과 동정의 감정을 전체 생태학적인 세계까지 확장하였다. 그에 따르면, 우리는 동정의 감정 때문에 인류 공동체의 감수성을 가진 책임감 있는 참여자가 된다. 유추해보면 '새와 동물이 살육될 것이라는 위협받는 모습과 불쌍한 외침을 우리가 참을 수 없기' 때문에 우리는 생명 세계의 일부가 된다. 숲과 식물의 파괴에 대한 불쌍한 감정 때문에, 우리는 동물의 왕국의 동료가 된다. '돌과 타일이 부서지고 뭉개지는 것'을 볼 때,[30] 후회의 감정 때문에, 우리는 전체적인 생태학적 체계와 유기체적으로 조화를 이룰 수 있다.

요약하자면 유교식의 도덕 교육이 도덕 교육과 도덕 감정의 중요성이 크게 강조되고 가치가 부여되는 도덕 교육이다. 유학자들에게 동정의 감정을 드러내지 않는 사람은 이 언어의 참된 의미에서 인간이 아니다. 왜냐하면 그는 인간에 특징적인 것을 계발하지 못하였기 때문이다. 이런 의미에서 유교식 도덕 교육은 예에 따름으로써 외적 행동을 조화시키도록 고안되었을 뿐만 아니라, 내적인 도덕적 본성과 도덕 감정을 육성함으로써 학습자의 내적인 세계를 관통하도록 고안되었다.

6.2.2 도덕 감정과 성품 함양과 음악

유교의 도덕 교육의 목표는 무엇이 선인지 아는 것일 뿐만 아니라 어떻게 선한 사람이 되는지를 아는 것이다. 이와 관련하여 한 사람이 갖게 되는 경향성은 그가 참여하고 있는 활동에 의해 크게 결정된다. 따라서 선한 경향성과 동기를 확실히 할 수 있는 포괄적인 방식을 가진 도덕 교육이 요구된다. 유교의 도덕 교육에서 시, 예절, 음악과 같은 많은 방법들이 고상한 성품을 함양하기 위하여 받아들여진다. 이들 중에서 음악은 고상한 성품을 함양하고 도덕적 본성을 확충하기 위하여 유학자들이 사용하는 중요한 방법 중 하나이다.

『사기』에 따르면 공자는 『시경』을 직접 편찬하였으며, 그것을 높게 평가하였다. 『논어』에서 그는 다음과 같은 말로 제자들에게 시를 추천하고 있다. "젊은이들이 어찌하여 시를 배우지 않느냐? 시는 뜻을 일으

켜 잘잘못을 살필 수 있게 하고, 친교의 방법을 알게 하여 감정을 조절하게 하고, 가까이로는 어버이를 섬길 수 있게 하며, 멀리로는 임금을 섬길 수 있게 하고, 새와 짐승, 풀과 나무의 이름을 충분히 알게 한다."[31] 시는 중요하다. 왜냐하면 시의 전체적인 목적은 "옳은 길에서 벗어나지 않게 해주는 것이다."(『논어』, 2:2) 시에 대한 탐구는 마음을 자극하고 교육의 길로 들어서게 해준다. 그러나 예의와 음악이 없다면 이것은 불완전하다. 공자가 말했듯이, "시(詩)에서 흥기하여, 예에서 서며, 악(樂)에서 이루어진다."[32] 예와 특히 음악을 강조하고 있다. 왜냐하면 예와 음악은 사람들이 내적 감정과 외적 행동의 균형을 잡는 데 중요하며, 사회적 조화와 질서를 안전하게 하는 목적으로 기능하는 데 중요하다. 이런 기능을 위한 이유는 예와 음악이 하늘에 그 기원을 두고 있으며 인간의 마음에서 나온다는 것이다.

> 대악(大樂)은 천지와 더불어 화합하고, 대례(大禮)는 천지와 더불어 분별[節]한다. 화합하기 때문에 백물(百物)이 성품을 잃지 않고, 절문이 있기 때문에 천지에 제사 지낸다….
> 악은 천지의 화합이고 예는 천지의 질서이다. 화합 덕분에 백물이 생겨나오고, 질서 덕분에 많은 산물에 분별이 있다. 악은 하늘에서 유래하여 생겨나고 예는 땅의 법칙으로 만들어진다. 잘못 만들면 어지러워지고, 잘못 지으면 난폭해진다. 천지의 도리에 밝은 연후에 예악을 일으킬 수 있다.[33]

공자에 따르면, 우주의 조화 개념이 음악의 본래 기원으로 받아들여지고 있다. 진정으로 큰 음악은 자연의 조화의 성공적인 모방물이다. 이런 종류의 음악만이 이익을 주며 따라서 바랄 만한 것이다. 예의 확립은 질서와 규율의 잘 규정된 의미를 제공한다. 반면에 음악과 노래의 일반적 확산은 사람들에게 일반적인 평화의 분위기를 성립시킨다. 음악의 목적은 유교에 따르면 조화를 성취하는 것이다.[34]

보다 중요한 것은 음악이 사람의 감정을 성찰할 수 있게 해줄 뿐만 아니라 사람의 마음을 형성한다는 것이다. 이것은 음악의 본질인 조화가 인간 마음의 깊은 곳으로 향하는 길을 발견할 수 있기 때문이다. 인간의 본성은 처음에는 조용하고 고요하다. 그러나 이것이 외부 세계의 영향을 받게 되면 욕망을 갖기 시작한다. 욕망이 적절하게 통제되지 않고 우리의 의식적인 마음이 물질세계에 의해 미혹하게 되면, 우리는 참된 자아를 상실하고 만다. 즉, 자연의 이성적 원리는 파괴되고, 인간은 자신의 욕망에 가라앉고 만다. 이것에서 반항, 불복종, 간교함과 속임수 그리고 일반적 부도덕이 생겨난다. 그렇게 되면 강자가 약한 자를 괴롭히고, 다수가 소수자를 박해하고, 영민한 자가 단순한 마음을 가진 자를 속이고, 물리적으로 강한 자가 폭력을 휘두르고, 아프고 장애를 가진 자가 보살핌을 받지 못하고, 노인과 어린이 그리고 도움이 필요한 사람이 관심을 받지 못하게 된다. 이것이 혼돈의 길이다. 혼의 내적 움직임에서 흘러나오는 음악은 영혼의 내면 깊숙한 곳으로 들어간다. 좋은 음악은 자신의 마음에 대한 내적 성찰을 생겨나게 한다. 귀와 눈 그리고 입과 위의 욕망을 만족시키기 위해서가 아니라 인간의 질서를 정상 상태로 되돌리고 올바른 기호나 올바른 좋아함과 싫어함을 갖기 위하여, 고대의 성인 왕들은 예와 악(樂)을 제정하였다. "따라서 성인은 인간 본성을 재발견함으로써 인간 마음속에 조화를 만들려고 하였고, 인간 문화의 완벽함을 위한 수단으로서 악(樂)을 증진하였다. 음악이 널리 보급되고 인간의 마음이 올바른 이상과 열망을 향할 때 큰 나라의 모습을 보게 된다."[35] 따라서 공자에 따르면, 음악적 훈련은 인간의 내적인 도덕 감정을 생기게 하고 도덕적 성품을 함양하기 위한 가장 효과적인 방법 중 하나이다.

6.3 유교의 도덕 교육에서 인과 예의 통합

앞의 논의를 통해 유교 윤리가 도덕 교육에서 한편으로는 도덕 규칙이나 원리의 중요성을 강조하고, 다른 한편으로는 도덕적 감정이나 성품의 중요성을 강조한다는 것을 알 수 있었다. 더욱이 도덕 규칙과 도덕적 감정과 성품의 함양이 두개의 분리된 부분이 아니라, 서로 관련되어 지지되는 두 부분이라는 것을 강조한다. 결과적으로, 비록 인과 예가 도덕 교육에서 다른 역할을 가진다 할지라도 이들 둘은 도덕 교육에서 필연적으로 통합적인 부분들이며 따라서 유교식 도덕 교육에서 통합된다.

6.3.1 예를 준수하는 것과 인간 본성의 조화

앞에서 우리는 도덕적 원리를 배우는 것의 중요성을 기술하였다. 그리고 유교 윤리에서 동기와 도덕적 감정의 함양에 대한 강조를 기술하였다. 인과 예의 관계에 대한 유교식 이해는 덕 윤리와 규칙 윤리의 관점을 지지하기 위해서 사용될 수 있는 것처럼 보인다. 덕 윤리의 관점에서 도덕 원리를 배우는 것이 덕을 함양하기 위한 출발점이라는 사실은 도덕 원리가 단지 도구적인 의미에서 중요하다는 것을 의미한다. 즉, 도덕적 원리는 단지 덕을 함양하기 위한 중요한 도구적인 수단이기 때문에 중요하다. 반대로 여러 규칙 윤리학자들은 도덕적 원리를 배우는 것이 덕 함양을 위한 출발점이라는 사실은 덕이 단지 도덕 원리를 빌려서 정의될 수 있을 뿐이라는 것을 의미한다고 말할 수 있다. 또 다른 방법으로 말한다면 덕 윤리와 규칙 윤리는 도덕적 원리를 배우는 것을 덕 함양과 밀접한 관련이 있는 것으로 간주할 수 있다. 그러나 그 관련성의 본질에 관한 문제에 대해서 이들은 서로 극단적으로 불일치한다.

매우 흥미롭게도, 유교 윤리에서 예와 인의 관계를 이해하는 방식에도 유사한 불일치가, 즉 도구주의자instrumentalist와 규정주의자definitionist*의 해석들이 존재한다. 도구주의자의 관점에서 인은 궁극적 가치를 가진 이상적인 내적 삶이다. 반면에 예는 인을 계발하고 함양하기 위하여 수행하는 도구적인 역할을 통하여 인으로부터 파생된 가치를 갖는다. 따라서 인은 예보다 가치에서 우선성을 가지며, 예의 규칙 개정을 정당화할 수 있는 하나의 관점을 제공한다. 반대로 규정주의자는 예가 유교의 도덕적 사유에서 가장 중요한 개념이라고 주장한다. 인간 존재를 다른

---

* 규정주의: 한 이론에 대한 적절한 설명은 그 이론이 잘 규정하여 사용하고 있는 모든 개념들로 구성된다는 견해. 아직 확정된 우리말 상응용어가 없어서 단어의 의미 그대로 직역하여 옮겼다.

동물과 구별해주는 것이 바로 예이다. 예를 준수하는 것은 인을 소유하기 위한 표준이다. 인을 가진 사람에 대한 공자의 개념은 바로 모든 삶의 영역에서 존재하는 예의 규칙에 따르는 사람의 개념이다. 도구주의자와 규정주의자가 보여주는 이런 모습의 대비점은 션 꿩로이Shun, Kwangloi의 '중용에서 인과 예'라는 논문에 상세히 논의되고 있다.[36] 여기에서 그는 인과 예의 관계를 이해하는 보다 나은 방식을 제안한다. 그는 이것을 분명하게 하기 위하여 몇 가지 사례를 제공한다. 그 사례 중 하나는 결혼을 하는 것과 반지를 교환하는 것의 관계이다. 결혼을 하고 반지를 교환하는 것은 통상적인 인과 관계와 같은 관계는 아니다. 오히려 션 꿩로이가 주장했듯이 그 사회의 전통적인 관습이 인정된다면, 우리는 이 둘 중 전자는 후자 없이는 실증된 것으로 인식될 수 없다.[37] 그래서 반지를 교환하는 것과 결혼을 하는 것은 단순한 도구적인 관계가 아니다. 결혼식에서 반지를 교환하는 움직임은, 적어도 부분적으로는 결혼을 하는 것을 구성한다. 다른 한편으로 결혼을 하는 것은 반지를 교환하는 움직임을 수행하는 것을 빌려서 정의될 수 없다. 우리는 결혼하는 것을 다른 사회에서는 반지를 교환하는 것과는 다른, 그러나 유사한 기능을 수행하는 관행을 통해서 이해할 수 있기 때문이다.

인과 예에도 유사한 관계가 존재한다. 한편으로 인은 예를 빌려서 정의될 수 없다. 4.3에서 언급된 이야기가 밝히고 있는 것처럼, 우리는 다른 사회는 우리의 인간성을 표현하는 예의 다른 형식을 가질 수 있다고 생각할 수 있기 때문이다. 즉, 그리스인과 칼라티안은 부모에 대한 효를 전적으로 다른 방식으로 표현한다. 이것은 존재하는 예의 규칙에서 이탈하거나 증진할 수 있는 여지를 남겨놓는다. 이것이 특정한 환경에서 예에서 벗어난 사람의 행위가 여전히 유교 윤리에서 정당화될 수 있는 이유이다.

다른 한편으로 예와 인은 단지 인과적으로 관련되어 있는 것이 아니다. 예에 따라서 행동하는 것이 단순한 공허한 실천인 것은 아니다. 이것은 인을 가진 사람의 마음의 표현이다. 그리고 예를 수행하는 것은 인의 한 부분을 구성한다. 이것이 재아(宰我)가 그 당시에 부모에 대한 가장 중요한 예(禮) 중 하나인 삼년상을 바꾸려고 의도하였기 때문에 공자가 재아를 인을 결여한 사람이라고 말하는 이유이다. 맹자는 제례 규칙을 수행하는 것과 이것이 인(仁)과의 관계의 이런 관계를 생생하게 설명한다.

> 아주 옛적에 어버이를 장사 지내지 아니한 자가 있었는데, 그 어버이가 죽자 들어다가 골짜기에 버렸다. 다른 날에 거기를 지나가니 여우와 살쾡이가 먹으며 파리, 등에, 땅강아지 등이 모여서 빨아 먹고 있었다. 그 이마에 땀이 흥건히 젖으며 곁눈으로 보고 바로보지 못하였으니, 그 흥건한 땀은 남들 때문에 흘린 것이 아니라 속마음이 얼굴에 나타난 것이다. 그는 집으로 돌아가 삼태기와 흙 수레를 가지고 돌아와서 덮어서 가렸다. 덮는 것이 참으로 옳다면 효자(孝子)와 인인(仁人)이 그 어버이를 덮는 것에 또한 반드시 마땅한 도리가 있을 것이다.(『맹자』, 5장, 5)

맹자에 따르면 규범 원리에 따라서 행동하는 것은 내적인 인류애[仁]의 외적 표현이다. 2장에서 주장했듯이 유학자에게 우리는 내부에 '심오한 차원의 영역'을 가지고 있는 듯이 보인다. 우리 내부에서 이 차원을 실현하는 것은 우리를 완전한 인간으로 만든다. 그래서 예에 따라서 실행하는 것은 외부로부터의 요구일 뿐만 아니라 내부로부터의 본능적 요구이기도 하다. 예는 인간 본성을 통제하거나 규제하는 수단으로써 우리 안에 깊게 자리 잡은 감정을 표현할 수 있는 기회를 제공한다. 그래서 예의 의무는 인간 삶의 주된 원리들이다. 이것은 우리가 인간 마음의 적절한 표현으로 나가게 하는 큰 통로이다. 따라서 인에 따라서 계속해서 행동하는 것은 인간 본성 안에 있는 깊은 차원을 생기게끔 우리를 도울 것이며, 그 안에서 조화를 이룰 수 있도록 우리를 도울 것이다. 『예기』는 다음과 같이 말한다. "고대의 성왕들은 이런 규칙으로 하늘의 길을 제시하고자 하였다. 그리고 사람의 감정을 규제하고자 하였다."[38] 예를 실행하면서 조화가 길러지게 된다. 여기에서 조화는 우주적 질서(하늘의 길)와의 조화 그리고 다른 사회와의 조화로운 관계 유지를 의미할 뿐만 아니라, 평화로운 마음으로 예를 수행할 수 있는 자신과의 조화를 의미하기도 한다. "유교의 도덕 교육의 마지막 결과는 조화로운 사람이다. 이 사람은 동기의 태도와 감정이 예와 조화를 이루며, 이들을 통하여 평화롭게 행동을 표현한다."[39] 군자는 거짓이 없는 사람이다. 군자는 생각, 말 그리고 행동 전반이 조화를 이루고 있다. 이런 의미에서 공자는 다음과 같이 말한다. "군자는 너그럽고 넓으며, 소인은 항상 근심한다."[40]

이로부터 우리는 유교의 도덕 교육에서 예를 준수하는 것이 필연적인 길이며, 인의 감정과 성품을 함양하는 통합적 구성이라는 것을 알 수 있다. 이런 의미에서 인과 예는 상호 쌍둥이 개념이다. 그리고 전자에 대한 완전한 설명이나 이해는 이것을 후자와 관련시킬 것을 요구한다.

6.3.2 유교의 이상적 성품, 즉 군자에서 인과 예의 통합

인과 예의 통합은 유교의 도덕 교육의 결과, 즉 군자(君子)에 대한 유학자의 설명을 통하여 가장 분명하게 알 수 있다. 2장에서 주장되었듯이 공자는 오직 성인(聖人)만이 윤리적으로 지속적이고 조화를 이룬 사회적 정치적 질서를 확립할 수 있다고 믿었다. 그러나 그는 성인(聖人)을 통상적인 도덕적 행위자의 실천적 목적으로 지지하지는 않았다. 그는 성인(聖人)을 만나기를 희망한 적이 없으며, 군자(君子)를 만나는 것으로 만족할 것이라고 말한 적이 있다.[41] 그는 성인에 대한 묘사를 거부한다. "성(聖)과 인(仁)으로 말하면 내가 어찌 감히 자처하겠는가? 행함을 싫어하지 아니하며 사람 가르치는 것을 게을리하지 않는 것만은 그렇다고 말할 수 있을 뿐이다."[42] 군자(君子)가 되기 위해서, "문(文)은 내가 다른 사람과 같지 않겠는가마는 군자(君子)의 도(道)를 몸소 행하는 것은 내가 아직 얻지 못했다."[43] 공자의 가르침을 공공연하게 따르고 있는 맹자는 성인(聖人)이 되기를 포기하였다. 즉, "성인(聖人)은 공자께서도 자처하지 아니하시는데, 어찌 나에게 해당하겠는가."[44] 유학자에게 군자는 자기 함양과 도덕 교육의 실천적 결과이다.

인(仁)과 예의 통합은 군자의 성품에 대한 공자의 소견에 의해 구체화되어 있다. "바탕(質)이 꾸밈(文)을 이기면 거칠고, 꾸밈이 바탕을 이기면 호화로우니, 꾸밈과 바탕이 어우러진 다음에야 군자이다."(『논어』, 6:16) 문(文)의 기본 의미는 꾸밈, 세련, 성취, 좋은 양육, 문화, 글 등이다. 분명

예의 실천은 문화적 성취이며 꾸밈[文], 즉 문(文)의 표현이다. 라우^{D.C. Lau}에 따르면, 바탕[質]은 '사람이나 사물을 구성하는 기본 재료나 본체'이다. 여기에서 바탕[質]은 양보전^{Yang, Bojun}에 의해 '순수함'으로 의역되었으며,[45] 또한 솔직함을 가리킨다.[46] 2.1에서 주장되었듯이, 공자는 인간의 본성이 본래 선하다는 입장에 동의하는 경향이 있다. 따라서 인(仁)의 감정 또는 사람을 사랑하는 경향성 그리고 인류애, 옳음, 성실함 그리고 용기 있는 경향성이 한 사람의 바탕[質]의 구현이라는 결론을 내리는 것은 어렵지 않다. 유학자에 따르면 바탕[質]과 꾸밈[文] 둘 다 군자가 되기 위해 필요하다. 바탕과 꾸밈의 상호 보완은 『논어』(12:8)에 기술되어 있다.

> 극자성이 말하였다. "군자는 바탕일 뿐이니, 꾸밈을 어디에 쓰겠는가?" 자공이 말하였다. "애석하다! 그 사람의 말이 군자다우나 네 마리의 말이 끄는 수레도 혓바닥을 따라잡지는 못하겠다. 꾸밈이 바탕과 같으며 바탕이 꾸밈과 같은 것이니, 호랑이나 표범의 가죽은 개나 양의 가죽과 같은 것이다."

총김총^{Chong, Kim Chong}에 따르면, "호랑이나 표범과 개나 양의 차이는 이들이 구성되어 있는 재료 그리고 털, 색 그리고 줄무늬에 달려 있다. 우리가 털, 색 그리고 줄무늬를 제거해버리면, 호랑이나 표범의 가죽은 개나 양의 가죽과 다르지 않을 것이다."[47] 자공은 이런 유비를 통해 실제로 바탕과 꾸밈이 잘 통합되어야 한다는 것을 지적하였다. 꾸밈을 제거하면 군자와 소인에 차이가 없을 것이다. 군자의 꾸밈은 바탕을 세련되게 한다. 즉, 그의 인(仁)의 감정과 인류애, 옳음, 성실함, 용기에 대한 경향성을 세련되게 한다. 그래서 군자는 지식과 예의 적절한 표현에 의해 세련되어야 한다. 이것이 공자가 다음과 같이 말하는 이유이다. "공손하지만 예가 없으면 수고롭고, 삼가지만 예가 없으면 두려워하게 되고, 용감하지만 예가 없으면 혼란스럽고, 강직하지만 예가 없으면 급절하다."⁴⁸ 반대로 "군자가 문(文)을 널리 배우고 예로써 단속하면 또한 어긋나지 않을 수 있을 것이다."⁴⁹ 군자는 꾸밈과 바탕을 적절하게 통합한 사람이다. 총김총이 주장하듯이, "꾸밈은 바탕에 부가되어 있는 꾸밈이 아니다. 즉, 사람의 눈을 끌기 위한 단순한 꾸밈이나 여가 시간에 행하는 어떤 것이 아니다. 예의 실천에서 꾸밈과 이것의 표현은 형성하기 위해 관심을 쏟는 사람에게 윤리적—미학적 성품의 훈련을 구성한다."⁵⁰

요약하자면, 예의 엄청난 실천과 준수를 통해서 한 사람은 '꾸며지고' 특정한 덕을 소유하게 된다. 개인에 대한 성공적인 유교식 도덕 교육의 결과는 이상적인 성품, 즉 군자다. 군자는 인(仁)의 감정을 가지고 있을 뿐만 아니라 예에 의해 적절하게 세련된 사람, 즉 문질빈빈(文質彬彬)* 이다.⁵¹

---

* 문질빈빈은 외적인 아름다움과 내면의 아름다움이 서로 잘 어울리는 모양을 일 컫는다.

결 론

앞의 논의에서 덕 윤리의 현대적 부활을 탐색하였다. 그리고 서양의 덕 윤리와 규칙 윤리 간의 논쟁을 탐색하였다. 덕 윤리의 부활을 배경으로 삼아 유교 윤리를 덕 윤리로 간주하는 이론에 대한 비판적 입장도 제공하였다. 내가 여기서 주장했듯이 비록 유교 윤리가 덕과 덕들에 대해 풍성한 설명을 제공할지라도 유교 윤리는 덕 윤리도 규칙 윤리도 아니다. 덕 윤리와 규칙 윤리 간의 핵심적 논쟁은 덕이 옳은 것을 행하려는 경향성인지 또는 규칙이 덕을 빌려서 정의될 수 있는지의 문제에 초점을 맞춘다. 덕 윤리는 규칙이 덕에서 파생되었다고 주장하며, 규칙 윤리는 덕이 규칙에서 파생되었다고 주장한다. 그러나 유교 윤리에서 규칙과 덕 간의 그런 구분이나 분열은 없다. 반대로 2천 년 이상 지속된 생생한 윤리적 전통으로서, 유교 윤리의 이론과 도덕적 실천은 하나의 동일한 윤리 이론 안에 규칙과 덕이 통합될 수 있는 하나의 유형을 제공한다.

유교 윤리와 덕 윤리가 완전한 유사하다고 주장하는 것은 옳지 않다.

오히려 유사성을 가졌다는 주장을 비판하는 관점을 통해서 유교 윤리의 특성이 잘 드러날 수 있다. 서양의 도덕 이론들과 비교해서, 유교 철학이 가진 잘 알려진 특별한 특성 중 하나는 이것이 세속적이면서 세속을 넘어선다는 것이다. 이런 구분을 가능하게 해주는 가장 중요한 근거 중 하나는 유교 철학이 인간의 마음[心]을 무한한 마음으로 이해한다는 것이다. 이것은 도덕성[道德]에 대한 특징적인 이해의 기초이며, 또는 보편적인 길[道]과 덕(德)의 통일을 실제로 가능하게 만드는 초석이다. 유교 윤리에서 도(道)는 객관적인 존재이며 덕의 기초이다. 그러나 도는 사람에 의해 이해되고 인식되지 않는다면 실재할 수 없다. 하늘의 보편적 도를 이해하기 위해서 인간의 마음은 무한한 마음이 될 필요가 있으며, 그리하여 하늘의 도를 이해하는 능력을 가진다. 유교 윤리에 따르면 모든 사람은 자신의 마음 안에 하늘의 존재를 가진다. 따라서 어떤 사람이 자신의 마음을 완전히 깨닫는다면 그는 자신의 본성을 이해하게 될 것이다. 그리고 그가 자신의 본성을 안다면 그는 하늘을 알게 될 것이다. 인간의 마음을 이해함으로써 하늘의 길을 이해할 수 있는 능력이 실현된다. 자신의 마음을 완전히 이해하고 자신의 본성을 이해하며 도를 자신 안에서 발견한 사람은 덕을 가진 사람, 즉 군자이다. 도와 덕은 성인의 마음 안에서 통합된다. 이 단계—공자가 칠십 세에 도달한 단계—에서 자신의 마음이 욕구하는 것은 바로 도가 요구하는 것이다. 결과적으로 주관적인 덕과 객관적인 도는 성인의 마음에서 하나의 동일한 것이 된다. 유교적인 도와 이것과 덕의 관계를 이해하는 것은 인간의 잠재성을 이해하는 유교의 독창적인 방법을 드러내며, 그래서 보편적 원리와 주관적 덕이 성인의 마음 안에서 통합될 수 있는 가능성을 드러낸다.

도덕에 대한 특징적인 이해와는 별개로, 유교가 예의 중요성과 인과 예의 관계의 중요성을 강조하는 것은 유교 윤리를 덕 윤리로 간주하는 것을 그른 것으로 만든다. 유교 윤리에서 인(仁)과 예의 통합은 덕 윤리와 규칙 윤리 간의 논쟁에 제공할 수 있는 많은 것을 가지고 있다. 이 논쟁에서 전통적인 규칙 윤리에 근거하여 사유하던 익숙한 도덕 철학자들은 덕 윤리학자의 공격에 대항하여 규칙 윤리를 보호하기를 갈망한다. 덕 윤리학자는 규칙 윤리의 대안으로 활동할 수 있는 그리고 그 자체로 완벽한 체계적인 덕 윤리학을 확립하는 일에 전념한다. 규칙과 덕을 하나의 동일한 윤리 이론으로 통합할 수 있는 가능성은 현대 도덕 철학자들에 의해 거의 무시되었다. 유교 윤리에서 인과 예의 통합 이론과 도덕적 실천은 현대 서양 도덕 철학자들이 이런 세 번째 가능성에—이들이 현대에 크게 발전된 도덕 이론을 구성하는지 탐색하는 것이 필요한 가능성에—관심을 기울이도록 고무할 수 있다.

유교 윤리에서 덕과 규칙의 통합이 현대 덕 윤리와 규칙 윤리에 공헌하는 것은 다음과 같이 요약될 수 있다.

1) 도덕 규칙과 덕의 공통 근원

내가 주장하였듯이 유교 윤리는 도덕 규칙이 덕에서 파생되는 덕 윤리도 아니며, 덕이 도덕 규칙에서 도출되는 규칙 윤리도 아니다. 대신에 유교 윤리는 인과 예가 하나의 동일한 근원에서—하늘의 보편적 도에서—파생되었다는 피라미드 구조를 가진 도덕 이론을 함축한다. 따라서 하늘의 도는 덕과 규칙 모두에 대한 공통 근원이다. 유교 윤리는 완전한 윤리 이론으로서, 덕에 대한 설명과 규칙에 대한 설명 모두가 합해진 전체이다. 덕에 대한 설명과 규칙에 대한 설명은 전체의 부분으로써 서로 관련되어 있다. 유교 윤리에서 덕에 대한 설명과 규칙에 대한 설명의 관계는 파괴하거나 지배하는 관계가 아니라 지지하고 인정하는 관계이다. 덕에 대한 설명과 규칙에 대한 설명 모두는 전체성의 의미에서 유교 윤리 형성에 이바지한다.

도와 덕, 예 그리고 인 사이의 관계에 대한 유교의 이해는 하나의 완벽한 윤리 이론이 하나의 동일한 공통 근원에서 파생된 두 부분 또는 두 측면을 포함해야 한다는 것을 제안한다. 유교 윤리에서 덕과 규칙의 공통 근원으로 하늘의 도를 언급하지 않고서도, 우리가 도덕적 발전의 역사에서 인간의 도덕적 실천이 도덕적 규칙과 덕의 공통 근원이라는 것을 아는 것은 어렵지 않다. 또는 달리 말한다면 도덕성이나 윤리학의 형성과 발달이 두 측면, 즉 외재적인 측면과 내재적인 측면을 항상 포함한다. 이것은 한편으로 인간의 발전과 문명의 과정에서 인간 존재가 도덕적 가치의 특정 개념들을 사회의 문화를 빌려서 개념화하고 요약한다는 것을 의미한다. 그리고 이들을 도덕 원리, 도덕 규칙 그리고 도덕 가치의 상응하는 체계의 형식으로 보편화한다는 것을 의미한다. 이것은 규범 윤리학의 형성에서 그리고 특정한 도덕적 원리의 확립에서 구체화되었다. 다른 한편으로 인간 발달과 문명화의 동일한 과정에서, 인간 존재는 인간 본성의 지속적인 자아-의식을 통하여 그리고 도덕적 가치와 자신의 동일화를 통하여 도덕적 원리, 도덕적 규칙 그리고 도덕적 가치의 상응하는 체계를 개별화하고, 특수화하며, 내면화한다. 이것은 어떤 종류의 덕 윤리의 구성에서 또는 특정한 도덕적 성품의 함양에서 구체화되었다.[1]

도덕성의 내적이거나 내면적 측면과 외적이거나 외면적 측면은 인간의 도덕적 실천에서 파생될 수 있는 두 측면이다. 이 두 측면은 새의 두 날개나 마차의 두 바퀴와 같이 상호 의존적이다. 다른 쪽이 없는 한쪽은 도덕성을 불완전하게 만든다. 달리 말한다면, 두 측면은 서로 도덕성의 전체성을 구성한다. 이 내면적 측면이 없다면, 도덕성은 비개인적인 행위자와 관련 없는 무관한 교설이 되고 말 것이다. 또는 법률적인 규범들이나 이론적인 교리들로 변질될 것이다. 외면적 측면이 없다면, 도덕성은 보편적 합리성을 박탈당할 것이다. 완벽한 매우 발달된 윤리학은 덕과 규칙을 하나의 윤리이론 안에서 통합되어야만 한다.

우리가 유교 윤리에서 배운 것은 바로 도덕성이 두 측면, 인과 예−외면적 측면과 내면적 측면 또는 객관적 측면과 주관적 측면−의 통합이라는 것이다. 두 측면은 동일한 공통 근원에서 파생되었으며 서로 상호의존적이다.

2) 규칙과 덕의 상호 의존성

내가 상세하게 주장했듯이 인과 예는 동일한 근원−도에서 나왔다. 이것은 인과 예가 동일한 근원에서 등장한 서로 다른 두 개의 것이라는 것을 의미한다. 그래서 모든 관습적 규칙들이 인에서 파생된 것이 아니며 그 역도 아니다. 한편으로 어떤 규칙들은 어떤 덕과도 직접적으로 관련되어 있는 것처럼 보이지 않는다. 다른 한편으로 많은 덕들은 도덕 규칙들의 요구 조건을 능가한다. 그러나 인과 예 덕과 규칙이 서로 의존하지 않는다는 것은 도출되지 않는다. 인과 예 또는 덕과 규칙의 관계는 개별적인 음표들 사이의 관계와 비교될 수 있다. 각각의 음표는 서로 다르지만 다른 음표의 협약은 내적인 종합의 완벽함과 개별적 음표들 간의 상호 지지를 창조해낸다.

유교 윤리와 도덕적 실천에서 인과 예는 다음과 같은 방식에서 상호 의존적이다. 첫째, 인은 예의 본질이며 내용이다. 인 없이 예를 실천하는 것은 속빈 실천이 되고 말 것이다. 둘째, 예를 지키는 것은 인을 드러내는 것이며 구체적으로 표현하는 것이다. 예에 따라서 행동하는 것은 우리 안에 뿌리 깊게 자리하고 있는 인의 감정을 표현할 수 있는 수단을 제공한다. 더욱이 예에 따른 수행은 인의 덕을 함양하는 가장 중요한 수단 중 하나이다. 보다 중요한 것은 이것이 인의 덕의 완전한 구성적 부분이라는 것이다. 인과 예의 관계는 인과 예, 덕과 규칙이 상호 의존적이며 서로 지원한다는 것을 말해준다. 후자 없는 전자는 불완전하다.

규칙과 덕의 상호 의존성에 대한 기초는 유교 윤리의 이론적 산물일 뿐만 아니라, 도덕적 삶에서 도덕적 행위와 도덕적 성품 간의 관계에 대한 반성과 요구 조건이기도 하다. 따라서 규칙과 덕의 통합은 유교 윤리의 전통적인 주제였을 뿐만 아니라, 현태 도덕 철학자들에 의해 되풀이되어 나타나고 있는 것이다. 규칙과 덕의 상호 의존적 관계는 몇몇 현대 서양 철학자들에 의해 주목되어서 탐구되었다. 이들은 충분히 발전된 도덕 이론은 규칙과 덕을 하나의 윤리 이론 안에 서로 통합시킬 수 있고 시켜야 한다는 것을 깨달았다. 그리고 이들은 하나의 윤리 이론에 규칙과 덕을 통합할 수 있는 가능성을 탐색하였다.[2] 예를 들면, 브레이브룩David Braybrooke은 "덕 없이는 어떤 규칙도 없으며, 규칙 없이는 어떤 덕도 없다"라는 말로 한편으로는 규칙들의 체계가 사람들이 특정한 덕들을 가지지 않는 한 작동할 수 없으며, 다른 한편으로는 덕들은 규칙들 없이는 드러나지 않는다고 주장하였다. 실제로 도덕 규칙은 덕의 실현에 반드시 필요하다. 보네벡Daniel Bonevac은 자신의 논문 'Ethical Impressionism: A Response to Braybrooke'에서 다음과 같이 주장한다. "덕에 기초한 관점의 크기가 무엇이든 규칙에 기초한 윤리는 이들을 공유할 수 있다. 결과적으로 규칙과 덕의 분열은 거부되어야만 한다. 규칙과 덕 모두는 윤리적 추론에서 중요한 역할을 한다. 우리의 목적은 이런 역할뿐만 아니라, 도덕적 삶과 도덕적 추론의 다른 구성 요소를 해설하는 것이다." 그는 또한 윤리학의 개념인 인상주의impressionism를 주장한다. 이것은 규칙 윤리와 덕 윤리의 많은 특징들을 통합시킨다. 본드E. J. Bond는 자신의 저서 *Ethics and Human Well-being*에서 우리가 의무론적 도덕성을 빌려서는 아레테적 도덕성에 대한 설명을 제공할 수 없으며, 그 역으로도 설명할 수 없다고 주장하였다.(pp. 139-45) 그는 또한 우리가 이들 각각 하나씩으로는 해낼 수 없으며, 둘 모두가 필요하다고 주장하며, 따라서 **어떤 적절한 도덕 이론이든 둘 다를 설명해야만 한다**고 주장한다.(pp. 145-6) 그는 도덕성의 두 가지 다른 측면이나 차원들 사이의 관계가 무엇이며 이들이 서로 어떻게 어울리는지를 탐색하였다.(pp. 186-93)

간단히 말해서, 유교 윤리와 이런 현대 서양 철학자들의 연구 작품들 모두 규칙과 덕의 관계가 파괴하거나 지배하는 관계가 아니라 지원하고 인정하는 관계일 수 있다는 것을 증명하였다. 한편으로 여러 덕 윤리학자들이 주장했듯이 규칙에 기초한 현대 도덕 철학은 윤리학을 규칙들의 순수한 고안이나 기획으로 변화시켰으며, 도덕성을 법과 유사한 규칙 체계로 변화시켰다. 결과적으로 도덕성의 규칙들은 스스로 자신의 의미를 상실하였다. 왜냐하면 완벽하게 고안된 도덕 규칙의 체계가 덕이 없는 사람들에 의해 실현되거나 강화될 수 있다고 믿기는 어렵기 때문이다. 규칙에 기초한 도덕 이론에 기초하여 행위자의 특성에 대한 관심을 결여하였다. 더욱이 현대 사회의 사람들은 규칙과 원리에 의해 제한되어 있는 수동적인 행위자로서 이들의 입장에 더 이상 만족하지 않는다. 이들은 덕을 실천함으로써 선한 삶을 추구하기 시작하였다. 그래서 도덕성은 행위자의 독립적인 바람이 되었다. 그리고 덕은 그 자체로 내재적 가치를 가지고 있다. 규칙에 기초한 도덕 이론들의 핵심적인 특성 때문에 규칙 윤리학은 혼자서는 더 이상 현대 사회의 사람들의 요구를 부합시킬 수 없다.

다른 한편으로 규칙에 기초한 도덕 이론의 경솔함을 치료하기 위하여, 덕 윤리학자들은 도덕적 성품과 도덕적 행위자의 문제를 핵심적인 관심사로 만들었다. 그러나 이들은 다른 극단으로 너무나 지나치게 나아가버려서 반대편의 불완전함의 위험을 무릅쓰고 있다. 우리가 주장했듯이 이것은 도덕적 평가와 도덕 교육에서 덕 윤리에 여러 어려움을 결과하였다.

더욱이 고대 그리스에 뿌리를 둔 전통에서, 아리스토텔레스Aristoteles

의 덕 윤리의 부활이 현대 사회의 사람들의 도덕성에 대한 요구를 만족시킬 수 있는지 그렇지 않은지는 여전히 의문이다. 현대 사회에서 사회구조, 사회관계 그리고 사회적 실천은 매우 복잡하다. 이것은 현대 사회를 매우 법제화된 그리고 통제된(표준화된) 사회로 만든다. 규칙에 기초한 도덕 이론들이 그렇게 오랜 동안 지배하였던 가장 중요한 이유 중 하나는 이들이 현대 사회에 대한 이런 특성들에 대한 통찰을 기초로 하여 이루어졌다는 것이다.

덕 이론의 최근 부활의 많은 부분이 니코마코스 윤리학의 덕에 대한 선구적인 논의를 재해석하는 형식을 취하고 있는 것은 우연이 아니다. 그러나 덕 윤리의 부활의 의미는 마치 어떤 도덕 철학자들이 제안하고 옹호하듯이, 규칙 윤리에 대한 경쟁적 윤리 이론이나 대안적 윤리 이론이 된다는 것에서 성립하는 것이 아니다. 덕 윤리의 부활은 윤리학의 주제와 도덕적 삶의 본질을 재고하는 데 도움을 준다. 그리고 이들의 특성 때문에 규칙에 기초한 도덕 이론들이 더 이상 만족스럽지 않다는 것을 이해하는 데 도움을 준다. 매우 발전된 윤리 이론은 규칙과 덕을 하나의 동일한 윤리 이론에서 적절하게 통합하고 합치시켜야 한다. 그 이론에서 규칙에 대한 설명과 덕에 대한 설명의 관계는 파괴나 지배의 관계가 아니라 지지와 인정의 관계가 되어야 한다. 그리고 그 이론 안에서 규칙 윤리와 덕 윤리의 구분은 거부되어야 한다. 이런 관점에 따르면 덕 윤리뿐만 아니라 규칙 윤리도 전체적으로 완전한 윤리 이론의 단지 한 측면만을 파악한다. 그리고 이 둘의 통합은 필수적이며 기대할 만하다.

미 주

서 론

1   예를 들면, Cua, A, S., "Basic Concepts of Confucian Ethics," in *Moral Vision and Tradtion: Essays in Chinese Ethics*, Washington, D.C., The Catholic University of American Press, 1998; Nivison, David S., *The Ways of Confucianism*, Chicago, Open Court, 1996, p. 2; Bretzke, James T., S.J., "The Tao of Confucian Virtue Ethics," *International Philosophical Quarterly* 35, No. 1, 1995, pp. 25-41; and Wilson, Stephen A., "Conformity, Individuality, and the Nature of Virtue," *Journal of Religious Ethics* 23, No. 2, 1995, pp. 263-87.

2   Cottingham, John, "Religion, Virtue and Ethical Culture," *Philosophy* 69, 1994, p. 177.

3   Husthouse, Rosalind, "Virtue Theory and Abortion," in Statman, Daniel, ed., *Virtue Ethics*, Edinburgh, Edinburgh University Press, 1997, p. 227.

4   Anscombe, G.E.M., "Modern Moral Philosophy," *Philosophy* 33, 1958, pp. 1-19. 또한 다음을 참고할 것, William Frankena, "Prichard and the Ethics of Virtue: Notes in a Footnote," *Monist* 54, No. 1, 1970, pp. 1-7, and "The Ethics of Love Conceived as an Ethics of Virtue," *Journal of Religious Ethics* 1, No. 1, 1973, pp. 21-36. 그리고 Philippa Foot, "Moral Beliefs," *Proceedings of the Aristotelian Society* 59, 1958-59, pp. 83-104; Alasdair MacIntire, *After Virtue*, Notre Dame, Indiana,

University of Notre Dame Press, 1981; Iris Murdoch, "The Sovereignty of Good Over Other Concepts," in *The Sovereignty of Good*, New York, Schochen Books, 1971.

5 Rachels, James, *The Elements of Moral Philosophy*, Singarpore, McGraw-Hill Book Co., 1999, p. 189.

6 Almond, Brenda, *Exploring Ethics: A Traveller's Tale*, Oxford, Blackwell, 1998, p. 110.

7 Frankena, William, Ethics, New Jersey, Englewood Cliffs, 1973, pp. 65-7.

8 Rawls, John, *A Theory of Justice*, Massachusetts, Harvard University Press, 1971, p. 192.

9 Slote, Micheal, *From Morality to Virtue*, New York, Oxford University Press, 1992, p. 189.

10 Statman, Daniel, "Introduction to Virtue Ethics," in Statman, ed., *Virtue Ethics*, p. 8.

11 Montague, Phillip, "Virtue Ethics: a Qualified Success Story," in Statman, ed., *Virtue Ethics*, p. 194.

12 Ibid.

13 Statman, Daniel, "Introduction to Virtue Ethics," in Statman, ed., *Virtue Ethics*, p. 8.

14 Solomon, David, "Internal Objections to Virtue Ethics," in Statman, ed., *Virtue Ethics*, p. 167.

15 유교는 덕 윤리의 어떤 형태에도 속하지 않는다. 유교 윤리가 현대의 덕 윤리가 아니라고 주장하는 방식은 유교 윤리가 극단적 덕 윤리가 아니라고 주장하는 방식과는 전혀 다르다. 그래서 이 책에서 내가 지칭하는 덕 윤리의 형식은 주로 극단적 형식이다. 그렇지만 필요한 경우에는 온건한 형식의 덕 윤리를 따로 언급할 것이다.

제1장 덕 윤리, 현대 서양의 관점

1 First Published in Philosophy 33, 1958, pp. 1-19.

2 Alasdair MacIntire, *After Virtue*, Notre Dame, Indiana, University of Notre Dame Press, 1981, p. 2.

3 *Nicomachean Ethics*, 1095a17-22. 특정한 언급 없이 여기에 인용된 모든 아리스토텔레스는 『니코마코스 윤리학』에 있는 것이다. 다른 상술이 없다면, 인용된 번역은 Aristotele, *Nicomachean Ethics*, Ross, W.D., trans., Oxford Translation, 1925, 경우에 따라서는 Irwin, Terence, trans., Indianapolis, Hackett, 1985을 사용하였다.

4 아리스토텔레스는 『니코마코스 윤리학』의 3-5권에서 윤리적 덕과 악을 논의하였다. 지적인 덕은 6권에서 논의하였다.

5   Yu, Jiyuan, "Confucius' Jen and Aristotle's Virtue," *Chinese Philosophy Working Papers*, March 1996, No. 1, Center for Modern Chinese Studies, Institute for Chinese Studies, University of Oxford.

6   Yu, Jiyuan, "Virtue: Confucius and Aristole," *Philosophy East and West* 48, No. 2, 1998, p. 326.

7   Ibid., pp. 329-30.

8   Metaphysics, 981a29.

9   MacIntire, Alasdair, *Whoes Justice? Which Rationality?*, London, Gerald Duckworth, 1988, pp. 115-6.

10 Aristotele, *Eudemian Ethics*, 1220a39-b3.

11 Ross, David, *Aristotle*(fifth edtion), London, Methuen & Co., 1949, pp. 193-4.

12 Ramos, Alice, "Tradition as 'Bearer of Reason' in Alasdair MacIntyre's Moral Inquiry," in Hancock, Curtis L., and Simon, Anthony O., ed., *Freedom, Virtue, and the Common Good*, Indiana, University of Notre Dame Press, 1995, p. 180.

13 MacIntire, *After Virtue*, pp. 110-1.

14 Almond, Brenda, "Alasdair MacIntyre: the virtue of tradition," *Journal of Applied Philosophy* 7, No. 1, 1990, p. 100.

15 Ibid.

16 스코틀랜드 문화와 스코틀렌드 계몽 그리고 흄의 관계성에 대한 상세한 논변을 위해서는, MacIntire, *Whoes Justice? Which Rationality?*, chap. XII-XVI.

17 Hume, David, *A Treatise of Human Nature*, ed., by L.A. Selby-gigge, Oxford, Oxford Unversity Press, 1951, 2, 3, p. 415.

18 Hume, David, *Enquiry concerning the Principles of Morals*, Appendix 1, 239.

19 Rachels, James, *The Elements of Moral Philosophy*, Singarpore, McGraw-Hill Book Co., 1999, p. 176.

20 Anscombe, G.E.M., "Modern Moral Philosophy," in Crisp and Slote, eds., *Virtue Ethics*, p. 30

21 Almond, "Alasdair MacIntyre: the virtue of tradition," p. 99.

22 MacIntire, *After Virtue*, p. 6.

23 MacIntire, *After Virtue*, p. 62.

24 Ibid., p. 65.

25 Rawls, John, *A Theory of Justice*, Massachusetts, Harvard University Press, 1971, p. 192.

26 Ibid., p. 436.

27 MacIntire, *After Virtue*, p. 119.

28 Ibid., p. 152.

29 Ibid., p. 38.

30 Ibid., p. 2.

31 Husthouse, Rosalind, *On Virtue Ethics*, Oxford, Oxford University Press, 1999, p. 3.

32 덕 윤리의 이점에 관한 요약을 위해서는 다음을 참고할 것. Statman, Daniel, "Introduction to Virtue Ethics," in Statman, David, ed., *Virtue Ethics*, pp. 7-18.

33 Rachels, J., *The Elements of Moral Philosophy*, p. 187.

34 아리스토텔레스 윤리학에서 도덕적 감정에 관한 상세한 논변을 위해서는 다음을 참고할 것. Sherman, Nancy, *Making a Necessity of Virtue: Aristotle and Kant on Virtue*, Cambridge, Cambridge University Press, 1997, Chap. 2: The Emotional Structure of Aristotelian Virtues.

35 도덕성의 본성과 이것의 법과의 차이점에 관한 충실한 논변을 위해서는 다음을 참고할 것. Sorley, W.R., *The Moral Life*, Cambridge, Cambridge University Press, 1920, pp. 8-24.

36 Dent, Nicholas, "Virtue, Eudaimonia and Teleological Ethics," in Carr, David, and Steutel, Jan, ed., *Virtue Ethics and Moral Education*, London and New York, Routledge, 1999, p. 30.

37 Husthouse, Rosalind, "Normative Virtue Ethics," in Crisp. ed., *How should One Live*, Oxford, Clarendon Press, 1996, p. 27.

38 Sherman, Nancy, "Character Development and Aristotelian Virtue," in Carr, David, and Steutel, Jan, ed., *Virtue Ethics and Moral Education*, London and New York, Routledge, 1999, p. 36.

39 Nussbaum, Martha, *The Fragility of Goodness*, Cambridge, Cambridge University Press, 1986, p. 69.

40 Rachels, J., *The Elements of Moral Philosophy*, p. 188.

41 Kant, *Critique of Practical Reason*(1788), Abbott, T.K., trans., London, 1873. 칸트 윤리학에 대한 더 많은 논의를 위해서는 Ch. 3.을 참고할 것.

42 Rachels, J., *The Elements of Moral Philosophy*, p. 189.

43 편향성에 관한 충분한 논의를 위해서는 다음을 참고할 것. Cottingham, John, "Partiality and Virtues," in Crisp. ed., *How should One Live*, p. 57.

44 Rachels, J., *The Elements of Moral Philosophy*, p. 190.

제2장 유교 윤리에서 덕에 대한 강조와 덕 함양

1   Needham, Joseph, "China and the West," in *China and the West: Mankind Evolving*, London, Garnstone Press, 1970, pp. 24-5.

2   Zaehner, R.C., ed., *The Concise Encyclopedia of Living Faiths*, London, Hutchinson and Co. Ltd, 1988, p. 370.

3   Tu, Wei-Ming, Milan Hejtmanek and Alan Wachman, ed., *The Confucian World Observed: A Contemporary Discussion of Confucian Humanism in East Asia*, Honolulu, Institute of Culture and Communication, The East-West Centre, 1992, p. 40.

4   Yao, Xinzhong, *An Introduction to Confucianism*, Cambridge, Cambridge University Press, 2000, p. 32.

5   Cua, A, S., "Basic Concepts of Confucian Ethics," in *Moral Vision and Tradtion: Essays in Chinese Ethics*, Washington, D.C., The Catholic University of American Press, 1998, p. 269.

6   덕이 힘을 의미했던 흔적은 'in virtue of(…의 힘으로)' 또는 'by virtue of(… 덕분에)'와 같은 영어 구분에 남아 있다.

7   Cua, A, S., "Basic Concepts of Confucian Ethics," in *Moral Vision and Tradtion: Essays in Chinese Ethics*, Washington, D.C., The Catholic University of American Press, 1998. p. 271.

8   Nivision, David S., *The ways of Confucianism*, Chicago, Open Court, 1996, p. 17. 또한 다음을 참고할 것. Yao, Xinzhong, *An Introduction to Confucianism*, p. 155.

9   노던(Bryan W. Van Norden: 이 책의 편집자)과 니비슨(David S. Nivison)은 덕(德)의 의미가 '힘'에서 '도덕적 덕'으로 확장되는 과정을 해명한다. 일반적으로 사람은 선물에 감사함을 느낀다. 그러나 어떤 사회에서는 이런 느낌이 확대되어서, 당신에 대한 나의 감사함은 당신이 나에게 행사할 수 있는 힘(역자 주: 권력)과 같은 것이 된다. 덕(德)은 본래 이런 '힘'이었다. 이것은 중국의 왕들이 자기 조상의 정신에 희생하려는 그들의 의지를 통해 그리고 신하들에 의해 획득된 힘이다. 그러나 충심으로 주어진 선물과 다른 사람을 통제하려는 의도에서 주어진 선물에는 중요한 차이가 있다. 결국에 덕(德)은 인자함, 관대함 그리고 (일반적인) 덕과 관련을 맺게 되었다.(Nivison, *The Ways of Confucianism*, pp. 4-5)

10   Allan, Sarah, *The way of Water and Sprouts of Virtues*, New York, State University of New York Press, 1997, p. 107.

11   Shun, Kwong-Loi, *Mencius and Early Chinese Thought*, California, Stanford University Press, 1997, p. 37.

12   인간의 본성이 선한지 악한지에 관한 문제는 학파마다 그리고 중국의 관료 선발 시험마다 반복해서 계속 제시되었다. 이 논변은 고대에 맹자와 순자에서 시작되었다. 맹자가 인간 본성이 본래 선하다고 주장한 반면에, 순자는 인간 본성이 본래 악하다고 주장하였다. 비록 인간 본성에 대한 순자의 논변이 매우 심오하고, 건전하며, 체계적이지만, 순자의 이론은 고대 중국 사회에서 인간 본성에 관한 중심 이론으로 받아들여지지 않았다. 유학자들 대부분은 인간 본성에 관한

맹자의 가르침을 선호하였으며, 인간 본성에 관한 맹자의 생각이 고대 중국에 크게 유행하였다. 그리고 그의 영향력은 이후 철학자들에게 널리 미쳤다. 다음을 참고할 것. Dubs, Homer H., "Mencius and Sun-Dz On Human Nature," *Philosophy East & West* 6, 1956-57, pp. 213-22.

13 『논어』, 5:12, 이후부터 따로 설명이 없는 한『논어』의 번역문은 다음에 따르고 있다. Chan, Wing-tsit, ed. and trans., *A Source Book of Chinese Philosophy*, Princeton, Princeton University Press, 1963. 또는 de Bary, Wm. Theodore, ed., *Sources of Chinese Tradition*, Vol. I, New York, Columbia University Press, 1960.

14 The Book of Mencius, 6A:2. 이후부터 따로 설명이 없는 한『맹자』의 번역문은 다음에 따르고 있다. Chan, Wing-tsit, ed. and trans., *A Source Book of Chinese Philosophy*, Princeton, Princeton University Press, 1963. 또는 de Bary, Wm. Theodore, ed., *Sources of Chinese Tradition*, Vol. I, New York, Columbia University Press, 1960.

15 Nakamura, Keijiro, "The History and Spirit of Chinese Ethics," *International Journal of Ethics* 8, No. 1, 1897, p. 92.

16 Cheng, Hsueh-li, "Moral Sense and Moral Justification in Confucianism," in Cheng, Hsueh-li, ed. and intro., *Asian Thought and Culture, Vol. 28: New Essays in Chinese Philosophy*, New York, Peter Lang, 2997, p. 99.

17 Ibid.

18 Ibid., pp. 128-30. 성악.

19 이 구절에 관한 적절한 번역에 관한 논의를 위해서는 다음을 참고할 것. Behuniak, James, "Nivison and the 'Problem' in Xunzi's Ethics," *Philosophy East & West* 50, No. 1, 2000, pp. 97-110.

20 그러나 순자는 맹자를 비판한다. 맹자가 '타고난 능력'(역자 주: 性)과 '후천적으로 타고난 능력'(역자 주: 僞)을 구분하지 못했다는 것이다. 다음을 참고할 것. Kwong-Loi Shun, *Mencius and Early Chinese Thought*, California, Stanford University Press, 1997, pp. 218 and 225. 또한 다음을 참고할 것. Kim-chong Chong, "Xunzi's Systematic Critique of Mencius," *Philosophy East & West* 53, No. 2, 2003.

21 heart(마음)는 중국어 심(心)의 번역어이다. 심(心)은 또한 마음(mind)이나 가슴(heart)으로 번역될 수 있다. 때때로 가슴/마음으로 제시되기도 한다. 중국 전통에서 마음과 가슴은 서로 극명하게 구분된 적이 없다. 따라서 인지주의(cognitivism)와 정서주의(emotivism)의 상충은 유학 철학자들에게 진지한 주제로 제기된 적이 없다.

22 *The Great Learning*, in Lin, Yu-tang, ed. and trans., *The Wisdom of Confucius*, New York, the Modern Liberary, 1994, pp. 138-9.

23 공자가 말씀하셨다. "나는 열다섯에 학문에 뜻을 두었고(志學), 삼십에 인생관을 확립하였고(立), 마흔에 흔들림이 없었으며(不惑), 오십에는 하늘의 뜻을 알고(知天命), 예순에는 무엇이든 들을 준비가 되어 있었으며(耳順), 일흔에는 나의 마음에 따라 하지만 법도를 넘지 않았다(從心)."(『논어』, 2:4)

24 Yao, *An Introduction to Confucianism*, p. 210.

25 공자는 말씀하셨다. "군자는 바라는 바가 아홉 가지가 있다. 볼 때는 분명하게 보기를 바라고, 들을 때는 명확하게 듣기를 바라며, 얼굴빛은 온화하기를 바라고, 몸가짐은 공손하기를 바라며, 말할 때는 진실되기를 바라고, 일을 할 때는 정중하게 처리하기를 바라며, 의문이 들 때는 묻기를 바라고, 화가 날 때는 그 결과 처하게 될 어려움을 생각하기를 바라며, 이득의 기회가 왔을 때는 의로운 것인지를 생각하기를 바란다."(『논어』, 16:10)

26 Fung, Yu-Lan, *A History of Chinese Philosophy*, Vol. 1, London, Geogre Allen & Unwin Ltd, 1952, p. 288.

27 호연지기는 영어로 'vital force'로 번역된다. 또한 vital breath, moving force, Great Morale로 번역되기도 하는데, 자연이 부여한 그리고 성인에 스며 있는 생기 넘치는 요소이다. 이것은 또한 최고의 지위에 도달한 개별자들의 영혼이 가진 특성이다. 이 용어의 의미에 대한 좀 더 자세한 소개를 위해서는 다음을 참고할 것. Fung, Yu-Lan, *A History of Chinese Philosophy*, Vol. 1, p. 131.

28 Fung, Yu-Lan, *A Short History of Chinese Philosophy*, New York, Macmillan, 1958, p. 79.

29 Hall, David L. and Roger T. Ames, *Thinking Through Confucius*, Albany, State University of New York Press, 1987, p. 84.

30 『시경』과 같은 공자의 초기 작품에서, 그리고 『논어』에서 이 용어가 어떻게 사용되었는지 살펴보면서, 모톤(Morton)은 공자는 이 용어를 윤리의 원시적 형태가 아니라 전적으로 그리고 의도적으로 윤리적인 형식으로 사용하였다고 주장한다. 동시에 이것은 배타적으로 윤리적으로만 사용되는 것으로 생각해서는 안 된다. 왜냐하면 유교의 정신에 귀족적인 의미와 윤리적인 의미가 부분적으로 겹쳐 있다는 것은 의심할 바 없기 때문이다. 공자는 확고하고도 성공적으로 지적하고 있다. 군자가 자신의 지위에 상응하는 도덕적 특징을 삶에서 보이지 않는다면, 군자가 아니라는 것이다. 다음을 참고할 것. Morton, W. Scott, "The Confucian Concept of Man: The Original Formulation," *Philosophy East & West* 21, No. 1, 1971, p. 70.

31 이 문장은 '타협하지만, 무작적 동조하지는 않는다'로 번역되기도 한다.(Waley)

32 Nivision, David S., *The ways of Confucianism*, p. 2. 또한 다음을 참고할 것. Yao, Xinzhong, *An Introduction to Confucianism*, p. 33.

제3장 도덕을 이해하는 유교 윤리의 특징

1   Wu, Jeseph S., "Western Philosophy and the Search for Chinese Wisdom," in Arne Naess and Alastair Hannay, ed., *Invitation to Chinese Philosophy*, Universitetsforlaget, 1972, p. 8.

2   Hansen, Chad, "Duty and Virtue," in Ivanhoe, Philip J., ed., *Chinese Language, Thoguth, and Culture*, Open Court, 1996, p. 175.

3   *Zuozhuan Duke Xi*, 24th year[좌전 희공 24년]. 다음을 참고할 것. Legge, James, trans., *The Chinese Classics*, Vol. 5, *The Tso Chuen*, reprint, Hong Kong, Hong Kong University Press, 1970, p. 192. 이 구절에 대한 Nivison의 논의는 *The Ways of Confucianism*, p. 33.

4   Graham, A. C., *Disputers of the Tao*, La Salle, Illinois: Open Court, 1989, p. 13.

5   Ibid., p. 13.

6   Graham, A. C., *Disputers of the Tao*를 참고할 것.

7   Yao, *An Introduction to Confucianism*, pp. 139-40.

8   Cua, A, S., "Basic Concepts of Confucian Ethics," in Cua, *Moral Vision and Tradtion: Essays in Chinese Ethics*, p. 269.

9   다음을 참고할 것. Lau, D.C., Confucius: *The Analects, Chinese Classics: Chinese-English Series*, Hong Kong, The Chinese University Press, 1982, p. ix; Yao, Xinzhong, *Confucianism and Christianity-A Comparative Study of Jen and Agape*, Brighton, Sussex Academic Press, 1996, p. 224; and Allan Sarah, *Way of Water and Sprouts of Virtue*, p. 71.

10 Cua, A, S., "Basic Concepts of Confucian Ethics."

11 Fung; Yu-Lan, *A Short History of Chinese Philosophy*, p. 7.

12 Ibid., p. 8.

13 Yao, *Confucianism and Christianity*, p. 224.

14 Chang, Hao, "The Intellectual Heritage of the Confucian Ideal of Ching-shih," in Tu, ed., *Confucian Traditions in East Asian Modernity: Moral Education and Economic Culture in Japan and the Four Mini-Dragons*, Cambridge, Mass: Harvard University Press, 1996, p. 73.

15 Chan, *A Source Book of Chinese Philosophy*, p. 28.

16 Chan, *A Source Book of Chinese Philosophy*, p. 43, note 151.

17 *The Laosi(Dao-de Jing)*[노자 도덕경], 41. 다음을 참고할 것. Chan, *A Source Book of Chinese Philosophy*, p.160.

18 유교의 맥락에서 도(道)는 일차적으로 하늘의 원리와 인간의 원리의 요약으로

간주된다. 이에 비해 도교에서는 신비한 존재나 우주의 근원으로 간주된다. 다음을 참고할 것. Yao, *Confucianism and Christianity*, p. 224.

19 *The Laosi(Dao-de Jing)*[노자 도덕경], 41. 다음을 참고할 것. Chan, *A Source Book of Chinese Philosophy*, p. 139.

20 Fung, Yu-Lan, *A Short History of Chinese Philosophy*, p. 13.

21 Opitz, peter J., "Confucius," in Silke Krieger and Rolf Trauzettel, ed., *Confucianism and the Modernization of China*, Mainz, V. Hase & Koehler Verlag, 1991, p. 601.

22 Hummel, Arthur, "Some Basic Moral Principles in Chinese Culture," in Rugh Nanda Ashen, ed., *Moral Principles of Action*, New York, Harper & Bros., 1952, p. 601.

23 Chan, Wing-tsit, "What is Living and What is Dead in Confucianism?" in *Religious Trends in Modern China*, New York, Columbia University Press, 1953. p. 30.

24 "하늘이 나에게 덕을 주셨으니, 환퇴 따위가 나를 어찌하겠는가?"(『논어』, 7:22): 공자가 광땅에서 어려움에 처했을 때 말하였다. "문왕이 이미 죽고 없는데, 문화를 없앨 수 있겠는가? 하늘이 그 문화를 없애버릴 것이라면 훗날 (나와 같이) 죽을 자에게 이 문화를 주어 갖게 하지 않았을 것이고, 하늘이 그 문화를 없애지 않을 것이라면, 광땅의 사람들이 나를 어찌할 수 있겠는가?"(『중용』, 9:5)

25 공자는 괴기한 일, 위세부리는 일, 어지럽히는 일, 귀신에 관해서는 말씀하지 않으셨다.(『논어』, 7:20) 공자의 병이 깊어지자 자로가 기도할 것을 청하였다. 공자께서 말씀하셨다. "그런 적이 있느냐?" 자로가 대답하였다. "있습니다. 축문에 '하늘과 땅의 신께 기도드린다'는 말이 있습니다." 공자께서 말씀하셨다. "나는 오래전부터 그런 기도를 드려왔다."(『중용』, 7:34)

26 Cheng, Chung-Ying, "Confucian Onto-Hermeneutics," *Journal of Chinese Philosophy* 27, No. 1, 2000, p. 38.

27 *The Analects*[논어], 9:10 in Legge, James, *The Chinese Classics*, Vol. 1, Hong Kong, Hong Kong University Press, 1960, p. 220.

28 Carnourska, Marina, "Original Ontological Roots of Ancient Chinese Philosophy," *Asian Philosophy* 8, 1998, p. 204.

29 Mou, Zongsan, *Nineteen Lectures on Chinese Philosophy*, Shanghai, Ancient Book Publisher, 1997, p. 68.

30 Tu, Wei-Ming, "The Value of the Human in Classical Confucian Thought," *Humanitas* 15, 1979, p. 161. 저자는 '뿌리가 되는 은유(root metaphor)' 개념을 Herbert Fingarette에서 빌려왔다는 것을 인정하고 있다. Fingarette, Herbert, *Confucius: The Secular as Sacred*, New York, Harper Torchbooks, 1972, pp. 18-36.

31 Cua, A, S., "Basic Concepts of Confucian Ethics," in *Moral Vision and Tradtion*,

p. 271.

32 Yao, *Confucianism and Christianity*, p. 224.

33 Lau, D.C., Confucius: *The Analects*, p. ix.

34 Wawrytko, Sandra A., "Confucius and Kant: The Ethics of Respect," *Philosophy East & West* 32, No. 3, 1982, pp. 237-57.

35 Lai, Karyn L., "Confucian Moral Thinking," *Philosophy East & West* 45, No. 2, 1995, p. 261.

36 Fingarette, Herbert, "The Problem of Self in the Analects," *Philosophy East & West* 29, 1979, p. 135.

37 Cua, A, S., "Basic Concepts of Confucian Ethics," in *Moral Vision and Tradtion*, p. 275.

38 Chan, *A Source Book of Chinese Philosophy*, p. 265.

39 *Shuowen Jiezi Zhu*, Shanhai, Shanghai Guji Chubanshe, 1981, p. 1.

40 Wang, Kuo-Wei, *Kuang-tan Chi-lin*(觀堂集林), Chekiang, 1923, pp.10-1.

41 Creel, H.G., *Birth of China*, New York, Ungar, 1937, pp. 3432-3.

42 Eno, Robert, *The Confucian Creation of Heaven: Philosophy and the Defense of Ritual Mastery*, Albany, State University of New York Press, 1990, pp. 181-9.

43 Chan, *A Source Book of Chinese Philosophy*, p. 570.

44 Yao, *An Introduction to Confucianism*, p. 142.

45 *The I Jing*[易經], Wilheim, Richard, trans., Princeton, N.J., Princeton University Press, 1972, p. 280.

46 Carnogurska, Marina, "Original Ontological Roots of Ancient Chinese Philosophy," *Asian Philosophy* 8, No. 3, 1998, pp. 209-10.

47 Hall, David L. and Roger T. Ames, *Thinking Through Confucius*, p. 241.

48 Smith, D. Howard, *Chinese Religions*, London, Weidenfeld and Nicolson, 1968, p. 38.

49 Cheng Hao and Chen Yi, *Er Cheng Ji*, Beiging, Zhonghua, Shuju, 1981, p. 282. 또한 다음을 참고할 것. Huang, Yong, "Cheng Yi's Hermeneutics of Dao," *Journal of Chinese Philosophy* 27, No. 1, 2000, p. 72.

50 Hall, David L. and Roger T. Ames, *Thinking Through Confucius*, p. 241.

51 Fingarette, Herbert, *Confucius: The Secular as Sacred*, New York, Harper Torchbooks, 1972, p. 22를 참고할 것.

52 Ibid., p. 21.

53 Ibid., p. 34.

54 Fingarette, Herbert, "The Problem of Self in the Analects," *Philosophy East & West* 29, 1979, p. 136.

55 Ibid., p. 135.

56 Hall and Ames, *Thinking Through Confucius*, p. 236.

57 Fingarette, Herbert, "The Music of Humanity in the Conversations of Confucius," *Journal of Chinese Philosophy* 10, 1983, p. 346.

58 Ibid., p. 345.

59 Hall and Ames, *Thinking Through Confucius*, p. 237.

60 피타고라스 수리 철학은 음악의 발견에서 시작되었다고 말할 수 있다. 보다 자세한 내용은 다음에서 찾아볼 수 있다. J. Burnet, *Greek Philosophy*, Part I, London, Macmillian, 1914, p. 46.

61 Lin, Yu-tang, *The Wisdom of Confucius*, pp. 252-5.

62 Chan, *A Source Book of Chinese Philosophy*, p. 157.

63 Fung, Yu-Lan, *A Short History of Chinese Philosophy*, Vol. 1, p. 32.

64 Mou, Zongsan, *Nineteen Lectures on Chinese Philosophy*, p. 76.

65 Tu, Wei-ming, *Centrality and Commonality: An Essay on Confucian Religiousness*, Albany, State University of New York Press, 1989.

66 Chan, *A Source Book of Chinese Philosophy*, p. 98.

67 *The Book of Menxius*[맹자], 7A:1, "자기의 마음을 다 발휘하면, 자기의 본성을 알게 되고, 자기의 본성을 알게 되면, 하늘을 알게 된다. 자기의 마음을 살피고, 자기의 본성을 기르는 것이 하늘을 섬기는 방법이다."

68 용어 Cheng(誠)은 sincerity(성실성)로 번역되곤 한다. 그러나 뚜 웨이밍에 따르면 이 핵심 용어의 복잡함은 통상 사용되는 용어인 'sincerity'로 이해되는 것은 물론이지만, 또한 'genuineness(진심에서 우러남)', 'truthfulness(진실함)', 'reality(실재성)'으로 이해되는 것이 더 나을 수 있다. 다음을 참고할 것. Tu, Wei-ming, *Centrality and Commonality*, p. 16.

69 Shih, Vincent Y.C., "Metaphysical Tendencies in Mencius," *Philosophy East & West* 12, 1963, pp. 319-41.

70 *Guodian Chumu Zhujian*(郭店楚墓竹簡), Beijing, Wenwu Chubanshe, 1998.

71 Fung, *The Spirit of Chinese Philosophy*, 1947, p. 4.

72 *Guodian Chumu Zhujian*(郭店楚墓竹簡), Beijing, Wenwu Chubanshe, 1998. 이 번역은 다음 문헌에 의한 것이다. Chen, Ning, "Etymology of Sheng and Its Confucian Conception," *Journal of Chinese Philosophy* 27, No. 4, 2000, pp. 417-8.

73 Ibid.

74 Cheng, Chung-Ying, *New Dimensions of Confucian and Neo-Confucian Philosophy*, New York, SUNY Press, 1991, p. 69.

75 공자께서 말씀하셨다. "태어날 때부터 아는 사람이 최고이며, 배움을 통해 아는 사람은 그 다음이고, 곤경에 처한 후에야 배우는 사람은 또 그 다음이며, 곤경에 처해서도 배우지 못하는 사람이 최하이다."(『논어』, 16:9)

76 MacIntyre, Alasdair, *A Short History of Ethics*, London, Routledge, 1998, p. 62.

77 Maritain, Jacques, *Moral Philosophy: An historical and critical survey of the great systems*, London, Geoffrey Bles, 1964, p. 36 and p. 50.

78 Ibid., p. 87.

79 Anscombe, G.E.M., "Modern Moral Philosophy," in Crisp and Slote, eds., *Virtue Ethics*, p. 31.

80 이에 대한 상세한 논변을 위해서는 다음을 참고할 것. Maritain, Jacques, *Moral Philosophy: An historical and critical survey of the great systems*, p. 92-116.

81 Mou, Zongsan, *Fourteen Lectures on the Route Connecting Chinese and Western Philosophy*, Shanghai, Ancient Book Publisher, 1997, p. 39.

82 Almond, *Exploring Ethics: A Traveller's Tale*, 1998, p. 97.

83 Kant, Groundwork of the Metaphysic of Morals, p. 118(458), 이 인용문은 Paton 의 번역에 의한 것이며, 괄호의 숫자는 Prussian Accademy edition의 페이지 표기 이다.

84 Mou, Zongsan, *Phenomena and Noumena*, Taipei: Student Book Company, 1975, p. 3.

85 "의지의 자율성은 의지가 그 자신에게 (의욕의 대상들의 모든 성질로부터 독립적으로) 법칙이 되는 그런 의지의 속성이다. 그러므로 자율성 원리는 선택의 준칙들이 동일한 의욕에서 동시에 보편적 법칙으로 함께 포섭되는 방식이 아니고서는 결코 아무것도 선택하지 않는다는 것이다." *The Fundamental Principles of the Metaphysic of Ethics*, trans. by Otto Manthey-Zorn, New York, Appleton-Century, 1938, Section II, p. 59. [우리말 번역은 백종현 역, 『윤리형이상학 정초』, 아카넷, 2005, 169쪽을 참고하였다]

86 Kant, *Groundwork of the Metaphysic of Morals*, p. 100(438).

87 Mou, Zongsan, *On the Summum Bonum*, Taipei: Student Book Company, 1985, pp. 239-40. 또한 다음을 참고할 것. Tang, Refeng, "Mou Zongsan on Intellectual Intuition," unpublished paper.

88 Maritain, Jacques, *Moral Philosophy: An historical and critical survey of the great systems*, pp. 100-1.

89 이에 대한 상세한 논의를 위해서는, Mou, Zongsan, *Nineteen Lectures on Chinese Philosophy*, Shanghai, Ancient Book Publisher, 1997, pp. 71-82.

제4장 유교 윤리에서 도덕 원리의 중요성

1   Chu Hsi, *Reflections on Things at Hand*, trans., Wing-tsit Chan, New York, Columbia University Press, 1967, p. 367.

2   *Shuowen Jiezi Zhu*, [설문해지주] 1981, p. 2.

3   Chu Hsi[주희], *Reflections on Things at Hand*, p. 367.

4   Hsü Shen, *Shuowen Jiezi*, [설문해지] Ia: 4.3. 또한 다음을 참고할 것. Tu, Wei-ming, "Li as process of humanization"

5   *Liji(The Book of Rites*[예기])는 다음과 같이 말한다. "예(禮)는 백성에까지 내려가지 않으며, 처벌은 고위 관료에 미치지 못한다."(Liji, Chu Li)

6   『논어』에서 예는 임금과 신하의 관계가 어떠해야 하는지를 말해줄 뿐만 아니라 (3:18, 3:19), 부모를 섬기고, 상을 치루고, 제사지낼 때 마땅히 해야 할 바를(2:5) 말해준다. 또한 사람들이 쓰는 두건의 종류에 대해 알려주며, 임금을 알현할 때 절하는 위치도 말해준다.(9:3)

7   Tu, Wei-ming, "Li as process of humanization."

8   Graham, A. C., *Disputers of the Tao*, p. 11.

9   Legge, James, trans., *The Li Ki or the Collection of Treatises on the Rules of Propriety or Ceremonial Usages*, in Muller, F. Max. Max, ed., *The Sacred Books of the East*, Oxford, The Clarendon Press, Vols. 27-28, 1885, reprinted by Motilal Banarsidass, 1968, p. 388.

10   Lin, Yu-tang, *The Wisdom of Confucius*, pp. 229-30.

11   Watson, Burton, trans., *Hsün Tzü: Basic Writings*(10 chs.), New York, Columbia University Press, 1963, p. 88.

12   *The Analects*[논어]1:12, in Chan, *A Source Book of Chinese Philosophy*, 1963, p. 21.

13   Allen, Douglas, "Social Constructions of Self: Some Asian, Marxist, and Feminist Critiques of Dominant Western Views of Self," in *Culture and Self*, Allen, ed., Colorado, Westview Press, 1997, p. 71.

14   Avineri, Shlomo and de-Shalit, Avner, des., *Communitarianism and Liberalism*, Oxford, Oxford University Press, 1992, p. 1.

15   Sandel, Michael J., *Liberalism and the Limits of Justice*, Cambridge, Cambridge University Press, 1982, p. 174.

16   Ibid.

17   Ibid., p. 55.

18   Henry Rosemont, JR., "Classical Confucian and Contemporary Feminist Perspectives on the Self: Some Parallels and Their Implications," in Allen, ed., *Culture and Self*, p. 71.

19 *Liji, Liyun.*

20 *The Yi King*, Legge, trans., in *The Sacred Books of the East*, Vol. 16, p. 240.

21 Hummel, Arthur W., "The Art of Social Relation in China," *Philosophy East & West* 10, 1960-61, p. 14.

22 Lin, Yu-tang, *The Wisdom of Confucius*, pp. 235-6.

23 Hsu, Leonard Shihlien, *The Political Philosophy of Confucianism*, London, George Routledge & Sons Ltd., 1932, pp. 95-6.

24 Laozi, *Daode Jing*, Chap. 38. 다음을 참고할 것. Chan, *A Source Book of Chinese Philosophy*, p. 158.

25 Ibid.

26 Liao, W.K., trans., *The Complete Works of Han Fei Tzu*, Vol. 2, London, Arthur Probsthain, 1939 and 1959, p. 276.

27 다음을 참고할 것. *The Analects*, 13:18.

28 Liao, W.K., trans., *The Complete Works of Han Fei Tzu*, Vol. 2, pp. 285-6. 또한 다음을 참고할 것. Lee, K.K., "The Legalist and Legal Positivism," *Journal of Chinese Philosophy* 3, 1975, pp. 23-56.

29 Schwartz, Benjamin, "Some Polarities in Confucian Thought," in Nivison, David S., and Wright, Arthur F., eds., *Confucian in Action*, California, Stanford University Press, 1959, p. 59.

30 Mou, Zongsan, *Nineteen Lectures on Chinese Philosophy*, Shanghai, Ancient Book Publisher, 1997, p. 59-60.

31 인(仁)은 The Book of History[史記]에 있는 'Book of Yü[우(虞)]'나 'Book of Hsia(하(夏))'에는 나타나지 않는다. 그리고 'Book of Shang(상(商))'에는 단지 두 번 나온다. 여기에서 등장하는 본래 단어는 인(人)이다. 'Book of Chou(주(周))'에는 세 번 나온다. The Book of Odes(詩經)의 세 '송덕문(頌德文)'에서는 발견되지 않는다. 그리고 이 책에서 인(人)으로 쓰인 경우를 제외하고 인(仁)은 단지 두 번 나온다. 다음을 참고할 것. Chan, Wing-tsit, "Chinese and Western Interpretations of Jen (Humanity)," *Journal of Chinese Philosophy* 2, 1975, pp. 107-29.

32 Ibid.

33 상세한 논변을 위해서는 다음을 참고할 것. Chan, Wing-tsit, "The Evolution of the Confucian Concet Jen," *Philosophy East & West* 4, 1955, pp. 297-8, and "Chinese and Western Interpretations of Jen(Humanity)," *Journal of Chinese Philosophy* 2, 1975, pp. 107-29.

34 Liu, Shu-hsien, "A Philosophic analysis of the Confucian approach to ethics," *Philosophy East & West* 22, No. 4, 1972, p. 417.

35 Cua, Antonio S., "Reflections on the Structure of Confucian Ethics," *Philosophy East & West* 22, No. 2, 1971, pp. 125-40.

36 Tu, wei-ming, "The Creative Tension between *Jen* and *Li*."

37 Watson, Burton, trans., *Basic Writings of Hsün tzu*, p. 21.

38 Ibid., p. 20.

39 Ibid., p. 87.

40 Lin, Yu-tang, *The Wisdom of Confucius*, pp. 206-7.

41 다음을 참고할 것. Legge, trans., *The Li Ki*, Vol. 1, in Muller, F. Max, ed., *The Sacred Books of the East*, Vols. 27-8, p. 439.

42 Cua, A.S., "Li and Moral Justification: A Study in the Li Chi," *Philosophy East & West* 33, No. 1, 1983, p. 7.

43 'The thief of virtue(德之賊)'는 폭넓게 사용되지만, de zhi zei(德之賊)의 느슨한 번역어이다. 이것은 문자 그대로 덕에 손상을 입힌다는 의미이다.

44 다음을 참고할 것. 『논어』, 17:12.

45 Tu, Wei-ming, "The Creative Tension between *Jen* and *Li*."

46 문장 전체에서 가스펠(복음)은 단순히 인(仁)으로 대체되었으며, 법칙은 예(禮)로 대체되었다. 콕스(Harbey Cox)가 자신의 책 *Secular City*(New York, The Macmillan Co., 1965)에서 행한 전체적인 논변은 유교에 상응하는 논변과 전적으로 일치하는 것처럼 보인다. 상대자로 전적으로 조화를 이루는 것처럼 보인다. 다음을 참고할 것. Tu, "The Creative Tension between *Jen* and *Li*."

47 Tu, "The Creative Tension between *Jen* and *Li*."을 참고할 것.

48 The Analects 9:16을 참고할 것.

49 Lai, Karyn L., "Confucian Moral Thinking," *Philosophy East & West* 45, No. 2, 1995, pp. 249-73. 또한 다음을 참고할 것. Cua, A.S., "The Concept of Paradigmatic Individuals in the Ethics of Confucius," *Inquiry* 14, 1971, p. 44.

50 이것을 말하면서 나는 유교 윤리에서 몇몇 덕들은 규칙으로 형식화될 수 있으며, 어떤 규칙들은 덕에 전제되어 있을 수 있다는 것을 의미하고 있다. 예를 들면, 인은 가장 일반적인 의미에서 도덕적 행동을 유도하는 원리로 또한 간주될 수 있다. 그리고 의식적으로 예에 따라서 꾸준히 행동하는 사람은 적절함의 덕을 가진 사람이라고 불릴 수 있다. 더욱이 유교 윤리에서 몇몇 도덕 개념은 덕과 적절함의 규칙 둘 다로 이해될 수 있다. 예를 들면, 서(용서, 恕)는 상호 호혜(reciprocity)의 덕이다. 그러나 서(恕)의 방법으로 행동한다는 것의 의미를 분명히 하는 것은 행위의 기초 원리로 전환된다. 말하자면 '황금률', '자신이 당하기 원치 않는 것을 다른 사람에게 행하지 마라'로 전환된다.

51 Louden, Robert B., "On Some Vices of Virtue Ethics," in Stateman, ed., *Virtue*

Ethics, p. 191.

52 Zhongyong[중용], Cha. 1, in Chan, *A Source Book of Chinese Philosophy*, p. 98.

53 The Analects 17:19.

54 Liji, VII. 1, 4. Legge, trans., *The Li Ki* in Max, ed., *The Sacred Books of the East*, Vol. 27, p. 367.

55 Legge, trans., *The Chinese Classics*, Vol. 5, p. 708. 또한 다음을 참고할 것. Tong, Paul K K., "Understanding Confucianism," *International Philosophy Quarterly* IX, No. 4, 1969, p. 523.

56 Dubs, Homer H., trans., *The Works of Hsüntze*, London, Arthur Probsthain, 1928, pp. 223-4. (역자 주: 『순자』, 19, 예론 5)

57 Cheng Hao and Chen Yi, *Er Cheng Ji*, 1981, p. 404.

58 Lee, K.K., "The Legalist School and Legal Positivism," *Journal of Chinese Philosophy* 3, 1975, p. 36.

59 Rachels, *The Elements of Moral Philosophy*, p. 20.

60 Ibid.

61 Ibid., p. 34.

62 중국은 대국이다. 해안에 국가를 형성하고 섬에서 섬으로 이주하면서 살았던 고대 그리스와는 달리, 고대 중국은 그들에게는 세계 전체였던 자신의 영토 안에 제한되었다.

63 Liu, Shu-hsien, "A Philosophic analysis of the Confucian approach to ethics."

64 Creel, H.G., *Confucius, the Man and the Myth*, New York, John Day & Co., 1949, p. 85.

65 공자는 모든 개인들이 서로 다르다는 사실을 분명하게 이해하고 있었다. 위대한 교육자로서 그는 하나의 교육 방법이 특정한 개인에게 적용될 수 있지만, 다른 사람에게는 적용될 수 없을 수 있다고 생각하였다.

66 *The Analects* 18:8, in *The Chinese Classics*, Legge, trans. 이 구절의 또 다른 번역은 다음과 같다. "그들이 그러하든 그러하지 않든, 나는 고집부리지 않는다." 다음을 참고할 것, *The Analects of Confucius*, Soothill, W.E., trans., London, Oxford World Classics, 1962, p. 205.

67 Neurath, Otto, "The Little Discourse on the Virtues," in Marie Neurath and Robert S. Cohen, ed., *Empiricism and Sociology*, Dordrecht-Holland, D. Reidel Publishing Co., 1973, p. 92.

68 Waley, Arthur, Three Ways of Thought in Ancient China, London, George Allen & Unwin Ltd., 1939, pp. 32-3. (역자 주: 『장자』, 외편 천도 13장, 13절)

69 Ibid, p. 32. (역자 주: 사마천, 『사기』, 공자세가에 둘의 만남이 기록되어 있다.)

70 Liu, Shu-hsien, "A Philosophic analysis of the Confucian approach to ethics."

71 Ibid.

72 Levenson, Joseph R., *Confucianisim and its Modern Fate*, London, Routledge and Kegan Paul, 1965, p. 100.

73 Paton, J.J., trans., *The Moral Law: Kant's Groundwork of the Metaphysic of Morals*, London, Hutchinson, 1948, p. 29.

74 Crittenden, Paul, *Learning to be Moral: Philosophical Thoughts about Moral Development*, New Jersey & London, Humanities Press International, 1990, pp. 176-7.

75 Statman, Daniel, "Introduction to Virtue Ethics," in Statman, ed., *Virtue Ethics*, p. 8.

제5장 사회의 도덕적 실천(관행)에서 예(禮)와 인(仁)의 통합

1   예를 들면, 다음을 참고할 것. *Liji*[禮記] 35:24와 14:31

2   두 성향의 차이에 관한 자세한 내용을 위해서는 다음을 참고할 것. Hall, David L. and Ames, Roger T., "Getting it right: On saving Confucius from the Confucians," *Philosophy East & West* 34, No. 1, 1984, pp. 3-22.

3   *Han Fei Tzu*[한비자], Book Six, Chapter XX, *Commentaries on Lao Tzu's Teachings* (Jie Lao), in Liao, W.K., trans., *The Complete Works of Han Fei Tzu*, Vol. 1, London, Arthur Probsthain, 1939, p. 171.

4   Cheng, Chung-ying, "On yi as a universal principle of specific application in Confucian morality," *Philosophy East & West* 22, No. 3, 1972, pp. 269-80.

5   Cockover, Mary I., "Ethics, Relativism, and the Self," in Allen, ed., *Culture and Self*, p. 53.

6   Ibid., p. 54.

7   *Zuozhuan, Yingong Year1*[좌전 은공 원년]. Legge, trans., *The Chun Tsew*, with *the Tso Chuen*, Book I, Year I, in *The Chinese Classics*, Vol. 5, p. 5.

8   Ibid, Book VIII, Year 2, p. 344.

9   Hsieh, Yu-wei, "Filial Piety and Chinese Society," in Moore, Charles A., ed., *The Chinese Mind*, Honolulu, East-West Center Press, 1967, p. 185.

10 Hsu, Hsei-Yung, "Confucius and Act-Centered Morality," *Journal of Chinese Philosophy* 27, No. 3, September 2000, pp. 331-44.

11 *The Book of Mencius*[맹자], 5B:39.

12 *The Book of Mencius*, 4A:17, in Chan, *A Source Book of Chinese Philosophy*, p. 75.

13 *The Book of Mencius*[맹자], 7A:26, Ibid., p. 80.(13장 진심상, 25)

14   Ibid., 2B:3.

15   Ibid., 5B:2.

16   Ibid., 1B:8, in Chan, *A Source Book of Chinese Philosophy*, p. 62. 이런 의미로 이름들을 개정하는 이론들을 사용하는 상세한 논변을 위해서는 다음을 참고할 것. Hansen, Chad, "Freedom and moral responsibility in Confucian ethics."

17   Ibid., 4B:3. p. 76.

18   *Xunzi, Wangzhi Pian*[『순자』, 왕제편 2], amended translation of Watson, Burton, trans., *Hsün Tzu: Basic Wrighting*, p. 34.

19   Slingerland, Edward, "Virtue Ethics, The Analects, and the Problem of Commensurability," *Journal of Religious Ethics* 29, No. 1, 2001, p. 103.

20   *Zhungyong, Liji*, 다음을 참고할 것. Chan, *The Doctrine of the Mean*, in *A Source Book of Chinese Philosophy*, p. 98. (역자 주: 『중용』, 2장 시중편)

21   Fingarette, Herbert, *Confucius: The Secular as Sacred*, p. 42. (역자 주: 『중용』, 2장 시중편)

22   Bockover, Mary I., "Ethics, Relativism, and the Self," in Allen, ed., *Culture and Self*, p. 99. (『중용』, 3장 선능, 『논어』, 6장 27)

23   Taylor, Rechard, "Ancient Wisdom and Modern Folly," *Midwest Studies in Philosophy* 13, 1988, p. 61.

24   Toulmin, Stephen, "The Tyranny of Principles; Regaining the Ethics of Direction," *Hasting Center Report* 11, 1981, pp. 31-8.

25   Trianosky, Gregory, "Supererogation, Wrongdoing and Vice," *Journal of Philosophy* 83, 1986, pp. 26-40.

26   Statman, Daniel, "Introduction to Virtue Ethics," in Statman, ed., *Virtue Ethics*, p. 7.

27   Stocker, Micheal, "The Schizophrenia of Modern Ethical Theories," *Journal of Philosophy* 73, 1976, pp. 453-66. 또한 다음을 참고할 것. Rachels, *The Elements of Moral Philosophy*, pp. 187-8.

28   Frankena, Ethics, p. 63.

29   Ibid., p. 21.

30   Ibid. 또한 Louden, Robert B., "On Some Vices of Virtue Ethics," in Stateman, ed., *Virtue Ethics*, pp. 180-93.

31   *The Analects*[논어], 14:47, in Legge, trans., *The Chinese Classics*.

32   백락은 말을 다루는 탁월한 기술자를 말한다.

33   *Xunzi*: 12. 8c[순자, 군도, 9], Knoblock, John, *Xunzi: a translation and study of the complete works*, Vol. 2, 1990, pp. 186-7.

34 *Mozi*, Book XIII, Chapter 49, *Lu's Question*[묵자, 3권 49장]

35 *The Analects*, 2:10, in Legge, trans., *The Chinese Classics*.

제6장 도덕 교육에서 예(禮)와 인(仁)의 통합

1 Yao, *An Introduction to Confucianism*, pp. 280-1.

2 Dawson, Raymond, Confucius, in *Founders of Faith*, Oxford, New York, Oxford University Press, 1986, p. 107.

3 Wei, Tan Tai, "Some Confucian Indights and Moral Education," *Journal of Moral Education* 19, No. 1, 1990, pp. 33-8.

4 Woo, Peter Kun-Yu, "The Metaphysical Foundation of Traditional Chinese Moral Education," in Dan, Tran Van, Shen, Vincent, and Lclean, George F., *Chinese Foundations for Moral Education and Character Development*, pp. 7-18을 참고할 것.

5 *Xunzi*: 12. 3(On the Way of a Lord)[순자, 군도], Knoblock, John, *Xunzi: a translation and study of the complete works*, Vol. 2, pp. 178-9.

6 Dawson, Raymond, Confucius, in *Founders of Faith*, p. 121.

7 Ibid., p. 179.

8 Sorley, *The Moral Life*, pp. 7-8.

9 Piaget, J., *The Moral Judgement of the Child*, M. Gabain, trans., New York, Free Press, 1965(Originally published 1932).

10 Braybrooke, David, "No Rules Without Virtue: No Virtue Without Rules," *Social Theory & Practice* 17, 1991, 17, pp. 3-20.

11 Rawls, *A Theory of Justice*, p. 437.

12 예를 들면, 다음을 참고할 것. Tran Van Doan, "Ideological Education and Moral Education," in Doan, Tran Van, Shen, Vincent, and Mclean, George F., ed., *Chinese Foundations for Moral Education and Character Development*, pp. 141-7.

13 다음을 참고할 것. Knoblock, John, *Xunzi: a translation and study of the complete works*, Vol. 1, Ch. 2, p. 156. (『순자』, 2편 수신, 2)

14 Kelleher, M. Theresa, "Back to Basics: Chu His's Elementary Learning(Hsiao-sueh)," in Wm. Theodore de Bary & John W. Chaffe, ed., *Neo-Confucian Education: The Formative Stage*, Berkely, Los Angeles & London, University of California Press, 1989, p. 220.

15 다음을 참고할 것. Bonevac, Daniel, "Ethical impressionism: A response to Braybrooke," *Social Theory & Practice* 17, No. 2, 1991, pp. 157-76.

16 Aquinas, T., *Summa Theologia*, 1a2ae, Q95, 1, Q93, 6, in Signmund, P. E., ed. and trans., *St Thomas Aquinas on Politics and Ethics: A New Translation, Background,*

Interpretations, New York, Norton, 1988.

17 Braybrooke, David, "No Rules Without Virtue: No Virtue Without Rules".

18 Bair, Annette, *Postures of the Mind: Essays on Mind and Morals*, Minneapolis, University of Minneapolis Press, 1985, p. 214.

19 Braybrooke, David, "No Rules Without Virtue: No Virtue Without Rules".

20 Weber, Max, *The Religion of China: Confucianism and Taoism*, New York, Free Press, 1968, p. 227, 229.

21 *The Great Learning*, Chap. 6[『대학』, 6장], in Chan, *A Source Book of Chinese Philosophy*, p. 89.

22 Ibid.

23 Ibid., Ch. 7.

24 Tu, Wei-ming, "Pain and Suffering in Confucian Self-cultivation," *Philosophy East & West* 34, No. 4, 1984, pp. 381-2.

25 *The Book of Mencius*, 6B:15[『맹자』, 12장 고자하 15]. 이 번역을 위해서는 다음을 참고할 것. Lau, D.C. Trans, *Mencius*, Middlesex, England, Penguin Classics, 1970, p. 181; 이후의 인용문은 Lau의 *Mencius*이다.

26 Tu, "Pain and Suffering in Confucian Self-cultivation," p. 382.

27 *The Book of Mencius*, 1A:7[『맹자』, 1장 양혜와상, 7]. Lau, *Mencius*, pp. 54-5.

28 *The Book of Mencius*, 1A:7[『맹자』, 1장 양혜와상, 7]. Lau, *Mencius*, p. 57.

29 Ibid., 4B:19[『맹자』, 8장 이루하, 19].

30 Chan, Wing-tsit, trans., *Instructions for Practical Living and Other Neo-Confucian Writtings by Wang Yang-ming*, New York, Columbia University Press, 1963, pp. 269-80.

31 *Confucian Analects*, in Legge, trans., The Chinese Classics. (『논어』, 17:9)

32 *The Analects* 8:8[논어 8:8], in Chan, *A Source Book of Chinese Philosophy*, p. 81.

33 Yueji(On Nusic), Liji, Chapter XIX, in Lin, *The Wisdom of Confucius*, pp. 259-60. (『예기』, 19, 7-8)

34 조화[和]에 대한 전통적 중국어는 의미를 나타내는 음악[音]과 그 발음을 나타내는 곡물[禾]로 구성되어 있다. 이로써 조화와 음악에 특별한 관계가 존재한다는 것이 인정되고 있다는 것을 알 수 있다.

35 Yueji(On Nusic), Liji, Chapter XIX, in Lin, *The Wisdom of Confucius*, p. 262. (『예기』, 19, 7-8)

36 다음을 참고할 것. Shun, Kwong-loi, "Jen and Li in the Analects" *Philosophy East & West* 43, No. 3, 1993, pp. 457-80.

37 Ibid.

38 Legge, trans., *The Sacred Books of China: The Texts of Confucianism*, Part III: The Li Ki in Muller, ed., *The Sacred Books of the East*, Vol. 27, p. 367.

39 Chong, Kim Chong, "Confucius's Virtue Ethics: Li, Yi, Wen and Chih in the Analects," *Journal of Chinese Philsophy* 25, 1998, p. 116.

40 *The Analects*, 7:36.

41 *The Analects*, 7:25.

42 *The Analects*, 7:33, in Legge, trans., *The Chinese Classics*.

43 *The Analects*, 7:32, in Legge, trans., *The Chinese Classics*.

44 The Book of Mencius, 2A:2[『맹자』, 3장 공손추상, 2]. 이 번역은 D.C. Lau, *Mencius*, p. 79에서 인용되었다.

45 Yang, Po-Jun, *Lunyu Yizhu*, Taiwan, Taizhong, lateng Wenhua shiye gonsi, 1987, p. 65.

46 다음을 참고할 것. Chong, Kim Chong, "Confucius's Virtue Ethics: Li, Yi, Wen and Chih in the Analects," *Journal of Chinese Philsophy* 25, 1998.

47 Ibid.

48 *The Analects*, 8:2, in Legge, trans., *The Chinese Classics*.

49 *The Analects*, 6:25, Chan, *A Source Book of Chinese Philosophy*, p. 30.

50 Chong, Kim Chong, "Confucius's Virtue Ethics: Li, Yi, Wen and Chih in the Analects," p. 102.

51 Ibid.

결론

1 이에 대한 상세한 논변을 위해서는 Wan, Junren, *Comparison and Anlaysis: A Modern Perspective of Chinese and Western Ethics*比照与透析-中西倫理學的現代視野, Guangzhou, Guangdong Renmin Chubanshe, 1988.

2 서양에서 덕과 규칙의 통일에 대한 경향성을 위해서는 다음을 참고할 것. O'nell, Onora, "Kant after Virtue," and *Toward Justice and Virtue*; Swanton, Christine, "The Supposed Tension Between 'Strength' and 'Gentleness' Comceptions of the Virtues"; Braybrooke, David, "No Rules without Virtues; No Virtues without Rules"; Bonevac, Daniel, "Ethical Impressionism: A response to Braybrooke"; Seung, T.K., "Virtues and values: A Platonic account"; Louden, Robert B., "On Some Vices of Virtue Ethics"; Bond, E.J., *Ethics and Human Well-being: An Introduction to Moral philosophy*.

찾아보기

저자 · 역자 소개

이유리(Liu, Yuli) 지음

중국 인민대학교에서 학사학위(1994)와 석사학위(1997)를 받았다. 박사학위(2003)는 영국의 헐(Hull)대학교에서 취득하였다. 또한 2003년에 싱가포르국립대학교 철학과에서 박사 후 연구과정을 마쳤다. 현재 중국 공산당(CCP) 중앙위원회 북경 사회교육원(CCPS) 교수로 있다. 학술 잡지에 여러 편의 영어 논문과 중국어 논문을 실었다. 여러 권의 중국어로 된 저서를 출판하였으며, 공저로는 *Will, Study, and Self-cultivation*을 J. He와 함께 저술하였고, *Mencius: The Second Sage of Confucianism*을 T. Zhang과 함께 저술하였다. 현재 선진 유교의 윤리, 덕 윤리, 그리고 불교 연구에 집중하고 있다.

장동익 옮김

공주교육대학교 윤리교육과 교수다. 성균관대학교 철학과를 졸업하고 동 대학원에서 석사와 박사학위를 받았다. 서울대학교 철학사상연구소 연구원을 지냈으며, 관심 연구 분야는 덕 윤리, 의료 윤리, 환경 윤리 등이다.
저서로는『덕 이론』(2019),『덕 윤리』(2017),『G.E. 무어의 윤리학』(2014),『노직, 무정부, 국가 그리고 유토피아』(2006),『롤즈, 정의론』(2005),『흄, 인성론』(2004) 등 다수가 있으며, 번역서로『덕의 부활』(2014),『마음의 덕』(2014),『자유주의 정치철학』(2006),『삶과 죽음』(2003) 등이 있다. 논문으로는 "An Analysis on Personalhoodargument for or against abortion"(2017), "연구 부정행위 발생 원인과 연구부정행위 분류"(2016), "덕 윤리, 유교 윤리, 그리고 도덕교육"(2016), "비대칭성, 아레테적 평가어, 그리고 덕 윤리"(2016), "기아의 원인, 국제 원조, 그리고 도덕교육의 방향"(2015), "환경 행위 윤리에서 환경 덕윤리로"(2014), "덕 윤리와 유덕한 행위자"(2013) 등이 있다.

덕이란 무엇인가

초 판 발 행 2022년 1월 10일
초 판 2 쇄 2022년 10월 17일

저   자 이유리(Liu, Yuli)
역   자 장동익
펴 낸 이 김성배
펴 낸 곳 도서출판 씨아이알

책 임 편 집 박영지
디 자 인 쿠담디자인, 윤미경
제 작 책 임 김문갑

등 록 번 호 제2-3285호
등   록   일 2001년 3월 19일
주   소 (04626) 서울특별시 중구 필동로8길 43(예장동 1-151)
전 화 번 호 02-2275-8603(대표)
팩 스 번 호 02-2265-9394
홈 페 이 지 www.circom.co.kr

I S B N 979-11-6856-012-3 (93130)
정   가 18,000원